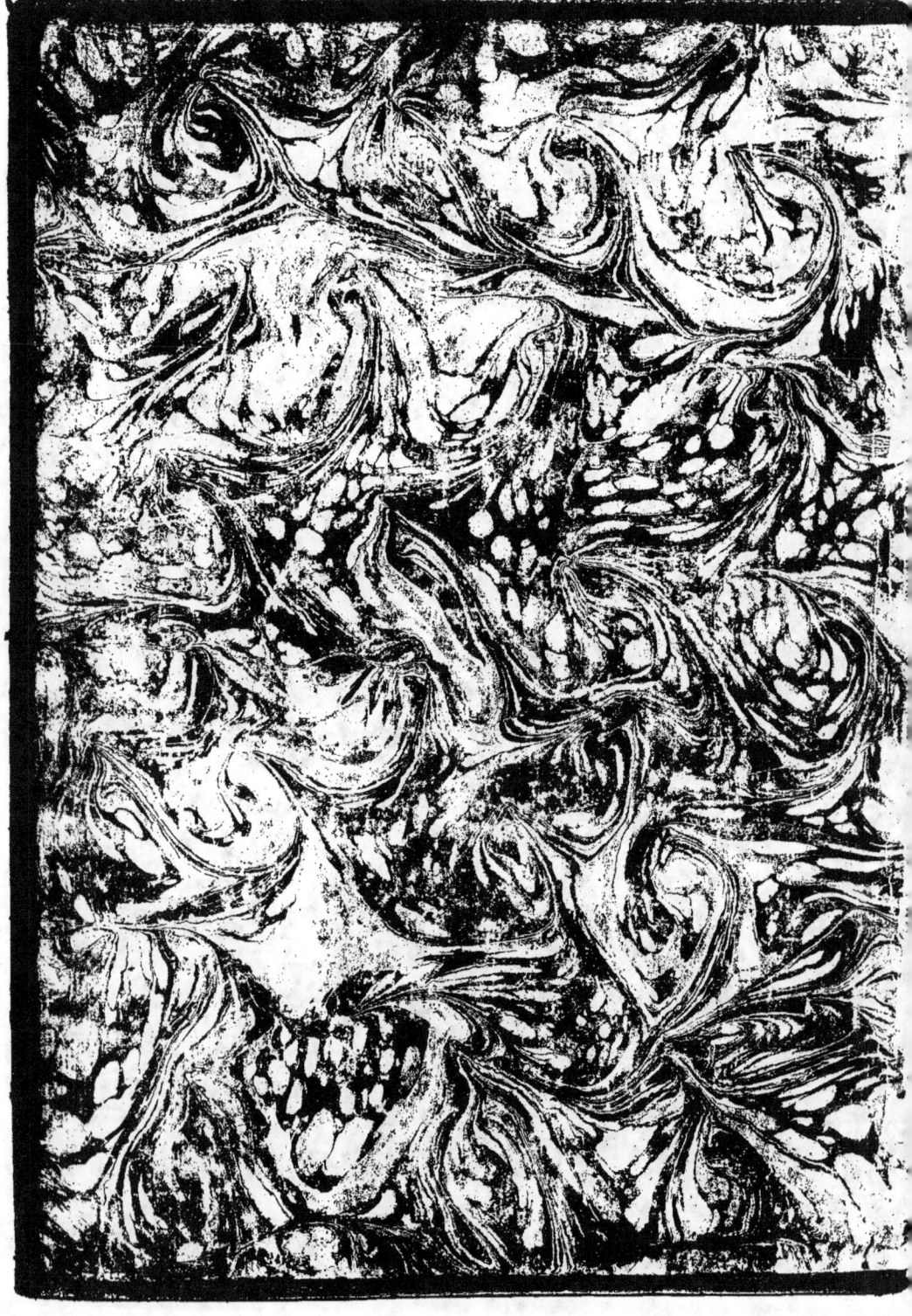

P. 030.

(Kav. Fabilian)

P.313

14663

ENTRETIENS
SUR LES VIES
ET
SUR LES OUVRAGES
DES PLUS
EXCELLENS PEINTRES
ANCIENS ET MODERNES.
QUATRIÉME PARTIE.

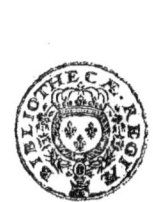
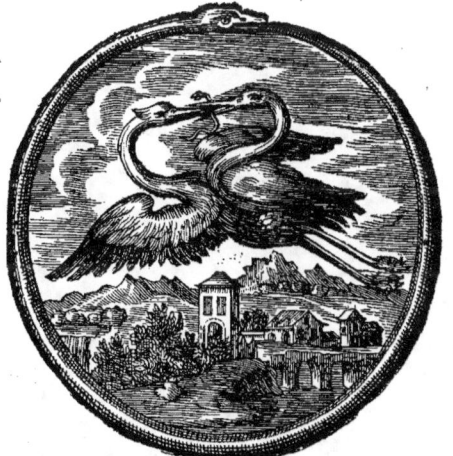

A PARIS,
Chez SEBASTIEN MABRE-CRAMOISY, Imprimeur
du Roy, ruë Saint Jacques, aux Cicognes.

M. DC. LXXXV.
AVEC PRIVILEGE DE SA MAJESTÉ

CONVERSATIONS

SUR LA VIE

ET SUR LES OUVRAGES

DES PLUS
EXCELLENS PEINTRES
ANCIENS ET MODERNES.

A PARIS

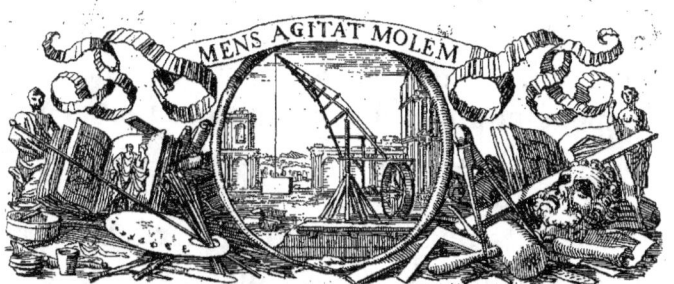

ENTRETIENS
SUR LES VIES
ET
SUR LES OUVRAGES
DES PLUS EXCELLENS PEINTRES
ANCIENS ET MODERNES.
QUATRIÉME PARTIE.

SEPTIE'ME ENTRETIEN.

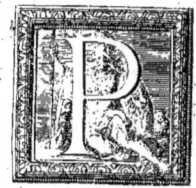ENDANT ces Campagnes si fameuses, & dans le temps que le Roy portant la terreur par tout où il portoit ses pas, ne faisoit point d'actions qui ne fussent couronnées des mains de la Victoire: on ne laissoit pas de joüir dans le milieu

A

2   ENTRETIENS SUR LES VIES
de la France d'un doux repos & d'une heureuse tranquillité. La magnificence de ce Monarque paroissoit toûjours également dans la structure des Maisons Royales & dans les ouvrages des plus beaux Arts. C'estoit particulierement à Versailles qu'un grand nombre d'Ouvriers, conduits par les plus excellens Maistres, travailloient avec émulation pour la gloire d'un Prince qui sacrifioit son repos & ses veilles pour le bien de l'Estat, & pour la felicité de ses Peuples. Les Etrangers, & ceux qui joüissoient dans Paris de la seûreté où ses armes victorieuses les mettoient, alloient pendant son absence admirer cette Royale Maison, & considerer tant de choses rares & surprenantes qui la composent. Pymandre, à qui l'âge avancé & les nobles inclinations font chercher ces innocens plaisirs, me convia un jour d'y aller avec luy, & de partir de grand matin, afin d'avoir plus de temps pour nous promener, & pour gouster avec plus de loisir la joye qu'on ressent dans un sejour si délicieux.

Nous considerasmes d'abord la disposition de tous les édifices qui n'estoient pas encore dans l'estat où ils paroissent aujourd'huy: & il me souvient que Pymandre voyant avec

ET LES OUVRAGES DES PEINTRES. 3
quel foin & quelle dépenfe on ornoit tous les endroits du petit Parc, fit un pronoftic fur la grandeur où l'on verroit bientoft le Chafteau, parce que la demeure du Roy devoit répondre à la beauté de tous les autres lieux dont elle eft accompagnée.

Nous paffafmes la matinée à voir ces bofquets & ces fontaines qui font l'étonnement & l'admiration de tout le monde, non-feulement par la belle & ingenieufe difpofition de tous ces differens endroits, & par la richeffe du marbre, du bronze, & des autres matieres qu'on a employées pour leur embelliffement : mais par cette quantité d'eaux qui fortent de toutes parts, & en fi grande abondance, qu'on pourroit croire que des fleuves entiers & mille fontaines fe foient fait des routes & des chemins fous terre, pour venir rafraifchir ces lieux malgré la Nature qui les en a détournez. Il femble mefme, que pour plaire au plus grand Roy de la terre, ces eaux rompant tous les obftacles qui s'oppofent à leur paffage, faffent des efforts extraordinaires pour fortir avec plus d'impetuofité. On en voit une partie qui s'éleve jufques au Ciel ; une autre qui fe répandant entre les cailloux & fur le gafon, fait mille differens tours, dont les divers effets & le bruit confus de leur chûte & de leur murmure charment les yeux & les oreilles de ceux qui s'arreftent à les confiderer.

Il eft vray auffi que nous ne pouvions quitter l'endroit où eft la fontaine d'Encelade. Le corps de ce Geant paroift comme accablé fous de puiffantes maffes de pierre : on voit feulement fa tefte & quelques parties de fes bras & de fes jambes, qui femblent faire des efforts pour fe dégager. Il a le vifage tourné vers le Ciel, & de fa bouche fort avec violence un gros bouïllon d'eau, qui s'éleve plus haut que les arbres, & qui accompagné de plufieurs autres qu'on voit fortir d'entre les rochers, forment une montagne d'eau, fous laquelle Encelade fe trouve couvert.

Les eaux de cette fontaine, celles de la Renommée, & de plufieurs autres lieux tous agréables & charmans, nous arrefterent tout le matin avec plaifir ; & comme nous retournafmes l'aprefdifnée pour paffer la plus grande chaleur du jour dans les bofquets, Pymandre appercevant un fiege dans un endroit affez retiré, Je fuis d'avis, me dît-il, que nous demeurions icy le refte du jour à prendre le frais, & à nous entretenir. Nous ne ferons

ET LES OUVRAGES DES PEINTRES. 5

pas assis sur l'herbe, comme l'estoit Socrate sous ce plane, lors qu'il donnoit des enseignemens à ses amis; ni sur des carreaux, comme ces Romains dont Ciceron rapporte les conferences. Cependant l'ombrage de ces arbres est bien aussi délicieux que celuy du plane dont parle Platon, & qui plaisoit si fort à Socrate son maistre; & ce siege ne nous sera pas moins commode que les carreaux que Crassus avoit soin de faire donner à ses amis, lors qu'il les entretenoit dans sa maison de Tusculle, qui asseûrément n'avoit pas les charmes de celle-cy. _{L. 1. de Orat.}

C'est dont je ne doute pas, luy dis-je: mais il nous faudroit ou quelques Philosophes, ou quelques personnes sçavantes, telles que l'estoient ces Anciens, pour lier une conversation semblable à celles dont vous parlez, & pour vous rendre les momens que nous devons passer icy, aussi agréables que l'estoient ceux de ces Grecs & de ces Romains.

Ces grands Hommes, repliqua Pymandre, parloient de ce qui estoit de leur temps. Socrate donnoit des leçons de Morale. Crassus & ses amis faisoient des réflexions & des pronostics sur l'estat de la Republique Romaine; & aprés avoir bien discouru des malheurs

A iij

dont elle leur fembloit menacée, ils changerent enfin de propos. Pour chaffer de leur efprit ces fafcheufes penfées, ils prirent pour fujet de leurs converfations, des entretiens moins ferieux & plus divertiffans.

Graces à Dieu, répondis-je, nous fommes dans un temps où nous ne fçaurions rien augurer que de favorable & d'avantageux à l'Eftat. Comme le Roy en prend luy-mefme le foin, & qu'il le gouverne d'une maniere qui rendra fon regne le plus glorieux qui ait jamais efté, joüiffons par avance du bonheur qu'il va répandre fur la Terre par l'heureufe Paix qu'il veut donner à tant de Peuples. Nous avons tous les jours mille occafions d'admirer fa vertu & fon courage. Nous voyons icy des effets de fa magnificence.

Ainfi, reprit Pymandre, fans fouhaiter prefentement d'autre compagnie, cherchons donc pour nous entretenir, une matiere convenable au lieu où nous fommes. Si vous voulez achever ce qui vous refte à me dire des Peintres qui ont travaillé jufques-à-prefent, il me femble que le temps & le lieu ne peuvent eftre plus propres pour cela.

ET LES OUVRAGES DES PEINTRES. 7

Je sçay, repartis-je, que c'est une obligation dont il faut que je m'aquite, & j'espere que vous serez bientost entierement satisfait. Car nous sommes, s'il faut ainsi dire, entrez en païs de connoissance, & dorénavant nous ne parlerons plus que de gens que nous avons pû voir. Je vais, pour vous contenter, poursuivre, comme nous avons commencé, par les Peintres les plus anciens, & par ceux qui sont morts les premiers. Il y en aura plusieurs desquels je ne diray que ce qui me semblera necessaire pour vous les faire connoistre, ou pour vous en faire souvenir.

Pendant que Porbus, qui est le dernier de ceux dont je vous ay entretenu, travailloit en France, HENRY LERAMBERT Peintre du Roy, que je vous ay déja nommé, s'appliquoit particulierement à faire des desseins de tapisseries. Celles qui sont dans l'Eglise de Saint Mederic, où l'Histoire de nostre Seigneur est representée, sont faites d'aprés ses cartons. Il fit en 1600. des desseins de tapisseries pour l'Histoire de Coriolan & pour celle d'Artemise. GUYOT natif de Paris travailloit aussi dans le mesme temps pour les Tapissiers qui estoient aux Gobelins. Vous

_{HENRY LERAMBERT.}

_{GUYOT.}

aurez peut-estre veû des ouvrages de cette manufacture où sont representez Gombault & Macée; d'autres, dont les sujets sont pris du Roman d'Astrée, & de l'Histoire de Constantin. Les desseins de ces ouvrages estoient de Guyot, sous lequel peignoit alors Jean Cottelle que vous avez connu, & qui est mort il n'y a pas long-temps.

Dans les salles de l'Hostel de Ville de Paris, où je vous ay dit que Porbus a fait plusieurs Portraits, on en voit qui sont de la main de LOUIS BOBRUN. Ce Peintre estoit oncle de Henry & de Charles Bobrun originaires d'Amboise. Loüis eût pour éleves ses neveux, & Simon Renard, dit Saint André.

Il y avoit aussi un Peintre Hollandois nommé VRAINS, qui a fait des Portraits dans le mesme Hostel de Ville. Mais l'un de ceux qui estoient le plus en réputation pour ces sortes d'ouvrages, estoit FERDINAND ELLE, de Malines. Il a laissé deux fils, Loüis & Pierre, dont l'un travaille encore aujourd'huy de Peinture.

Dans ces temps-là il venoit tous les jours à Paris des Peintres étrangers, & particulierement

ET LES OUVRAGES DES PEINTRES. 9
liérement des Flamans & des Hollandois. Plusieurs s'y sont établis ; & ce sera d'eux, dont j'auray occasion de vous parler dans la suite. Car la Peinture estoit fort en vogue dans les Pays-Bas. JEAN MOMPRE qui demeuroit alors à Anvers, estoit en reputation pour bien faire les Paysages. {MOMPRE.}

HENRY CORNEILLE WROOM, né à Harlem dés l'an 1566. s'adonnoit particuliérement à representer des Ports de mer & des Navires. Il avoit étudié en Espagne sous un Peintre fort mediocre : de là estant passé en Italie, il travailla pour le Cardinal de Medicis, & ce fut en ce temps-là qu'il fit amitié avec Paul Bril. {H. CORNEILLE VVROOM.}

Ne me fistes-vous pas voir estant à Rome, dit Pymandre, des Tableaux d'un Peintre nommé AUGUSTIN TASSE, qui estoit en estime de bien representer des Vaisseaux & des Tempestes de mer. {AUG. TASSE.}

Ce Peintre, repartis-je, estoit de Bologne en Italie. Il estoit éleve de Paul Bril, & faisoit fort bien des fruits & du païsage. En 1610. il travailla à Gennes au Palais des Adornes, en la compagnie d'un Peintre Siennois nommé VENTURA SALIMBENI. Toutes les Peintures dont les maisons de Li-

B

vourne sont ornées par dehors, sont d'Augustin Tasse, qui s'acquit par ces ouvrages beaucoup de reputation. Ce qu'il faisoit le mieux, estoit des Perspectives.

Il me semble, interrompit Pymandre, que pour la Perspective on faisoit état d'un Pere Theatin, & que nous allâmes un jour en voir de sa façon proche Montecavallo.

Ce fut, repartis-je, à Saint Sylvestre que nous considerâmes ce que le Pere MATHEO ZACCOLINO y a peint. L'on peut dire que ce Religieux est un de ceux qui a le mieux sçû mettre en pratique toutes les regles de la Perspective, & qui dans toutes les choses qu'il a representées en differens endroits, a donné des marques d'une grande étude & de beaucoup d'intelligence ; l'estime que le Poussin en faisoit, luy doit tenir lieu d'un grand éloge. Il mourut en 1630.

ANTOINE TEMPESTE mourut aussi dans la mesme année. Il estoit Florentin, & avoit appris les commencemens de la Peinture sous Strada Flamand, qui faisoit alors ces batailles qu'on voit à Florence dans le vieux Palais du Grand Duc. Aprés avoir travaillé quelques années avec son maistre, il alla à Rome, où il peignit aux Loges du

Vatican, pendant le Pontificat de Gregoire TEMPESTE
XIII. Ensuite il travailla à Caprarole pour
le Cardinal Alexandre Farnese ; & depuis il
fit une si grande quantité d'ouvrages en differens endroits de Rome, qu'il seroit difficil-
le de les marquer tous. Il avoit un genie
particulier pour les batailles, pour les chasses, pour des cavalcades, & pour bien representer toutes sortes d'animaux. Ce n'est pas
la couleur qu'il faut considerer dans ses Tableaux ; mais les dispositions & les expressions vives & naturelles de tout ce qu'il representoit. Il estoit fecond en pensées, &
les exécutoit avec facilité. Il a fait un grand
nombre de desseins qu'il ne finissoit pas beaucoup, se contentant d'exprimer son sujet, &
de donner de l'esprit à ce qu'il figuroit. Le
R. P. de la Chaize, Jesuite & Confesseur du
Roy, aussi curieux & amateur des beaux
desseins, que des medailles, dont il possede
une parfaite connoissance, a un dessein rare
& curieux que Tempeste avoit fait pour
une Thèse qu'un Palavicini vouloit dédier
au Cardinal Ubaldini de Florence. L'invention en est agreable & bien trouvée,
parce qu'il a pris le sujet de son Tableau
sur l'origine des Armes des Ubaldini,

B ij

dont il a représenté l'Histoire.

Ceux qui l'ont écrite, disent qu'en l'an 1184. comme l'Empereur Frederic I. estoit à la chasse, un cerf d'une grandeur extraordinaire, vint à sa rencontre. Un Ubaldinus qui estoit à sa suite, mettant pied à terre, prit ce cerf par son bois avec tant de force & d'adresse, qu'il l'arrêta tout court, & le retint jusques à ce que l'Empereur l'eust percé de son épée : Ce qui donna lieu à ce Prince, en memoire d'une action si extraordinaire, de vouloir que doresnavant les Ubaldini portassent pour Armes la teste & le bois d'un cerf. Tempeste a donc representé, dans une forest, l'Empereur à cheval, & suivi de sa Cour dans un équipage de chasse. On voit Ubaldinus descendu de cheval, qui arreste un cerf, pendant que l'Empereur le perce de son épée. Le Peintre s'est encore servi de testes & de bois de cerf, pour les ornemens qui environnent la These.

C'est dans l'invention & la disposition de ces sortes de sujets qu'on connoist particuliérement la fecondité de Tempeste, laquelle se voit dans le grand nombre d'estampes qu'il a mises au jour. Quoy-que la plufpart des

ET LES OUVRAGES DES PEINTRES. 13

choses qu'il a gravées, soient de son inven- TEMPESTE
tion; il y en a neanmoins plusieurs qui sont
d'aprés les desseins de divers Maistres. Les
40. planches qu'il a mises au jour d'aprés
OTTO VENIUS, ou Octave Van-Veen,
ne sont pas des moins considérables. Otto
Venius vivoit du temps de Tempeste. Il
estoit de Leyde, & fort estimé dans les Pays-
Bas, non seulement pour ses ouvrages;
mais pour le grand sçavoir & pour les belles
qualitez qui estoient en luy. Il peignoit
pour le Duc de Parme, & depuis demeura
entiérement attaché au service de l'Archiduc Albert. C'est de luy les Emblémes d'Horace que vous avez vûës gravées. Il y a
dans l'Eglise Cathedrale de Leyde, un Tableau, où il a representé la Cene de Nostre-
Seigneur, qui est un ouvrage qu'on estime
beaucoup. Il eut pour disciple Paul Rubens,
dont nous parlerons dans la suite.

Les Planches que Tempeste grava d'aprés
Otto Venius, representent l'Histoire des sept
Infans de Lara.

Pymandre m'ayant interrompu, pour me
dire que cette Histoire luy estoit inconnuë,
je luy repartis: Bien que plusieurs Poëtes &
quelques-uns des meilleurs Historiens Espa-

B iij

Tempeste gnols en ayent fait mention, je ne voudrois pas neanmoins vous la donner comme une chose veritable, du moins dans toutes les circonstances qu'elle a esté gravée. Cependant telle qu'elle puisse estre, elle a servi d'une ample matiére à ces deux Peintres, pour exercer leur genie, & peut-estre par l'ordre de quelque grand Seigneur d'Espagne, de la famille de Lara. Pourveu que cette digression ne vous soit pas ennuyeuse, je tâcheray de vous en dire ce que ma memoire me pourra fournir.

Pymandre m'ayant témoigné que je luy ferois plaisir, je continuay ainsi mon discours : Gonçalo Gustios ou Gustos, Seigneur de Salas de Lara, estoit issu des Comtes de Castille. Tous les Ecrivains Espagnols ont avantageusement parlé de luy & de la Noblesse de sa Maison. Il épousa Doña Sancha, sœur de Ruy Velasquez Seigneur de Bylaren. De cette Dame, qui ne fut pas moins recommandable par sa vertu que par sa naissance, il eut sept fils, qui se rendirent celebres sous le nom des sept Infans de Lara. Le Comte Dom Garcia Fernandez, qui estoit leur cousin, & fils de Dom Fernand Gonçalez, frere aîné de leur pere, les fit tous

Garibay Compend. Hist. l. 10. c. 14. Mariana Hist. di Esp. l. 8. c. 9.

Chevaliers en un mefme jour. On avoit pris beaucoup de foin à les bien élever & à les inftruire dans les éxercices convenables à leur naiffance : Et de leur part, ils avoient fi bien répondu aux foins qu'en avoit pris Nuño Salido leur Gouverneur, homme fage & prudent, qu'ils paffoient pour les plus accomplis Chevaliers qui fuffent alors. Ils eftoient dans la fleur de leur âge, lorfque Ruy Velafquez leur oncle, prit pour femme Doña Lambra, coufine de pere & de mere de Dom Garcia Fernandez. Les nôces fe firent dans la Ville de Burgos, où affifta le Comte Dom Garcia Fernandez, & plufieurs Seigneurs de Caftille, de Leon, de Navarre & de divers autres lieux. Elles furent magnifiques ; & la folemnité en fut fi grande, qu'elle dura cinq femaines entiéres, pendant lefquelles ce ne furent que feftes & réjouïffances publiques. Gonçalo Guftos & Doña Sancha fa femme, s'y trouvérent avec les fept Infans & leur Gouverneur Nuño Salido.

Pendant ces feftes, il arriva un jour qu'à l'occafion de certains jeux & courfes à cheval, il furvint un differend entre Gonçalo Gonçalez, qui eftoit le plus jeune des fept

Infans, & un Chevalier nommé Alvar Sanchez, coufin germain de la nouvelle Epoufe Doña Lambra. Les chofes allerént fi avant, que fi le Comte Dom Garcia Fernandez & Gonçalo Guftos ne fe fuffent fortement employez à mettre la paix entre les deux partis: les réjouïffances de la nôce euffent efté troublées par quelque fignalé malheur. Cependant, l'accord qui fut fait, n'empécha pas que Doña Lambra qui avoit pris à cœur les interefts d'Alvar Sanchez fon coufin, ne fe fentît offenfée de ce qui luy eftoit arrivé, & qu'elle n'en conçût une haine mortelle contre les fept Infans, bien qu'ils fuffent neveux de Ruy Velafquez fon mary.

Aprés que les jours de fefte furent paffez, Doña Lambra & Doña Sancha fa belle-fœur eftant alors à Barbadillo avec les fept Infans qui avoient accompagné la nouvelle Epoufe pour luy rendre plus d'honneur; il arriva que Gonçalo Gonçales eftant dans le jardin où il baignoit un faucon dans le baffin d'une fontaine, Doña Lambra qui cachoit toûjours dans fon ame un fecret defir de vengeance, appella un de fes efclaves, & pour fe fatisfaire par un fignalé affront,

felon

ET LES OUVRAGES DES PEINTRES. 17
selon la coûtume d'Espagne, luy commanda de prendre un concombre trempé dans du sang, & d'en frapper Gonçalo Gonçalez par le visage. Cét ordre ne fut pas plûtôt donné, que l'esclave le mit à exécution. Gonçalo Gonçalez & ses freres qui n'estoient pas éloignez de luy, surpris & irritez d'une telle injure, coururent en mesme temps aprés l'esclave qui s'estoit retiré auprés de sa maîtresse. Comme ils jugérent bien qu'il n'avoit rien fait que par son ordre, ils n'eurent nul respect pour elle; & nonobstant les efforts qu'elle fit pour le sauver, ils tuérent à ses pieds celuy qui venoit de les offenser si cruellement; aprés quoy ils prirent leur mere Doña Sancha, & s'en allérent à Salas.

Cela se passa pendant l'absence de Gonçalo Gustos & de Ruy Velasquez, qui étoient allez avec le Comte Dom Garcia Fernandez, visiter quelques places de la Castille. De sorte qu'à leur retour ils furent fort surpris & fort touchez, lorsqu'ils apprirent une si fâcheuse nouvelle. Si-tost que Doña Lambra vit son mary, elle n'épargna ny les plaintes ny les larmes pour le toucher & pour le porter à venger l'outrage qu'elle

C

disoit avoir reçû des sept Infans. Ruy Velasquez, au lieu de considerer combien sa femme estoit naturellement emportée, & capable d'une forte haine; entra trop facilement dans ses sentimens, & luy promit avec beaucoup d'imprudence, tout ce qu'elle desira de luy.

Pour mieux venir à bout des malheureux desseins qu'ils avoient formez, il convia Gonçalo Gustos & ses enfans, d'aller à Barbadillo, où estant arrivez, il se fit une reconciliation feinte à l'égard de Ruy Velasquez, qui couvroit sa trahison de l'apparence d'une veritable amitié. Car pour marquer davantage à son beau-frere la confiance qu'il avoit en luy, il le pria d'aller trouver le Roy de Cordouë, qui devoit estre pour lors le More Hissem, afin de le remercier de quelques graces qu'il en avoit reçûës.

Gonçalo Gustos fort aise d'avoir occasion de luy rendre service, accepta cette commission avec joye; & aprés s'estre rendu chez luy à Salas, pour se disposer à faire ce voyage, il en partit aussi-tost qu'il eut reçû les lettres écrites en Arabe, que Ruy Velasquez luy envoya, & se rendit en peu de temps à Cordouë, ne sçachant pas qu'il por-

L'an 969.

toit dans ces lettres l'arreſt de ſa mort. Car Ruy Velaſquez écrivoit au Roy des Mores, de le faire mourir, & d'envoyer des troupes du coſté d'Almenar, où il mettroit entre leurs mains les ſept Infans, parce qu'eux & leur pere porteur de la lettre, eſtoient les plus dangereux ennemis qu'euſſent les Mores, & que c'eſtoit dans la valeur de ces Chevaliers que le Comte Dom Garcia Fernandez, ſon ennemy, mettoit ſes principales forces.

Lorſque le Roy de Cordouë eut lû cette lettre, quoy-que Mahometan & ennemy des Chreſtiens, il ne voulut pas, comme Prince ſage & bien aviſé, executer précipitamment tout ce qu'elle contenoit. Il fit ſeulement mettre en priſon celuy qui la luy avoit renduë, & envoya ſes gens au meſme lieu que Ruy Velaſquez luy avoit marqué.

Pendant que Gonçalo Guſtos eſtoit en priſon, il trouva moyen de ſe faire aimer de la ſœur du Roy; & les choſes furent ſi avant entre eux, qu'elle devint enceinte.

D'autre coſté Ruy Velaſquez qui avoit donné tout l'ordre neceſſaire pour le deſſein qu'il avoit projetté, s'en alla du coſté d'Almenar accompagné des ſept Infans, qui avoient avec eux deux cens Cavaliers. Durant le voyage Nuño Salido eut certains préfentimens qui le luy faifoient faire avec repugnance, & qui le portérent plufieurs fois à vouloir empécher les jeunes Infans d'aller plus avant. Il fit mefme tant d'efforts pour cela, que Ruy Velafquez craignant qu'enfin il ne rompît toutes les mefures qu'il avoit prifes, s'emporta contre luy ; & peu s'en falut que cela ne caufât du defordre parmy les troupes. Les chofes neanmoins s'appaiférent, & Ruy Velafquez cacha fa perfidie jufques à ce qu'étant arrivez devant Almenar, dans la campagne d'Ariavane, il confera avec quelques-uns des Mores, pour mettre fon deffein à exécution. Etant demeurez d'accord qu'ils dresseroient une embufcade aux fept Infans, Ruy Velafquez dans les ordres qu'il donna pour la marche, fit fi bien qu'ils tombérent dedans avec leur ouverneur & les deux cens Cavaliers de leur fuite. Nuño Salido qui eftoit toûjours dans la défiance, s'en apperçût le premier, & en avertit les autres; mais ils eftoient fi proches des ennemis, qu'ils ne pûrent éviter de combattre.

Ils firent tout ce que les plus vaillans hommes peuvent faire en de femblables occasions. Cependant comme les Mores étoient au nombre de dix mille, il falut enfin ceder à un si grand nombre, qu'ils avoient neanmoins beaucoup diminué par leur genereuse resistance. Les deux cens Chevaliers furent tous tuez, & avec eux, Fernand Gonçalez l'un des sept Infans, & Nuño Salido leur Gouverneur.

Les six freres qui restoient, envoyérent demander du secours à Ruy Velasquez leur oncle, ne sçachant point qu'il fût l'auteur de cette trahison. Il leur manda qu'il estoit assez empéché de son costé à se défendre. Il y eut neanmoins trois cens Cavaliers qui se détachérent sans son ordre, & qui s'estant joints avec les Infans, retournérent attaquer les Mores. Mais la fortune ne leur fut pas plus favorable qu'aux premiers. Ils furent tous tuez; & enfin les six freres aprés avoir vaillamment combattu, furent pris par les Mores, qui aprés les avoir fait mourir, envoyérent leurs testes avec celles de Fernand Gonçalez & de leur Gouverneur, au Roy de Cordoüe.

Quant à Ruy Velasquez, il retourna chez luy aprés cette exécution si indigne d'une personne de sa naissance.

Le Roy ne put regarder les testes des sept Infans, sans témoigner de la douleur de la mort de tant de braves Chevaliers. Il les fit voir à Gonçalo Gustos, qui connoissant alors l'excés de son malheur, tomba demy-mort, & ensuite fondit en larmes dans le sentiment de son desastre. Le Roy More touché des maux de ce pere infortuné, & de sa miserable vieillesse, le mit en liberté, & mesme luy donna de quoy s'en retourner.

Avant que de partir, il s'entretint avec l'Infante More, & résolurent ensemble de ce qu'elle auroit à faire, quand elle seroit délivrée de l'enfant dont elle estoit grosse: aprés quoy ayant pris congé du Roy, il s'en alla à Salas, où il apprit quelque temps après que la Princesse More estoit accouchée d'un fils qui fut nommé Mudara Gonçalez.

On dit que les corps des sept Infans ayant esté retirez des mains des Mores, furent portez dans le Monastere de Saint Pierre d'Arlança, où les Religieuses montrent encore aujourd'huy leur sepulture, comme aussi celle de Gonçalo Gustos leur pere, & de Doña Sancha leur mere. Toutefois les Religieux du Convent de Saint Milan de la

ET LES OUVRAGES DES PEINTRES. 23

Cogolla, font voir chez eux neuf tombeaux de pierre fort anciens, qu'ils aſſûrent eſtre ceux des ſept Infans, de leur pere & de leur Gouverneur.

Quant à Mudara, il fut élevé avec beaucoup de ſoin à la Cour du Roy ſon oncle, qui l'aimoit tendrement. Lorſqu'il eut atteint l'âge de dix ans, il fut armé Chevalier; ce qui ſe fit avec beaucoup de réjouïſſances pour l'honorer davantage.

A quelque temps de là, ſa mere ayant jugé à propos de luy découvrir qui eſtoit ſon pere, elle luy apprit auſſi toutes les aventures qui avoient precedé ſa naiſſance, entre autres la mort des ſept Infans ſes freres, qui avoient fini leurs jours par une infame trahiſon, dans les campagnes d'Ariavane aux environs d'Almenar. Son jeune cœur fut ſenſiblement touché par le récit de tant de choſes fâcheuſes; & deſirant paſſionnément de voir Gonçalo Guſtos ſon pere, il demanda au Roy ſon oncle la permiſſion de l'aller trouver, lequel non ſeulement luy accorda ſa demande, mais luy donna un corps de cavalerie conſiderable pour l'accompagner juſques à Salas, où ayant eſté reconnu de ſon pere, il en fut reçû avec beaucoup de joye. Enfuite quittant la Secte de Mahomet, il receut le Baptefme. Pendant qu'il féjourna avec fon pere, il apprit beaucoup de circonftances concernant fon hiftoire, que fa mere ne luy avoit pas pû dire ; & comme il conceut une forte haine contre Ruy Velafquez, il réfolut de venger la mort de fes freres. Un jour ayant fceu qu'il eftoit à Burgos, il y alla auffi-toft dans la refolution de le punir de fes crimes. Le Comte Dom Garcia Fernandez ayant fceu fon arrivée & fon deffein, moyenna entre eux une tréve pour trois jours, croyant pendant ce temps-là faire quelque accommodement. Mais ce temps expiré, Ruy Velafquez fortit de nuit de la ville ; & lorfqu'il penfoit fe retirer, Mudara l'ayant fuivi, l'attaqua en chemin, & luy ofta la vie. Comme le temps ne luy parut pas propre pour traiter de la mefme forte Doña Lambra, parcequ'elle eftoit fœur du Comte Dom Garcia Fernandez, il attendit que le frere fût mort; aprés quoy les uns difent qu'il la fit brûler, & d'autres, qu'elle fut lapidée & brûlée enfuite.

Depuis que Mudara Gonçalez eut vengé la mort de fes freres, il fut encore plus confideré de Doña Sancha, qui avoit
déja

ET LES OUVRAGES DES PEINTRES. 25

déja beaucoup d'amitié & de tendresse pour luy, tant à cause qu'il ressembloit de visage à Gonçalo Gonçalez le plus jeune des sept freres, que parce qu'il passoit pour un des plus vaillans Chevaliers de ce temps-là.

Doña Sancha l'adopta pour son fils, & la cerémonie qui s'en fit, paroist si bizarre, qu'elle merite bien d'estre remarquée. Le jour mesme qu'il fût baptizé, il fut fait Chevalier par le Comte de Castille Dom Garcia Fernandez; & sa belle-mere, pour marque de son adoption, prit une chemise, & au lieu de l'en revêtir à la maniére ordinaire, elle le fit seulement entrer dans la manche qui estoit fort large: en sorte que la teste sortoit par le haut de la manche & par le col de la chemise. Ensuite elle le baisa au visage, & tout cela estoit pour un témoignage plus grand de son amitié, & une marque singuliére de ce qu'elle l'adoptoit pour son enfant, & le faisoit entrer dans sa famille.

Cette cerémonie toute extraordinaire, donna lieu à une espece de Proverbe, ou de Vaudeville, qui disoit: *Il est entré par la manche, & est sorti par le collet.* <small>Entra por la manga, y sale por el cabeçon.</small>

Non seulement Gonçalo Gustos & Doña Sancha eurent beaucoup d'amitié pour Mu-

D

dara ; mais auſſi tous ceux de la famille l'eſtimérent ſi fort, & l'eurent en ſi grande conſideration, qu'il demeura ſeul heritier de tous les biens de la Maiſon de Lara. C'eſt de luy que ſont ſortis les Manriques de Lara en Eſpagne, dont eſtoit iſſuë Malfada Manrique femme d'Alfonſe Henriquez Premier, Roy de Portugal.

Ceux qui ont écrit la mort des ſept Infans, ne conviennent pas de l'année qu'elle arriva. Les uns diſent que ce fut vers l'an 967. les autres 993. Mais on voit que l'Auteur de l'explication qui eſt ſous les figures que Tempeſte a gravées, s'eſt beaucoup trompé, en mettant leur naiſſance en l'an 1304. Il nomme auſſi le Roy More qui commandoit à Cordouë, Almançor, bien que Mariana diſe que Alhagib Mahomet, que Garibay nomme Alhagib Almançor, eſtoit un Capitaine d'une grande reputation dans la guerre, & d'une ſinguliére prudence dans la paix, lequel gouvernoit à Cordouë pour les Mores au nom du Roy Hiſſem. Deſorte que ſi ce fut le Roy meſme qui donna la vie à Gonçalo Guſtos, & qui eſtoit oncle de Mudara, ce ne pouvoit pas eſtre Almançor: ou bien ſi c'eſtoit Almançor, il n'eſtoit que Viceroy de Cordouë, & non pas Roy, comme l'Auteur de l'explication le qualifie.

Aprés que j'eus cessé de parler, Pymandre me dit : Que cette Histoire soit vraye ou fausse, elle a pû donner des sujets tres-amples pour des tableaux assez agreables.

Je ne sçay, repartis-je, si Otto Venius a peint cette Histoire, ou s'il s'est contenté d'en faire des desseins. Mais afin de vous faire connoistre comment il l'a traitée, vous sçaurez, que dans la premiére estampe, on voit quatre Femmes assises sur des nuages. L'une est la Déesse Necessité, qui tient un marteau, & qui a auprés d'elle trois clous de diamans. Les trois autres sont les Parques ses filles, à qui elle commande de preparer des fils pour la vie des sept freres qui doivent naistre dans l'Etat de Salas de Lara. On suppose qu'elle leur ordonne que ces fils soient fort courts & deliez, parce que cela estoit ainsi arresté par le Destin ; & qu'elle leur montre le lieu où doivent naistre les sept Infans.

La seconde estampe represente leur naissance. Le Peintre les a disposez tous ensemble sur un linceul, comme venans de naistre à mesme heure, bien-que les Historiens les plus

D ij

celebres n'en difent rien. On voit quelques femmes qui les regardent avec étonnement. Doña Sancha eft couchée dans un lit, qui paroift dans le fond de la chambre. A cofté des Infans, & fur le devant du Tableau, il y a deux figures debout : l'une eft une femme avec plufieurs mamelles, pour reprefenter la Nature qui admire fon ouvrage ; & l'autre, eft la Déeffe Pallas, qui l'exhorte à le perfectionner, pendant que de fon cofté elle tâchera de détourner les mauvaifes influences dont ces enfans font menacez.

Dans l'eftampe qui fuit, on voit qu'étans déja grands, ils furent faits Chevaliers par le Comte Garcia Fernandez. Ils font à genoux devant une image de la Vierge, & environnez de quantité de Nobleffe. Le Comte tient une épée à la main pendant qu'on lit les Statuts de Chevalerie. Il femble les exhorter à fuivre l'Honneur & la Vertu, que le Peintre a reprefentez fous deux figures differentes. L'Honneur, fous celle d'un jeune homme, tenant d'une main une corne d'abondance, remplie de toutes fortes de fruits ; & de l'autre, une couronne de laurier. La Vertu paroift fous la forme d'une femme, ayant un cafque en tefte, tenant d'une main une épée, & de l'autre, s'appuyant sur une javeline. Il y a sept petits Anges qui paroissent en l'air, tenans chacun une palme & une couronne de laurier au dessus des sept Infans.

La quatriéme estampe represente les nôces de Ruy Velasquez. C'estoit l'usage en ce temps-là de faire des présens aux nouveaux mariez. C'est pourquoy le Peintre les a assis devant une table, où ils reçoivent ceux qu'on leur porte. A costé de l'Epoux, est le Dieu Hymen tenant son flambeau allumé; & proche de l'Epouse, on voit Venus & son fils qui d'une main tient son arc, & de l'autre un flambeau. Au haut du Tableau est la Renommée, qui de sa trompette annonce ces nôces à toute l'Espagne.

Je vous ay dit, que pendant les réjouïssances qui se firent, il survint un different entre Alvar Sanchez, cousin de la nouvelle Mariée, & Gonçalo Gomez le plus jeune des sept freres. Le Peintre a representé sur le bord de la riviére, & dans une grande place destinée pour les courses, plusieurs Chevaliers la lance à la main. Alvar Sanchez paroist presqu'au bout de la carriére, qui se prépare à frapper de sa lance contre une table de bois, dreſſée à certaine hauteur, pour éprouver la force & l'adreſſe des Chevaliers qui pourroient atteindre plus haut, & la rompre. Comme l'on vint dire à Doña Lambra que ſon couſin avoit atteint & fra- pé plus haut que les autres, elle en conceut tant d'orgueil, qu'elle dit, qu'il n'y avoit point de Chevalier qui pût ſurpaſſer ſon pa- rent. Gonçalo Gomez qui joüoit alors avec ſes freres, ayant entendu l'eſtime qu'elle fai- ſoit d'Alvar Sanchez au deſavantage de tous les autres, quitta le jeu, & s'en alla pour deſabuſer Doña Lambra, en luy faiſant con- noiſtre qu'il ne le cedoit en rien à ſon couſin.

On voit dans la meſme eſtampe une cham- bre où paroiſt une aſſemblée de perſonnes qui ſe réjouïſſent; & comment la Superbe s'empare de Doña Lambra. Le Peintre, pour repreſenter cette paſſion, & pour faire connoiſtre encore quelques autres affections de l'ame, qu'il n'eſt pas toûjours bien aiſé de découvrir par des mouvemens du corps & par de ſimples traits marquez ſur le viſage, s'eſt ſervi d'un moyen aſſez ingenieux, & qui ayant quelque choſe de poëtique, non ſeulement peut eſtre ſouffert dans le ſujet qu'il traite, mais encore merite quelque estime, parce qu'il donne de la grace, & enrichit la composition de son ouvrage, par la variété des differentes figures qu'il y fait entrer. Il a donc peint une femme vestuë d'une maniére magnifique, & la teste couverte de plumes de paôn, laquelle se saisit de Doña Lambra, & la frappe avec de semblables plumes qu'elle tient à la main ; ce qui semble émouvoir Lambra, & la fait paroistre avec un visage fier & content. Le jeune Gonçalo, d'autre costé, prestant l'oreille à ce qu'elle dit, sort, & suit une femme qui tient une épée & un flambeau allumé. C'est la Colére qui marche devant luy, & qui l'anime.

Dans la sixiéme estampe, l'on voit Gonçalo Gomez qui court contre la table, & qui la frappe avec tant de force & d'adresse, qu'il en fait tomber les planches par morceaux. Ce que Doña Lambra ayant appris, en conceut tant de douleur, que s'emportant contre les sept freres & contre leur mere, elle leur dit mille injures ; & traitant Doña Sancha de truye, mere de sept petits cochons, l'oblige à se retirer avec ses enfans. On voit comment l'Envie, le corps sec & décharné, & la teste environnée de serpens, est auprés de Lambra, dans le sein de laquelle elle a déja fait glisser un de ses serpens. Elle en tient encore deux autres dans ses mains, qu'elle semble presser comme pour en faire sortir le venin. Le Dieu Hymen surpris & offensé, s'en va, éteignant son flambeau contre terre.

Soit que le Peintre ait voulu de luy-même amplifier son sujet par de nouvelles inventions, ou qu'il ait suivi quelques Poëtes ou quelques Romans Espagnols qui ont étendu cette aventure des sept Infans plus que n'ont fait les Historiens: il prétend, qu'aprés que Gonçalo Gomez eut brisé la table, Alvar Sanchez en colere de se voir surmonté, ne pût s'empécher de luy dire des injures; ce que Gonçalo Gomez ne pouvant souffrir, luy repartit avec un si grand coup de la main, qu'il le jetta par terre sans vie & sans mouvement. C'est le sujet du septiéme dessein, où l'on voit Alvar Sanchez, qui tombe de dessus son cheval aprés le coup qu'il vient de recevoir de Gonçalo Gomez. Les autres freres accourent, mais trop tard pour les séparer. Doña Lambra paroist toute éplorée à la fenestre de son château; & dans l'air, on voit la Haine & la Fureur, qui armées d'épées

pées & de torches ardentes, semblent mettre le feu partout.

Dans la huitiéme estampe, le corps d'Alvar Sanchez paroist étendu sur terre; & Ruy Velasquez, qui excité par les pleurs & les cris de sa femme, frappe d'un bâton Gonçalo Gomez son neveu. Gomez tâche de parer seulement le coup avec la main, & semble prier son oncle de ne le pas maltraiter, pour n'estre pas obligé à perdre le respect qu'il luy doit. On voit la Vengeance, un poignard à la main, un casque en teste, & les cheveux épars, qui accompagne Ruy Velasquez; & au dessus de Gonçalo Gomez, est la Patience, avec un joug sur les épaules, & les bras croisez, qui semble l'exhorter à souffrir l'injure qu'on luy fait.

Cependant, comme Ruy Velasquez continua de le frapper, & qu'il luy rompit sur la teste le bois qu'il tenoit à la main, dans le neuviéme dessein, paroist Gonçalo Gomez, qui outré de douleur, aprés avoir mis sur le bras de son Ecuyer un faucon qu'il tenoit, frappe au visage Ruy Velasquez, & se retire ensuite avec ses freres & ses amis. On voit au dessus de Ruy Velasquez, la Colére, qui l'échaufe de son flambeau; & auprés de

E

Gonçalo Gomez, la Fureur, qui armée aussi d'une épée & d'un flambeau, s'empare de luy, aprés que la Patience s'est retirée.

La dixiéme estampe représente le Comte Garcia Fernandez & Gonçalo Gustos, qui traitent l'accommodement des sept Infans avec Ruy Velasquez. Les sept freres sont retirez à l'écart avec leurs troupes, encore plus éloignées, pendant que le Comte & leur pere concluënt la paix, & font consentir leur oncle à les recevoir dans sa Cour, pour apprendre le métier de la guerre. Cette action est représentée par trois figures qui paroissent en l'air, dont l'une est la Paix, qui tenant une branche d'olive, chasse la Colére & la Fureur, qui ont en main leurs épées nuës & leurs flambeaux allumez.

Le Peintre a représenté dans l'estampe qui suit, comme aprés ce traité, & lorsque toutes les réjouïssances de la nôce furent passées, le Comte Garcia Fernandez & tous les Princes & grands Seigneurs retournent chez eux; laissant Ruy Velasquez & Gonçalo Gustos avec quelques autres Cavaliers à Burgos, pendant que Doña Lambra va à Barbadillo, accompagnée de plusieurs Da-

ET LES OUVRAGES DES PEINTRES. 35
mes, & des sept Infans. La Concorde & la Piété, que la Paix a rappellées, mettent fin à toutes les réjouïssances, & paroissent à la porte du Palais avec des vestemens & des marques qui les font connoistre.

On voit dans le douziéme dessein Gonçalo Gomez baignant son faucon dans le bassin d'une fontaine, & recevant le coup d'un concombre ensanglanté, comme je vous ay dit. Doña Lambra paroist à la porte du Château, accompagné de l'Envie, qui semble luy inspirer cette action.

L'estampe qui suit, représente les sept Infans, qui animez par la Vengeance & par la Fureur, tuënt aux pieds de Doña Lambra, l'esclave qui avoit frappé Gonçalo Gomez.

Dans le quatorziéme dessein, on voit l'entrée d'un Palais tendu de deuïl, & un cercueil couvert de drap noir, dans lequel on suppose le corps de cét esclave assassiné. Doña Lambra est assise auprés, laquelle voyant arriver son mary, luy fait ses plaintes. Ruy Velasquez attendri par les larmes de sa femme, promet de la satisfaire. A côté de luy sont la Colére & la Vengeance qui l'accompagnent.

E ij

Le quinziéme sujet représente, comme Ruy Velasquez ayant fait venir Gonçalo Gustos, sous prétexte de quelques affaires importantes qu'il veut luy communiquer, feint d'oublier tout ce qui s'est passé, & de vouloir entretenir la paix avec luy & ses enfans. Gonçalo Gustos, accompagné de la Piété, fait des excuses pour ses enfans, & promet à Ruy Velasquez qu'ils luy feront toute sorte de satisfaction. Ils paroissent à cheval dans le lointain. Pour Ruy Velasquez, il a auprés de luy la Vengeance & la Fraude, l'une tenant un poignard, & l'autre ayant un masque devant son visage.

Dans l'estampe qui suit, Ruy Velasquez donne à Gonçalo Gustos une lettre, pour rendre au Roy de Cordouë. Ils sont encore accompagnez, l'un de la Vengeance & de la Fraude, & l'autre de la Piété.

Je vous ay dit tantost, que Gonçalo Gustos estant arrivé à Cordouë, rendit au Roy une lettre, par laquelle Ruy Velasquez mandoit à ce Prince de le faire mourir. On voit dans la dix-septiéme estampe le Roy More, assis sur des carreaux, qui commande qu'on mette Gustos en prison. La sœur du Roy est présente, qui semble en avoir compassion. Derriére Gustos paroissent la Tristesse & la Crainte, représentées sous deux differentes figures. La premiére est une femme éplorée, ayant ses cheveux abattus, & un serpent qui luy ronge le sein. La seconde, est un jeune enfant, qui joint les mains, & qui porte sur la teste un liévre, symbole de la peur.

Dans la dix-huitiéme estampe, le Roy More envoye ses Capitaines, pour surprendre les sept Infans, & s'en saisir, comme Ruy Velasquez luy mandoit par sa lettre.

L'on voit dans la dix-neuviéme estampe, Ruy Velasquez accompagné de la Fraude & de la Vengeance, lequel parle aux sept Infans, pour les porter à le suivre à la guerre qu'il feint d'aller faire aux Mores.

Dans le sujet qui suit, le Peintre a tâché d'exprimer les présentimens qu'avoit Nuño Salido, du malheur dont les sept freres estoient menacez. Ce qu'il a représenté par l'observation qu'il fait du vol de quelques oiseaux, & par un secret instinct de prudence & de sagesse, qui semble luy estre inspiré par la Deesse Minerve, qui est debout devant luy, tenant sa picque & son bouclier. Les Infans regardent les oiseaux qui volent, & sans s'arrêter aux avis de leur Gouverneur, ne laiffent pas de fuivre leur chemin. Dans le ciel paroift la Neceffité, qui commande aux Parques de fe hâter de finir le fil de la vie des fept freres.

La vingt-uniéme eftampe repréfente Ruy Velafquez dans fon camp, affis fous une tente, lequel fe plaint à Nuño, de ce que par fes mauvais pronoftics, il met la terreur dans fon armée, & foûtient que ce qu'il prend pour mauvais augure, ne regarde que les Mores. Cependant comme Nuño n'en demeure point d'accord, on voit dans la vingt-deuxiéme eftampe, Ruy Velafquez excité par la Vengeance & par la Fureur, lequel commande à ceux qui eftoient auprés de luy, de fe défaire de Nuño; ce que Gonçalvo Sanchez voulant exécuter, il eft luy-mefme tué par Gonçalvo Gomez. En fuite de quoy, les fept freres fe retirent avec les deux cens Cavaliers qui les accompagnoient.

Alors m'eftant arrefté, Je crains, dis-je à Pymandre, que ce long récit ne vous devienne enfin ennuyeux. Car comme toute cette Hiftoire eft repréfentée en quarante planches, vous voyez qu'il en refte encore prés de la moitié à vous expliquer. C'eft pourquoy, afin de ne vous pas laffer par un

ET LES OUVRAGES DES PEINTRES. 39
trop long difcours, & par tant de differentes images, qui pourroient plûtoft fatiguer l'efprit, que le divertir, je vous diray feulement en peu de mots, que les huit qui fuivent, repréfentent tout ce qui fe paffa dans la campagne d'Ariavane, jufques à la mort des fept Infans. Et dans les autres qui reftent, on voit comme le Roy More fait voir à Gonçalo Guftos les teftes des fept Infans & de leur Gouverneur: comme le pere tranfporté de douleur & de colére, s'eftant faifi d'une épée, tuë neuf Mores, en prefence du Roy. On le voit enfuite affis fur un lit, & faifi de trifteffe. La fœur du Roy eft debout devant luy, qui le confole.

Dans un autre fujet, il parle à cette Princeffe, & prenant congé d'elle, luy donne une bague, afin que l'enfant dont elle eft groffe, eftant en âge, puiffe l'aller trouver, & s'en faire connoiftre. Aprés fuit la naiffance de cét enfant, qui fut nommé Mudara Gonçalez. On a reprefenté le Roy fon oncle qui le fait Chevalier, lorfqu'il eut atteint l'âge de douze ans. Comment fa mere, aprés luy avoir appris le nom de fon pere, luy donne la bague qu'il avoit laiffée pour s'en faire connoiftre. De quelle maniére Gonçalo Guſtos le reçoit chez luy. Comment le Comte Garcia Fernandez empêche Mudara de ſe battre contre Ruy Velaſquez. De quelle ſorte Mudara l'ayant pourſuivi, le tuë, & fait mettre le feu dans ſon Château. Enfin, l'on voit dans la derniére eſtampe, comment Mudara reçût le Baptefme, & avec luy les Mores qui l'avoient ſuivi.

Tous les ſujets dont je viens de vous parler en peu de mots, font traitez de la meſme maniére que les premiers ; c'eſt-à-dire, avec des figures allegoriques, qui expriment les paſſions & les differens mouvemens de l'ame. Et c'eſt ce qui m'a donné occaſion de rapporter cette Hiſtoire plus amplement que je n'aurois fait, pour vous faire voir, que le Peintre voulant traiter ſon ſujet d'une maniére poëtique, a crû pouvoir accompagner les principaux perſonnages, d'autres figures qui ſervent à l'intelligence de l'Hiſtoire, & qui en meſme temps, luy donnent moyen d'embellir ſes tableaux, par des veſtemens & des armes antiques, qu'il meſle avec les habits & les armures propres & convenables au temps, & aux perſonnes qu'il repréſente. Ce que l'on pourroit trou-

ET LES OUVRAGES DES PEINTRES. 41
ver à redire, c'est d'avoir meslé la Fable & les Divinitez Payennes dans des sujets Chrêtiens. Car ny les Parques, ny Venus ny Hymen, ne doivent point avoir part dans nos ceremonies. Pour les autres figures qui representent les Vertus ou les Passions, elles sont plus supportables, n'estant pas mises comme des Divinitez; mais comme des images symboliques dont les Peintres se sont toûjours servis, & qu'on peut encore moins condamner dans une Histoire telle que celle-cy, qui tient un peu du Roman.

Aprés estre demeuré quelque temps sans rien dire, Je ne vous parleray pas davantage, poursuis-je, des autres piéces que Tempeste a gravées. Le nombre en est si grand, qu'il y a peu de Graveurs qui en ayent laissé autant que luy.

Je croyois, interrompit Pymandre, que JACQUES CALLOT fut celuy des Graveurs à l'eau-forte, qui eût fait le plus d'ouvrages, & qui eût mesme excellé en cette sorte de travail. *CALLOT.*

Il est vray, repartis-je, que pour ce qui regarde la maniére dont il a gravé les sujets qu'il a traitez, on peut dire qu'il n'y a jamais eu personne qui l'ait égalé. Mais parce qu'il

F

CALLOT. faut toûjours mettre de la différence entre les Ouvriers; on peut dire que Tempeste a travaillé, non comme un simple Graveur, mais comme un Peintre qui difpofoit avec beaucoup d'art, les chofes qu'il repréfentoit, & qui dans fa gravûre penfoit moins à fe rendre agréable, qu'à paroiftre fçavant, & à donner de l'expreffion & de l'efprit à ce qu'il figuroit.

Callot avoit une autre forte de genie, il n'entroit pas fi avant dans la fcience de la Peinture, & ne poffedoit pas une connoiffance fi generale de tout ce qui en dépend. Il avoit l'imagination nette, mais non d'une fi grande étenduë. Il s'eftoit fait une pratique de graver aifée & agréable; & ayant acquis la veritable methode de bien coucher le vernis fur le cuivre, & donner l'eau-forte à propos: il eft certain que ce qu'il a fait, eft fi net & fi bien touché, qu'on ne peut rien fouhaiter de mieux. Outre fa belle maniére de graver, il difpofoit agréablement fes figures; & quelque grande que fut la difpofition d'un fujet, elles eftoient toutes fi bien ordonnées, que le grand nombre ne caufoit aucune confufion.

Comme c'eftoit particuliérement dan les

petites figures qu'il excelloit, on doit beaucoup estimer l'art & l'industrie dont il se servoit pour exprimer avec peu de traits tant de différentes actions qu'on voit dans les siéges de villes & les campemens d'armées qu'il a représentez. Tous ses autres ouvrages sont traitez avec le mesme esprit. Il y a dans les plus sérieux, un caractére de noblesse & de bien-séance; & dans les piéces divertissantes, il a gardé une conduite & des expressions conformes à la qualité des sujets. C'est pourquoy tout ce qu'il a fait, sera toûjours estimé, parce qu'il est mal-aisé d'arriver au point où il est parvenu, & que difficilement il se trouvera des personnes, non seulement qui le surpassent, mais qui le puissent égaler. Il faut pourtant faire cette différence de luy avec les autres Graveurs, que la preéminence qu'on luy donne, est renfermée dans la maniére singuliére dont il a traité les choses, & non pas dans l'art de Peinture, où d'autres pourroient le surpasser.

Cependant, quoy-que Callot n'ait pas rang parmy les Peintres, il s'est signalé de telle sorte par l'excellence de ses ouvrages qui sont répandus par toute l'Europe, que sa réputation ne finira jamais.

CALLOT. Je sçay bien, dit Pymandre, qu'il estoit de Lorraine, & qu'il travailla à Paris, du temps que le feu Roy Loüis XIII. prit la Rochelle. Mais comme son merite est singulier, vous me ferez plaisir de me dire tout ce que vous sçavez de luy.

Il a paru pendant sa vie, repliquay-je, avec tant d'estime dans les lieux où il a esté, qu'il est bien juste que l'on parle encore de luy aprés sa mort, & qu'on laisse à la posterité son nom & ses actions avec celles des Artisans les plus fameux. Comme j'en ay esté assez instruit par des personnes qui l'ont connu particuliérement, & qui sont fort bien informées de toutes les choses qui regardent sa vie, je ne feray pas difficulté de vous faire part de ce que j'en sçay : d'autant plus que je seray bien-aise que vous connoissiez encore mieux cét homme illustre, dont la memoire ne peut estre assez cherie des honnestes-gens.

Il naquit à Nancy l'an 1593. Son pere se nommoit Jean Callot, Herauld d'armes de Lorraine & de Barois, & sa mere Renée Bruncault. Je ne vous dis point qu'il estoit noble de naissance, son grand-pere Claude Callot, Exempt des Gardes-du-corps du

ET LES OUVRAGES DES PEINTRES. 45

Duc de Lorraine, ayant esté annobli par le Duc Charles II. en consideration des services qu'il luy avoit rendus dans les armées, & particuliérement dans une occasion, où il donna des marques de sa fidélité & de son courage. La vertu de Jacques Callot & ses belles qualitez, n'ont pas besoin d'estre relevées par sa noblesse, il a sçû se faire connoître par son propre mérite ; & comme le plus grand honneur des hommes ne consiste pas toûjours dans le sang noble qu'ils ont reçû de leurs ayeuls, il luy sera assez avantageux d'estre consideré par luy-mesme. Aussi ne songea-t-il point à passer sa vie dans le repos & dans l'oisiveté, que cherchent d'ordinaire ceux qui se contentent des biens de la fortune, & des titres honorables que leurs peres leur laissent en mourant. Quoyqu'il portât un nom déja assez connu dans son pays, & qu'il fût d'une famille, qui dés l'an 1417. avoit possédé les premiéres Charges sous les derniers Ducs de Bourgogne ; il ne se flatta point d'une sotte vanité, qui luy fit regarder comme trop bas & au dessous de luy, l'occupation & le travail où ses inclinations le portoient.

Dés sa plus tendre jeunesse, il avoit don-

F iij

né des marques de l'affection qu'il avoit pour le deſſein. Car lorſqu'il alloit aux écoles, il rempliſſoit ſes livres de diverſes figures ; & pendant tout le temps que ſes parens le firent étudier, il n'avoit pas plus grand plaiſir que d'employer à deſſeigner, les momens qu'il pouvoit prendre pour ſe délaſſer & pour ſe divertir. Enfin ayant ſouvent entendu parler des belles choſes que l'on voit en Italie, il luy prit un deſir ſi violent d'y aller, qu'encore qu'il n'eût qu'onze à douze ans, il réſolut de ſortir de la maiſon de ſon pere; & ſans pourvoir aux moyens de ſubſiſter pendant ſon voyage, il partit ſecrettement, & prit le chemin de Rome. Le peu d'argent qu'il avoit, fut bien-toſt dépenſé : de-ſorte que ſe voyant dans la neceſſité d'en demander, il s'aſſocia avec une troupe de Bohémiens qui alloient auſſi en Italie, & ſans penſer dans quelle compagnie il ſe mettoit, ny aux fatigues du chemin, ny à la vie honteuſe qu'il menoit, il alla avec eux juſques à Florence. Lorſqu'il y fut arrivé, il quitta ſa compagnie. Un Officier du Grand Duc l'ayant vû par hazard, l'interrogea d'où il eſtoit, & ce qu'il faiſoit ; & comme il avoit une phyſionomie agréable,

il le prit auprés de luy, & l'envoya deſſeigner chez un Peintre, nommé *Canta Gallina*, qui eſtoit en réputation, & qui s'appliquoit à la gravûre. Il y apprit quelque choſe
pendant le peu de temps qu'il demeura chez
ſon maître. Car ayant toûjours un extréme
deſir de voir Rome, il le preſſa ſi fort, qu'il
luy permit d'y aller, & l'aſſiſta de quelque
argent pour faire ſon voyage.

A peine fut-il arrivé dans Rome, qu'il
rencontra des Marchands de Nancy qui le
reconnurent, & qui ſçachant la peine dans
laquelle ſon pere & ſa mere eſtoient, le con-
traignirent de s'en retourner avec eux, & le
remenérent à ſes parens.

Eſtant de retour, ſon pere l'obligea de reprendre ſes études: mais comme il n'avoit
nulle inclination aux Lettres, il les quitta,
& retourna en Italie, ayant alors environ
quatorze ans.

En paſſant à Thurin, il eut le déplaiſir de
voir encore ſon voyage interrompu. Car il
rencontra par les ruës ſon frere aîné, que ſon
pere y avoit envoyé pour quelques affaires,
lequel le remena encore une fois à Nancy.

Il ne faut pas s'étonner qu'un enfant à cét
âage eût entrepris tous ces voyages avec ſi

peu de refléxion des incommoditez qui luy pouvoient arriver; qu'il se fût mesme réduit à vivre & à voyager avec des misérables & des vagabonds, la premiére fois qu'il arriva à Florence; puisque la passion de voir l'Italie, & l'amour de la Peinture, luy faisoient faire ce que d'autres passions moins honnestes font souvent entreprendre à plusieurs personnes. Mais on peut admirer en luy la conduite de la Providence divine, qui le conserva toûjours de toutes sortes de dangers. Aussi ses parens regardoient comme un grand bonheur & une singuliére protection de Dieu, qu'il eût fait tous ses voyages sans aucun péril; & luy-mesme a depuis avoüé qu'il étoit obligé aux graces que Dieu luy avoit faites, de l'avoir conservé des mauvaises compagnies, & n'avoir pas permis qu'il fût tombé dans des débauches, comme il luy pouvoit arriver dans un âge si susceptible de mauvaises impressions. Aussi a-t-il souvent dit à ses amis, lorsqu'il leur racontoit les aventures de sa jeunesse, qu'en ce temps-là il demandoit toûjours à Dieu dans ses priéres, de vouloir le conserver & luy faire la grace d'estre homme de bien, le suppliant que quelque profession qu'il embrassât, il y excellât

excellât au dessus des autres, & qu'il pût vi- CALLOT. vre jusques à quarante-trois ans; ce que Dieu luy accorda en effet.

Estant de retour à Nancy pour la seconde fois, bien loin d'estre satisfait de ses voyages, & lassé des incommoditez qu'il avoit souffertes; les beautez qu'il avoit vûës à Florence & à Rome, ne faisoient qu'augmenter le desir qu'il avoit d'y retourner. Il fit tant d'instances auprés de son pere, qu'enfin il luy permit de se satisfaire. Ayant obtenu son congé, il se rencontra heureusement, que le Duc de Lorraine envoya un de ses Gentilshommes vers le Pape, lequel voulut bien que Callot allât à sa suite, & mesme prît soin de luy pendant tout le chemin.

Lorsqu'il fut arrivé à Rome, il s'appliqua uniquement à desseigner, faisant tout son possible pour se perfectionner dans cette partie, comme la plus necessaire de toutes celles qui regardent la Peinture. Quelque temps aprés, le desir luy prit d'apprendre à graver au burin. Pour cét effet, il se mit chez PHILIPPE THOMASSIN, qui estoit de Troye en Champagne; mais qui s'étant marié à Rome, y demeura le reste de ses jours, & y est mort âgé de soixante-dix ans.

G

CALLOT. Quoy-qu'il ne fût pas un des plus excellens Graveurs, il a neanmoins fait quantité d'ouvrages, particuliérement des sujets de dévotion, d'aprés François Salviati, Frederic Barrocio, François Vanni & plusieurs autres Peintres. Ce fut donc chez Thomassin, que Callot commença d'apprendre à manier le burin. D'abord il travailla d'aprés les Sadelers qui estoient en réputation ; & aprés avoir copié aussi quelques piéces des Bassans & d'autres Peintres, il se mit à graver les autels qui sont à S. Pierre, à S. Paul, à S. Jean de Latran, & en d'autres Eglises, jusques au nombre de vingt-huit. Ce ne sont pas de grands ouvrages ; mais l'on y découvre quel estoit l'esprit de Callot, & comment il se fortifioit de plus en plus dans la gravûre.

Lorsqu'il travailloit de la sorte avec beaucoup de soin, & qu'il s'appliquoit à voir tout ce qu'il y avoit de plus curieux & de plus beau dans Rome, il fut obligé de quiter son maistre, qui eut quelque sujet de jalousie à cause de la familiarité, peut-estre trop grande, que Callot, alors jeune & bien fait, avoit avec sa femme. Il résolut de sortir de Rome ; & estant allé à Florence, il fut arrêté à la porte de la Ville, par un ordre du Grand

ET LES OUVRAGES DES PEINTRES.

Duc, qui vouloit estre informé du nom & de la qualité de tous les Etrangers qui arrivoient. Ayant déclaré ce qu'il estoit, il fut mené au Palais; & le Grand Duc, aprés l'avoir luy-mesme interrogé sur ce qu'il faisoit, l'obligea de demeurer à son service. Il luy fit donner une pension & ce qu'on appelle *la parte*, avec un logement dans la mesme gallerie où travailloient quantité d'autres excellens Ouvriers. Trouvant ce petit établissement assez avantageux, il se mit à étudier avec beaucoup d'assiduité. Il alloit souvent voir *Canta-Gallina* son premier maistre; Alfonse Parigi, Peintre & Ingénieur; Philippe Napolitain, & Jacques Stella de Lyon, aussi tous deux Peintres, qui estoient alors à Florence; & ayant fait amitié avec eux, tâchoit de s'instruire de plus en plus, & de profiter de leurs avis. Il commença de graver une Vierge d'aprés André del Sarte; un *Ecce homo*, accompagné de plusieurs figures d'aprés Vanius. Long-temps auparavant, il avoit gravé les miracles de l'Annonciade, qui sont au nombre de quarante piéces, & des moindres qu'il ait faites. Il grava encore plusieurs autres ouvrages d'aprés Perin del Vague, Vanius, Ventura Salimbeni, & quel-

CALLOT.

G ij

ques autres Peintres. Le Grand Duc luy ayant proposé de graver des batailles, & les victoires remportées par les Médicis, il en fit jusques au nombre de vingt piéces, où il travailla avec beaucoup de soin. Il est vray, qu'il y en a deux ou trois qui ne sont pas finies. Il grava aussi les sept pechez mortels en quatre feuilles, d'aprés Bernardin Pochet, Peintre Florentin ; ce sont des meilleures choses qu'il ait faites au burin.

Pendant qu'il s'appliquoit à ces travaux, il rendoit toûjours ses visites à Alfonse Parigi & à *Canta-Gallina*. Le dernier avoit une pratique merveilleuse à bien desseigner à la plume, en grand & en petit ; & l'autre avoit gravé plusieurs Scenes de Comédies, des Balets & des Carousels représentez devant le Grand Duc. Callot, à leur exemple, commença à desseigner en petit. Il eut pour cela un genie si heureux, qu'il ne mit guéres à les surpasser ; aussi a-t-on vû dans la suite, comment il s'est rendu incomparable dans cette sorte de travail. Ce fut alors qu'il résolut de quitter le burin, pour s'appliquer entiérement à graver à l'eau-forte : jugeant que c'estoit un veritable moyen de pouvoir mettre au jour avec plus de facilité, de

ET LES OUVRAGES DES PEINTRES. 53
grandes ordonnances, & de produire beaucoup plus d'ouvrages, qui s'exécutant plus
promptement qu'au burin, reçoivent aussi
bien mieux l'esprit & le feu que l'Ouvrier
leur inspire.

La premiére piéce qu'il fit, fut S. Manssu
Evêque de Thoul, qui ressuscite un jeune
Prince, mort subitement en joüant à la
paûme. Dans l'estampe qu'on en voit, il y
a plusieurs figures & un paysage, où paroist
dans l'éloignement le palais Episcopal de la
ville de Thoul. Comme il n'avoit pas encore une entiére pratique de l'eau-forte,
cette piéce est presque toute au burin: aussi
est-il tres-important, qu'un Graveur à l'eau-
forte manie fort bien le burin, & sçache
comment il faut couper le cuivre, afin de
réparer les manquemens qui peuvent arriver
par le defaut du vernis, de l'eau-forte, ou
quelque autre accident, & aussi pour retoucher & pour donner plus ou moins de force
aux endroits qui peuvent en avoir besoin; &
c'est ce que Callot sçavoit faire excellem-
ment bien.

En ce temps-là, les Princes d'Italie, estoient
fort curieux de faire représenter des Comédies & des Balets avec des décorations de

theatre magnifiques, particuliérement le Duc de Florence, qui entretenoit des Ingénieurs & Machinistes tres-sçavans, lesquels dans cette Cour s'acquitoient alors de ces entreprises, mieux qu'en autre Cour de l'Europe. Le Grand Duc ayant voulu qu'on gravât de ces sortes de spectacles qu'il avoit fait représenter, Callot en fit six planches, qui furent trouvées tellement au dessus de celles de *Canta-Gallina* & d'Alfonse Parigi, que le Duc de Florence ne voulut plus se servir dans ces occasions, d'autre Graveur que de Callot : de-sorte qu'il fit ensuite quatre piéces d'un Carousel. Et comme quelque temps aprés on représenta encore à Florence une magnifique Comédie de Soliman, il en grava les décorations en six piéces, qui surpassent tout ce qu'il avoit fait auparavant, tant pour la conduite & l'intelligence de l'Architecture, que pour la disposition & l'esprit qu'on voit dans les petites figures. M. Vivot Contrôleur de la Maison du Roy, intelligent & curieux en Peinture, en a gardé long-temps toutes les études de la main de Callot, lesquelles le sieur Silvestre conserve présentement, avec plusieurs autres desseins de cét excellent homme, qui grava ensuite

ET LES OUVRAGES DES PEINTRES. 55
une tentation de saint Antoine, d'environ CALLOT.
quinze pouces de long. Elle est rare, parce
qu'on ne sçait ce qu'il fit de la planche, qui
ne se trouve plus.

 Il représenta en quatre feüilles, les navires & les galéres du Grand Duc. Il fit, pour l'instruction des jeunes Peintres, un livre de Caprices, où dans chaque planche, on voit le trait simple de la figure, & la figure finie. Il grava un paysage & trois différens sacrifices, dans de petites ovales. Il fit un cartouche ou espéce d'éventail, dans lequel il a représenté un Carousel & des feux d'artifices, qui paroissent sur le fleuve d'Arne, qui passe au milieu de la ville de Florence. Il grava aussi un catafalque, & la cerémonie qui fut faite à Florence, par l'ordre du Grand Duc, pour les obséques de l'Empereur Mathias.

 Entre les piéces qu'il fit en petit, on considére avec admiration, le martyre des Innocens, à cause de la quantité de figures, & de la délicatesse du travail. Mais une des plus recherchées, & que l'on estime davantage, c'est la grande Foire qui se tient tous les ans à la Madone de l'Imprunette, à sept milles de Florence, où les habitans de l'Etat du

Grand Duc & des autres lieux circonvoisins, ne manquent point de se rendre. Callot n'avoit qu'environ vingt-sept ans, lorsqu'il en fit le dessein, où il représenta, avec des expressions divertissantes & agréables, tout ce qui se passe à cette Foire. Il employa beaucoup de temps à graver cette planche, tant à cause du grand travail qu'il y a, que du soin qu'il prit à la bien faire : l'eau-forte ayant manqué en bien des endroits, il fut obligé d'en réparer les fautes avec le burin. Il en dédia les estampes au Duc de Florence, Cosme de Médicis, lequel estant decedé peu de temps après, Callot commença de méditer son retour en Lorraine. Et comme le Prince Charles qui venoit de Rome, le vit en passant à Florence, & luy promit, que s'il vouloit retourner à Nancy, il luy feroit donner de bons appointemens par le Duc Henry de Lorraine, son beau-pere : cela le fit encore plûtost résoudre à quitter l'Italie ; de-sorte, que sans différer davantage, il se mit à la suite de ce Prince, & retourna en son pays.

Il fut reçû de ses parens avec bien de la joye, & le Prince Charles l'ayant présenté au Duc de Lorraine, il en reçût un accueil
tres-

ET LES OUVRAGES DES PEINTRES. 57
tres-favorable, avec une honneste penfion, & CALLOT.
promeffe qu'il ne feroit pas moins confideré de
luy, qu'il l'avoit efté du feu Duc de Florence, pour la memoire duquel Callot avoit
beaucoup de venération.

Ses parens, pour l'arrefter à l'avenir plus
fortement auprés d'eux, penférent à le marier; & ayant jetté les yeux fur une jeune
Demoifelle, nommée Catherine Kuttinger,
qui tiroit fon origine d'une noble famille de
Marfal, la luy firent époufer en 1625. eftant
alors âgé de trente-deux ans. Il n'eut pas la
fatisfaction d'avoir des enfans de fon mariage; mais en récompenfe il eut l'avantage
d'en produire un fi grand nombre d'autres de
fon efprit & de fa main, lefquels ne mour-
ront point, qu'on peut dire qu'il a laiffé une
pofterité beaucoup plus glorieufe pour luy,
que celles, que beaucoup de peres laiffent
aprés eux, dans des enfans, qui fouvent ne
font guére d'honneur à leur memoire.

Comme il avoit fait beaucoup d'études
en Italie, & qu'il en avoit apporté un grand
nombre de deffeins, il s'en aidoit heureufement
dans les ouvrages qu'il continuoit de faire.

Il fut le premier qui fe fervit du vernis
dur. Car avant luy, les Graveurs à l'eau-

H

forte n'employoient que du vernis mol. Mais pendant qu'il eſtoit à Florence, ayant examiné le vernis des faiſeurs de luts, & obſervé comme il ſe ſéche & durcit promptement, il crut qu'il pourroit en faire un bon uſage. En ayant eſſayé, il trouva qu'en effet, il eſtoit beaucoup plus propre pour les ouvrages qu'il faiſoit, que le vernis mol, tant parce que l'aiguille & l'eſchope gravent plus nettement ſur cette ſorte de vernis, qu'à cauſe qu'on eſt plus aſſûré de ne le pas gâter, lorſqu'en travaillant on appuye la main deſſus: outre cela, on a l'avantage de n'y mettre l'eau-forte, que quand on veut, pouvant laiſſer ſix mois & un an tout entier une planche avec le vernis deſſus ſans y toucher. Ce qui ne ſe peut faire ſur le vernis mol, où l'eau-forte ne mord pas, ſi on ne la met auſſi-toſt qu'on a gravé, ou peu de temps aprés.

On peut encore ajoûter à ces conſidérations, que pour ce qui regarde l'Architecture, on tire des lignes beaucoup mieux ſur le vernis dur, où toutes choſes, comme j'ay dit, s'y gravent plus nettement. Il eſt vray, que pour le payſage qui ſe doit toucher d'une maniére libre & facile, il paroiſt plus moë-

ET LES OUVRAGES DES PEINTRES. 59
leux & moins sec, lorsqu'on se sert du vernis mol. CALLOT.

Toutes ces raisons firent, que dans la suite Callot ne se servit plus que du vernis dur; & comme les faiseurs d'instrumens en tenoient la composition fort secrette, il en apporta une assez bonne quantité, lorsqu'il revint en Lorraine, & en fit encore venir depuis, quand il en eut besoin. Mais ensuite Abraham Bosse a donné au public le moyen de le faire.

Ce fut aussi, aprés avoir considéré le pavé du Dome de Sienne, fait par Duccio, qu'il se proposa de ne faire souvent qu'un seul trait, pour graver les figures; grossissant plus ou moins les traits, avec l'aiguille ou l'eschope, sans se servir de hacheures, voyant que dans les petites choses particuliérement, cela faisoit un bon effet, & les représentoit avec plus de netteté. En quoy il a esté imité depuis, non seulement dans de petites figures, & par des Graveurs à l'eau-forte; mais dans de grandes ordonnances, & par des Graveurs au burin.

Les premiers ouvrages qu'il fit à son arrivée en Lorraine, furent les images de tous les Saints de l'année, au nombre de trois cens

H ij

quatre-vingts-douze. Il regrava enfuite les Caprices qu'il avoit déja faits à Florence ; un autre Caprice de Pantalons & de Comédiens, au nombre de vingt-quatre piéces, dont il avoit fait les deffeins en Italie ; un autre Caprice de Boffus, qui contient vingt-une piéces ; un livre de douze piéces, repréfentant la Nobleffe ; un autre de Gueux, de vingt-cinq piéces. C'eſtoit dans les temps qu'il vouloit fe délaffer l'efprit, & fouvent à la lumiére de la lampe, qu'il travailloit à ces différentes fantaifies, choififfant des fujets extraordinaires & ridicules pour fe divertir. Et comme il fçavoit que ce qui peut faire rire, fe trouve toûjours dans quelque difformité & dans quelque defaut ; il jugeoit fort bien, que l'unique moyen de divertir & de donner du plaifir à ceux qui verroient fes Caprices, eſtoit de marquer quelque chofe de defectueux & de difforme ; mais pourtant, de le marquer d'une maniére qui ne fût pas defectueufe. C'eſt auffi ce qu'il a fait fi parfaitement, qu'on a donné le nom de poſtures de Callot, à toutes celles que l'on voit repréfentées.

 Il fit enfuite deux livres d'Emblémes : l'un à l'honneur de la Vierge ; & l'autre au fujet

ET LES OUVRAGES DES PEINTRES. 61
de la vie solitaire & religieuse. Il regrava encore une fois la Foire de l'Imprunette, qu'il avoit faite à Florence ; & une autre plus petite, qu'on appelle la Feste de Village, que neanmoins quelques-uns veulent qu'il ait faite en Italie.

Mais je vous deviendrois ennuyeux, si je m'arrestois à vous dire tout ce qu'il grava à Nancy depuis son retour de Florence. Quand vous voudrez avoir le plaisir d'admirer l'abondance des pensées de cét excellent homme, la fertilité de son genie, & cét art admirable qu'il avoit à représenter en petit, des sujets tres-grands & tres-amples, vous pourrez considérer ce qu'il a gravé dans de petits ronds, concernant la Vie de la Vierge & la Passion de nostre Seigneur.

Alors Pymandre m'interrompant, Il est vray, dit-il, qu'en considérant autrefois ces petits ouvrages de Callot, je les regardois comme l'effet d'un art consommé, & comme des piéces accomplies, admirant avec combien d'industrie il avoit si bien réduit en petit, de si grands sujets.

Ce qu'on nomme la grande Passion, repris-je, est un ouvrage dont il avoit fait toutes les études à Florence. Il n'en a gravé que sept piéces, & l'on ne sçait par quel rencontre ce travail est demeuré imparfait. Cependant, l'on a à Paris la suite des desseins qu'il en avoit faits, & qui sont tous finis. Mais il seroit difficile, en les gravant, d'en conserver l'esprit & la beauté, & de ne les pas rendre fort différens de ceux que Callot a gravez.

Le Carousel qui se fit à Nancy, & qu'il grava pour le Duc de Lorraine en dix piéces, & la grande Ruë où ce Carousel se fit, sont des ouvrages les plus beaux qui soient sortis de sa main.

Ce fut au sujet de ce Carousel, qu'il eut un différend avec un Peintre de Nancy, nommé DE'RUET, qui estoit nouvellement arrivé d'Italie. C'estoit un homme ambitieux & entreprenant, lequel ayant la faveur du Prince de Falsebourg, fils naturel du Duc Charles III. qui regnoit alors, estoit aussi fort considéré du Duc.

Il estoit riche, & on l'a vû à Paris avec un train & un équipage de grand Seigneur. Ses biens & sa faveur le rendant considérable, le rendoient aussi plus hardy à user de son credit, & vouloir s'attribuer une souveraine autorité sur tous ceux qui travailloient pour

ET LES OUVRAGES DES PEINTRES. 63

les divertissemens du Duc. Comme il prétendoit que ce fût d'aprés ses desseins, que Callot gravât ses planches, & que Callot luy resistoit fortement, ne voulant rien faire que de son invention, ils eurent de grandes contestations : mais enfin, il falut que Déruet cedât à Callot, qui demeura le maître des desseins & de la gravûre de toutes ces sortes d'ouvrages qu'il fit pour le Duc de Lorraine.

CALLOT.

Sa reputation se répandant par toute l'Europe, l'Infante des Pays-Bas le fit venir à Bruxelles, lorsque le Marquis de Spinola assiégeoit Breda, afin de desseigner le siége de cette ville; ce qu'il fit, & le grava ensuite. Ce travail qui est un des plus considérables qu'il ait faits, fut cause qu'il vint en France en 1628. où par l'ordre du Roy Louïs XIII. il alla desseigner le siége de la Rochelle & celuy de l'Isle de Ré, qu'il vint graver à Paris, & fit six planches de chaque siége, comme il avoit fait du siége de Breda. Les six planches se joignent ensemble, & ne font qu'un seul sujet. Pendant qu'il s'occupoit à ce grand ouvrage, il ne laissoit pas d'en faire encore quelques autres plus petits, pour se délasser. Entre autres choses, il desseigna

CALLOT. deux Vûës du Pont-neuf. Il grava auſſi le Combat de Veillane, donné par le Mareſchal d'Effiat.

Aprés avoir achevé de graver le ſiége de la Rochelle & de l'Iſle de Ré, & en avoir eſté bien récompenſé du Roy, il s'en retourna à Nancy, où il ſe mit à travailler plus qu'auparavant. Ce fut donc depuis ſon retour en Lorraine, qu'entre autres ouvrages, il fit la Vie de la Vierge en quatorze piéces, le Martyre des Apoſtres, un livre de Fantaiſies, & un autre de l'Art militaire. Il donna au public douze piéce du Nouveau Teſtament, l'Enfant prodigue, Moyſe qui paſſe la Mer Rouge, & les Miſeres de la Guerre, en grand & en petit. Il y a dix-huit planches des premiéres, & ſix planches des autres, qui ſont des plus belles choſes qu'il ait faites. Il grava auſſi une tentation de S. Antoine, différente de celle qu'il avoit faite à Florence.

Je ne finirois point, ſi j'entreprenois de vous dire tout ce qu'il a fait ; le nombre en eſt ſi grand, que j'aurois peine à m'en ſouvenir. Car l'on compte juſques à treize cens quatre-vingts piéces, & il ne ſe trouve aucun Graveur qui en ait autant fait, dans l'eſpace d'une vie auſſi courte, qu'a eſté la ſienne.

ET LES OUVRAGES DES PEINTRES. 65
sienne. Il est vray que Tempeste a gravé CALLOT. jusques à dix-huit cens piéces; mais il a vêcu plus long-temps, & tout ce qu'il a fait, n'est pas également bien, ny d'une maniére aussi finie & agréable, que ce qu'on voit de Callot. Si ce dernier ne fût point mort si jeune, il nous auroit laissé toute l'Histoire de l'ancien Testament, & le reste du nouveau, qu'il méditoit de faire.

Lorsque feu Monsieur le Duc d'Orleans Gaston de France, se retira en Lorraine, il luy fit graver plusieurs planches des monnoyes; & prenant plaisir à le voir travailler, il voulut qu'il luy montrât à desseigner. Pour cela, il alloit tous les jours avec le Comte de Maulévrier, au logis de Callot, où il passoit deux heures de temps à desseigner. Le sieur Sylvestre a quarante-deux desseins à la plume, de ceux que Callot faisoit alors pour Monsieur le Duc d'Orleans.

Le Roy ayant assiégé & réduit à son obéissance la ville de Nancy en 1631. envoya querir Callot, & luy proposa de représenter cette nouvelle conqueste, comme il avoit fait la prise de la Rochelle; mais Callot pria Sa Majesté, avec beaucoup de respect, de

I

CALLOT. vouloir l'en dispenser, parce qu'il estoit Lorrain, & qu'il croyoit ne devoir rien faire contre l'honneur de son Prince & contre son pays. Le Roy reçût son excuse, disant, que le Duc de Lorraine estoit bien-heureux d'avoir des sujets si fidelles & si affectionnez. Quelques Courtisans n'approuvans pas le refus qu'il avoit fait, dirent assez haut, qu'il faloit l'obliger d'obéïr aux volontez de S. M. ce que Callot ayant entendu, il répondit aussi-tost avec beaucoup de courage, qu'il se couperoit plûtost le poulce, que de faire quelque chose contre son honneur, si on vouloit le contraindre.

Le Roy, bien-loin de souffrir qu'on luy fist aucune violence, le traita toûjours fort favorablement ; & pour l'attirer en France, luy fit offrir mille écus de pension, s'il vouloit s'attacher à son service. Callot remercia le Roy, assûrant ceux qui luy parlérent, qu'il seroit toûjours prest d'employer les talens que Dieu luy avoit donnez, à travailler pour la gloire de Sa Majesté ; mais qu'il ne pouvoit quitter l'établissement qu'il avoit dans le lieu de sa naissance.

Toutefois, comme dans la suite il vit le

mauvais état où la Lorraine fut réduite aprés la prife de Nancy, il faifoit deffein de fe retirer à Florence avec fa femme, pour y vivre & travailler en repos le refte de fes jours; mais fa mort renverfa fes deffeins. Quoyqu'il fût fort reglé dans fes mœurs & dans fa maniére de vivre, il n'avoit pas une fanté bien forte. Il eftoit incommodé d'un mal d'eftomac, caufé par fon travail ordinaire, & par la fatigue qu'il avoit long-temps soufferte, en gravant toûjours courbé. Auffi quelques années avant fa mort, il gravoit debout, & fur un chevalet, comme travaillent les Peintres.

Il regloit fi bien fon temps, que fe levant d'affez grand matin, il alloit auffi-toft avec fon frere aîné fe promener hors la Ville. Enfuite, aprés avoir entendu la Meffe, il travailloit jufques à l'heure du dîner. Incontinent aprés midy, il faifoit quelques vifites, pour ne fe pas mettre fi-toft au travail, aprés quoy, il reprenoit fon ouvrage jufques au foir; ayant prefque toûjours quelques perfonnes de fes amis qui le voyoient travailler, & s'entretenoient avec luy.

Cependant, foit que l'incommodité qu'il avoit foufferte dés fa jeuneffe, d'avoir l'efto-

CALLOT. mac ployé, ou que quelque autre cause luy eût fait naître une croissance de chair, qui grossit dans son estomac ; cét accident augmenta de telle sorte, qu'il en mourut le 28. Mars 1635. âgé de quarante-trois ans. Il fut enterré dans le Cloistre des Cordeliers de Nancy, au mesme endroit où ses parens avoient leur sepulture. Sa femme & son frere luy firent dresser une epitaphe, où il est peint à demi-corps sur une table de marbre noir. On voit son portrait gravé par Michel l'Asne, qui le donna au public en 1629. estant alors âgé de trente-six ans, au dessous duquel est son éloge.

Depuis que Callot fut de retour à Nancy, aprés avoir achevé de graver le siége de la Rochelle & de l'Isle de Ré, dont il avoit vendu les planches au sieur de Lorme, Medecin de feu Monsieur le Duc d'Orleans ; il envoya à Paris toutes les autres planches qu'il fit, à son amy ISRAEL HENRIET, avec
ISRAEL HENRIET. lequel il s'estoit accommodé, & qui en debitoit les estampes, avec plusieurs autres qu'il ayoit déja eües auparavant.

Israel estoit aussi natif de Nancy ; mais son pere, nommé Claude, estoit de Châlons en Champagne, & assez bon Peintre,

ET LES OUVRAGES DES PEINTRES. 69

C'est luy qui avoit peint les vitres de l'E- ISRAEL
glise Cathedrale de Châlons, & qu'on esti- HENRIET.
moit beaucoup, tant pour le dessein, que
pour le bel apprest des couleurs. On voit à
Paris des ouvrages de sa façon. Il copia plusieurs fois un tableau d'André del Sarte,
qui est en rond, où est représentée la Vierge,
tenant le petit JESUS avec S. Joseph & S.
Jean; & ce qu'il a fait, est si bien copié, qu'il
passe souvent pour original. En 1596. estant
alors âgé de quarante-cinq ans, il fut appellé
au service du Duc de Lorraine Charles II.
qui par les bons traitemens qu'il luy fit, l'o-
bligea de s'établir à Nancy, où il est mort &
enterré aux Cordeliers, dans le mesme Cloî-
tre où Callot a eu sa sépulture.

Il laissa deux fils, dont l'un estoit ISRAEL, ISRAEL.
qui apprit de luy les commencemens du
Dessein, avec Jacques Callot, Bellange &
Déruet, dont je vous ay déja parlé.

Israel estoit encore fort jeune, quand
il alla à Rome, où il se mit à peindre sous
Tempeste, avec Déruet, des batailles &
des chasses. Israel estant de retour en Lorraine, demeura quelque temps à Nancy,
puis vint à Paris travailler sous Duches-
ne Peintre, qui logeoit à Luxembourg.

I iij

ISRAEL. Le Pouſſin y demeuroit auſſi alors, qui ne faiſoit que commencer à peindre; mais il n'y fut pas long-temps, & s'en alla à Rome.

Iſrael s'eſtant étudié à deſſeigner dans la maniére de Callot, pluſieurs perſonnes de qualité deſirérent apprendre de luy cette ſorte de travail à la plume, commode & agréable, principalement, pour des campemens d'armées, & pour occuper ceux qui ne veulent deſſeigner que pour leur divertiſſement. Voyant qu'il en tiroit plus d'utilité, qu'à faire des tableaux, il y donna tout ſon temps, & enſuite, ſe mit auſſi à debiter les ouvrages de Callot. Pendant que Callot demeura à Paris, ils logeoient enſemble au Petit-Bourbon. Et quand ils ſe ſeparérent, ils convinrent, comme je vous ay dit, que tout ce que Callot graveroit doreſnavant, ſeroit pour Iſrael; ce qui fut executé ponctuellement. Car toutes les planches qu'il fit depuis ſon retour, vinrent entre les mains de ſon amy; & comme, aprés ſa mort, il s'en trouva deux qui n'avoient pas encore eu l'eau-forte, Iſrael l'a fit donner par Colignon, qui avoit eſté diſciple de Callot, & par lequel il fit enſuite

graver à l'eau-forte dix paysages sur les des- ISRAEL.
seins de son maistre. Ce Colignon a gravé
plusieurs autres choses d'aprés Callot, & dans
sa maniére.

Mais celuy qui l'a imité le mieux, a esté LABELLE.
ESTIENNE LABELLE de Florence. Son
pere estoit orfévre, & luy-mesme avoit aussi
commencé à travailler d'orféverie. Il la
quitta pour s'appliquer entiérement à la
Gravûre. *Canta-Gallina* fut son premier maître. Aprés avoir gravé beaucoup d'ouvrages
à Rome & à Florence, il vint à Paris en
1642. à la suite d'un Resident de Florence.
Lorsqu'il eut demeuré quelque temps à se
divertir, voyant qu'il commençoit à manquer d'argent, il se mit à travailler, & fit un
livre de combats de mer & de batailles, qu'il
porta chez un Marchand de la ruë S. Jacques, nommé Chartres : mais n'ayant pû
convenir du prix, Colignon & un nommé
Goyrand, luy conseillérent d'aller trouver
Israel, pour lequel ils travailloient ; ce qu'il
fit. Et luy ayant fait voir son ouvrage, il en
reçût plus qu'il n'en demandoit, & ensuite
continua de graver pour luy.

Comme Israel Sylvestre, neveu d'I-
srael Henriet, arriva de Rome, & qu'il

LABELLE. travailla aussi pour son oncle ; il fit amitié avec Labelle, & logérent ensemble. Quelque temps aprés, Labelle fut envoyé par le Cardinal de Richelieu, pour desseigner la ville d'Arras, & représenter comme elle fut assiégée & prise par l'armée du Roy en 1640. ce qu'il grava aprés estre de retour à Paris. Il fit aussi un voyage en Hollande, où il pensa gâter sa belle maniére de graver, en voulant imiter celle de Rimbrans ; mais on la luy fit bien-tost quitter, pour reprendre celle de Callot qu'il avoit toûjours suivie.

Lorsque l'Ambassadeur de Pologne vint en France pour le mariage du Roy de Pologne & de la Princesse Marie, Labelle desseigna l'entrée & la magnifique cavalcade des Polonois. Comme l'ouvrage estoit trop grand, il n'entreprit pas de la graver, ainsi qu'il avoit fait autrefois à Rome, celle que l'Ambassadeur de Pologne y fit, sous le Pape Urbain VIII. en 1633.

Durant dix ou douze ans que Labelle demeura à Paris, il fit quantité d'ouvrages, tant pour Israel Henriet, que pour d'autres particuliers.

Le sieur Hesselin Maistre de la Chambre aux Deniers, luy fit faire plusieurs desseins,
entre

ET LES OUVRAGES DES PEINTRES. 73
entre autres, un livre entier de Balets LABELLE.
& de Mascarades, qui est à Versailles,
avec les autres livres du Cabinet du
Roy.

Ses affaires domestiques l'ayant obligé de
retourner à Florence, il y fut favorablement
reçû du Grand Duc, dernier mort, qui luy
donna une pension. Pendant le reste de sa
vie, qui fut assez languissante, il ne laissa
pas de faire plusieurs ouvrages, entre autres,
des sujets de balet à cheval, pour le Duc de
Modéne. Aprés avoir long-temps souffert
de grands maux de teste, il mourut vers
l'année 1664. Israel Henriet estoit mort
dés l'an 1661. & comme Israel Sylvestre
son neveu, & seul heritier, posseda aprés
sa mort tous les desseins & les planches
que son oncle avoit euës de Callot & de
Labelle, il acheta ensuite tout ce que la
veuve Callot avoit à Nancy, & quelques
autres planches que Labelle avoit faites depuis son retour à Florence; & c'est sur les
originaux de ces excellens Graveurs, que le
sieur Sylvestre montre à desseigner à Monsei-
gneur le Dauphin.

Mais revenons à nos Peintres. JEAN LE JEAN LE
CLERC de Nancy, estoit du temps de Cal- CLERC.

K

lot, & peignoit pour le Duc Henry de Lorraine. Il avoit demeuré plus de vingt ans en Italie, & travaillé long-temps sous Charles Venitien, duquel il avoit si bien pris la maniére, qu'il a fait des tableaux qui ont passé pour estre de la main de son maistre. Il acquit tant d'estime à Venise, qu'il y fut fait Chevalier de S. Marc.

<small>JEAN LE CLERC.</small>

On voit à Nancy plusieurs tableaux de sa façon, particuliérement dans l'Eglise des Jesuites. Il peignoit avec beaucoup de facilité. Il mourut en 1633. âgé de quarante-cinq à quarante-six ans.

Je vous ay déja parlé de JEAN ROTHAMER, de Munic en Baviére, qui avoit travaillé sous le Tintoret. Aprés avoir long-temps demeuré en Italie, il retourna en Allemagne. Il faisoit assez bien les petites figures.

<small>ROTHAMER.</small>

Dans ces temps-là VARIN, originaire d'Amiens, peignoit à Paris. Il a fait le tableau du grand Autel des Carmes Déchaussez, proche Luxembourg; le Poussin avoit travaillé sous luy.

<small>VARIN.</small>

JACQUES BLANCHART estoit alors en grande réputation, pour la beauté de son coloris, & sa maniére de peindre, fraîche & agréable. Il estoit né à Paris, au mois de

<small>BLANCHART.</small>

ET LES OUVRAGES DES PEINTRES. 75

Septembre 1600. Sa mere avoit un frere nommé Nicolas Bolleri, qui estoit Peintre : ce fut de luy, que Jacques Blanchart estant fort jeune, apprit les commencemens de la Peinture. Il n'avoit pas fait encore un grand progrés, lorsqu'âgé de vingt ans, il sortit de Paris, pour aller en Italie. Estant arrivé à Lyon, il s'engagea avec un Peintre, nommé Horace le Blanc. Pendant deux ou trois ans qu'il travailla sous luy, il se fortifia beaucoup dans la pratique de son art. Horace ayant esté appellé par le Duc d'Engoulesme, pour peindre la gallerie de sa maison de Gros-Bois à quatre lieuës de Paris, Blanchart qui n'avoit pas voulu le suivre, demeura encore quelque temps à Lyon, pour achever des ouvrages que son maistre avoit commencez. De sorte qu'il n'arriva à Rome qu'à la fin d'Octobre 1624. avec son frere qui l'estoit allé joindre, à dessein d'embrasser la mesme profession. Aprés avoir sejourné dix-huit mois à Rome, il passa à Venise, où touché de la beauté des tableaux qu'on y voit, particuliérement de ceux du Titien, il resolut d'en faire toute son étude. Il demeura deux ans à Venise, pendant lesquels un noble Venitien le fit travailler dans une maison

BLAN-CHART.

qu'il avoit à la campagne. Mais comme il se vit mal récompensé des tableaux qu'il avoit faits, il quitta Venise, & passa à Turin, où il s'arresta quelque temps. Ensuite ayant résolu de revenir en France, il se rendit à Lyon, où ses amis l'obligérent à faire quelques ouvrages. Il fit le portrait d'Horace le Blanc, sous lequel il avoit peint avant que d'aller à Rome. Horace fit aussi celuy de Blanchart. Cependant, comme ses parens souhaitoient de le voir, il vint à Paris. Aussi-tost qu'il commença à travailler, sa maniére de peindre fut si agreable à tout le monde, que chacun voulut avoir quelque chose de sa main. Il fit pour la Communauté des Peintres, un S. Jean dans l'Isle de Pathmos ; & pour un Convent de Religieuses de la ville de Cognac en Gascogne, une Assomption de la Vierge. Ces deux tableaux furent les premiers qui luy acquirent l'estime des sçavans. Ensuite Il travailla à plusieurs autres ouvrages. Il peignit pour le sieur Barbier une petite gallerie dans la maison qui appartient aujourd'huy au Président Perault. Et ensuite, pour Monsieur de Bullion Sur-Intendant des Finances, une gallerie basse, où il représenta les douze mois de l'année, sous des compositions de figures grandes comme nature. On voit dans l'Eglise de nostre Dame, un tableau de la descente du S. Esprit, qui fut presenté un premier jour de May. Il a fait quantité de Vierges à demi-corps; & comme il sçavoit leur donner des expressions fort agreables, plusieurs personnes estoient bien aises d'en avoir de sa main. Il estoit dans la vigueur de son âge, & recherché de tout le monde, lorsqu'il fut attaqué d'une fiévre, avec une fluxion sur la poitrine, dont il mourut âgé de trente-huit ans. Il fut marié deux fois, & eut de sa premiére femme un fils & deux filles. Le fils embrassa de bonne heure la profession de son pere, dans laquelle il travaille aujourd'huy avec estime. Le pere ne vécut que quinze mois avec sa seconde femme, & n'en eut point d'enfans. Il se plaisoit beaucoup à peindre des femmes nuës, & avoit une si grande facilité à les bien representer, qu'on luy a vû peindre une figure entiére, grande comme nature, en deux ou trois heures de temps. Sa partie principale estoit la Couleur.

Comme je cessay de parler, J'ay vû plusieurs fois, dit Pymandre, la gallerie basse de

BLAN-CHART. l'Hostel de Bullion; mais il y en a une au dessus qu'on estime aussi beaucoup. Elle est, repartis-je, de la main de Vouët. L'on peut dire que ces deux hommes qui ont travaillé en mesme temps, & de maniéres bien différentes, ont esté d'excellens Peintres, & qu'ils ont beaucoup contribué à remettre en France le bon goust de la Peinture, & à élever cét Art au point où il est aujourd'huy. Car lorsqu'ils revinrent d'Italie, ils firent voir des tableaux d'une maniéretoute autre, que celle dans laquelle l'on estoit alors tombé en France; & comme ils se servoient heureusement des connoissances qu'ils avoient acquises, on découvroit dans leurs ouvrages des marques du bon goust que l'on doit chercher dans la Peinture.

VOUET. SIMON VOUET arriva à Paris en 1627. Et comme il y vint par l'ordre du Roy, avec la qualité de son premier Peintre, il entra tout d'un coup dans les grands emplois, & fut suivi de tous les Peintres qui vouloient travailler, & des jeunes gens qui cherchoient à s'instruire. Il estoit de Paris. Son pere, nommé Laurent, estoit un Peintre assez mediocre, sous lequel neanmoins il avoit appris les principes de la Peinture. Mais son

ET LES OUVRAGES DES PEINTRES. 79

genie le portant à confidérer luy-mefme la Nature, & à obferver les ouvrages des meilleurs maiftres, il fe rendit fi capable, que dés l'âge de quatorze ans, il fut choifi pour aller en Angleterre faire le portrait d'une Dame de grande qualité, qui eftoit fortie de France pour fe retirer à Londres.

Quelques années aprés, Monfieur de Harlay Baron de Sancy, nommé par le Roy pour fon Ambaffadeur à Conftantinople, le mena avec luy, avec intention de luy faire peindre le Grand Seigneur. Comme la chofe n'eftoit pas aifée à exécuter, à caufe de la difficulté qu'on a de le voir, Vouët qui n'avoit pas alors plus de vingt-un ans, eut befoin de toute la force de fon imagination & du fecours de fa memoire, pour fe bien acquiter de fa commiffion. Car il ne le pût voir qu'une feule fois, lorfqu'il donna audience à l'Ambaffadeur. Cependant, il l'obferva fi bien pendant ce peu de temps, qu'eftant de retour, il en fit un portrait fi reffemblant, que Monfieur de Sancy, & tous ceux qui avoient vû le Grand Seigneur, en furent tres-fatisfaits. Il fit encore plufieurs autres portraits, pendant un an qu'il demeura à Conftantinople, aprés quoy il partit de Pera au mois de Novembre 1612. & arriva à Venise avec des lettres de recommandation pour les Ambassadeurs & les Ministres de Sa Majesté qui estoient en Italie, desquels il fut fort bien reçû.

Ayant sejourné à Venise jusques à la fin de l'année 1613. il alla à Rome. A peine avoit-il commencé d'y travailler, que le Roy Louïs XIII. informé par la Reine sa mere, à qui on avoit fait connoistre les belles dispositions de Vouët, le gratifia d'une pension de quatre cens francs, pour faciliter ses études. Et comme il se perfectionnoit de jour en jour, le Roy augmenta aussi de temps en temps sa pension. Il fit un voyage à Gennes en 1620. où il travailla pendant un an pour les Seigneurs Doria, & pour quelques autres personnes. Estant de retour à Rome, il fut élû Prince de l'Academie de S. Luc en 1624. Cette élection fut en partie cause de la mort de l'Antiveduto. Car ayant esté dépossedé par la brigue du Padoüan & d'autres, ses ennemis, qui firent connoistre qu'il avoit dessein de donner à une personne de qualité, le tableau de S. Luc, fait par Raphaël, & mettre en sa place une copie qu'il avoit faite; cette fâcheuse affaire le toucha si sensiblement,

ET LES OUVRAGES DES PEINTRES. 81
ment, que le chagrin qu'il en eut, abregea
ses jours, & mourut environ deux ans après,
âgé de cinquante-cinq ans. Ce n'estoit pas
un Peintre dont les ouvrages fussent assez
considérables, pour vous en parler; il s'estoit
seulement mis en credit, parce qu'il avoit
de l'esprit, & qu'il peignoit assez bien une
teste.

Mais pour revenir à Vouët. En 1626. il
épousa sa premiére femme, nommé Virginie
di Vezzo Velletrano. Elle estoit jeune & intelligente dans la Peinture, dont elle faisoit
profession par les soins que Vouët en avoit
pris.

Pendant prés de treize ans qu'il demeura
à Rome, il fit plusieurs tableaux. Vous avez
vû celuy qui est dans l'Eglise de S. Pierre,
au grand Autel de la Chapelle où les Chanoines font tous les jours l'Office; comme
aussi ce qu'il a peint à Saint Laurent *in Lucina*.

Le Roy Loüis XIII. ayant jetté les yeux
sur luy, pour s'en servir, tant pour les Peintures necessaires à faire dans ses Maisons
Royales, que pour la conduite des patrons
de Tapisserie, ausquels Sa Majesté vouloit que l'on travaillât; Monsieur de Bethu-

L

ne, alors Ambassadeur à Rome, eut ordre, au commencement de l'année 1627. de le faire partir pour venir en France; ce qu'il fit, avec sa femme & une petite fille qui n'avoit encore que quatre mois. Il amena aussi avec luy, le pere & la mere de sa femme. Le pere nommé *Pompeo di Vezzo*, demeura malade à Orleans; & Vouët ayant pris les devant, & cheminé avec plus de diligence, arriva à Paris le 25. Novembre; il fut favorablement reçû du Roy & de la Reine sa mere, qui vouloit le faire travailler à Luxembourg. On luy donna un logement dans les galleries du Louvre, où le President de Fourcy Sur-Intendant des Bâtimens, l'instala.

Lorsqu'il eut donné ordre à ses affaires, il fit venir sa femme & le reste de sa famille, qui étoit demeurée à Orleans pour avoir soin de son beau-pere, qui mourut peu de temps aprés y estre arrivé. Vouët avoit aussi amené avec luy deux de ses Eléves; l'un nommé Jacques l'Homme, de Troye en Champagne, & l'autre Jean Baptiste Molle Italien. Il commença à faire pour Sa Majesté, des desseins de Tapisserie qu'il faisoit exécuter, tant à huile qu'à détrempe. Bien qu'il s'occupât encore à d'autres grands ouvrages, il ne laissa pas

ET LES OUVRAGES DES PEINTRES. 83
d'employer un temps considérable à faire des
portraits: parce que le Roy prenant plaisir à
le voir travailler, luy faisoit faire ceux de
plusieurs Seigneurs de la Cour, & des Officiers de sa Maison, lesquels il représentoit
au pastel. Cette sorte de travail estant propre & assez prompte, Sa Majesté voulut
que Vouët luy apprît à desseigner & à peindre de cette maniére, afin de pouvoir se divertir à faire les portraits de ses plus familiers
Courtisans. Le Roy s'y appliqua quelque
temps, & y réüssit si bien, qu'on en voit
qu'il a faits qui sont fort ressemblans.

Comme cela donnoit à Vouët une occasion favorable de voir souvent le Roy, il s'acquit par là les bonnes graces de Sa Majesté,
qui l'honora de nouvelles gratifications, &
augmenta ses gages. Les Ministres & les plus
grands Seigneurs du Royaume, vouloient
avoir quelque chose de sa main. En 1632. il
commença de peindre pour le Cardinal de
Richelieu, la gallerie & une Chapelle de son
Palais à Paris, & une Chapelle en sa maison
de Ruel. Il avoit déja travaillé à Chilly,
pour le Mareschal d'Effiat, alors Sur-Intendant des Finances, & fait pour le Président
de Fourcy, plusieurs ouvrages en sa maison de
Chessy.   L ij

Vouet. Pendant les années 1634. & 1635. il fit chez Monsieur de Bullion, Sur-Intendant des Finances, cette grande gallerie haute, dont vous me parliez tantost, & un cabinet qui la sépare d'avec la chambre. Ces lieux sont richement ornez, & l'on en peut regarder les tableaux, comme des plus considérables que Vouët ait faits.

Il a représenté l'Histoire d'Ulysse dans la gallerie. Il fit encore pour le mesme Sur-Intendant, quelques ouvrages de Peinture dans une gallerie & dans un cabinet de son Château de Videville.

En 1638. & 1639. il peignit pour Monsieur le Chancelier Seguier, deux galleries & une Chapelle en son Hostel, à Paris. Il fit aussi plusieurs tableaux & d'autres ornemens dans le Palais Royal, pendant la Regence de la feuë Reine mere du Roy. Le nombre des tableaux qu'il a faits pour divers particuliers, est trop grand, pour me souvenir de tous. Il en envoya en Angleterre pour le Roy Charles I. tres-connoissant & amateur des Peintures, lequel eût bien souhaité pouvoir attirer ce Peintre auprés de luy.

Il n'y a guéres d'Eglises, de Palais & de Maisons considérables à Paris, qui ne soient ornées de ses ouvrages. Le tableau du grand Autel de S. Eustache est de sa main, comme aussi celuy de S. Nicolas des Champs. Il y en a à S. Mederic, aux Carmelites de la ruë Chapon, aux Jesuites de la ruë saint Antoine, au Noviciat, & en plusieurs autres Eglises & Chapelles. Il a fait un grand nombre de Vierges, & avoit mesme un talent particulier pour les bien représenter.

Sa premiére femme estant morte au mois d'Octobre 1638. il en prit une seconde à la fin de Juin 1640. De la premiére il eut quatre enfans, deux filles & deux garçons. L'aînée des filles, née à Rome, a esté mariée à François Tortebat, Peintre; la deuxiéme, à Michel Dorigni, aussi Peintre. Le plus jeune des garçons a suivi la profession de son pere. Il eut de sa seconde femme trois enfans, dont il ne reste qu'un garçon. Les quatre enfans de son premier lit, sont représentez dans le revers d'une médaille où est le portrait de leur pere & de leur mere, que fit un nommé Bouthemy, Orfévre, & tres-habile Sculpteur.

Vouët, aprés avoir vécu cinquante-neuf ans, & prés de six mois, mourut le 5. de Juin 1641. & fut enterré dans l'Eglise de S. Jean en Gréve.

VOUET. Non seulement on luy est obligé, comme je vous ay dit, d'avoir fait revivre en France la bonne maniére de peindre; mais encore, d'avoir fait un grand nombre d'Eléves, dont plusieurs se sont rendus considérables dans la Peinture, & dans les autres professions qu'ils ont embrassées, dépendantes du Dessein.

Son frere, AUBIN VOUET, qui s'estoit instruit sous luy en Italie, fut un des premiers qu'il forma dans sa maniére. Il a travaillé à Paris, dans le Cloistre des Feüillans de la ruë S. Honoré; & ensuite à S. Germain en Laye dans la Chapelle, & en quelques autres lieux du Château. Il mourut avant son frere, âgé de quarante-deux ans. Il eut encore un autre frere, nommé CLAUDE, aussi Peintre. Charles Meslin dit le Lorrain; François Dupuis d'Auvergne, & Jacques l'Homme, que je viens de nommer, avoient étudié à Rome sous Simon Vouët. Le nombre de ceux qui ont travaillé sous luy, est trop grand, pour vous les nommer tous; neanmoins, vous ne serez peut-estre pas fâché que je vous en fasse remarquer quelques-uns que vous avez connus, & d'autres qui travaillent encore aujourd'huy avec réputation. Je vous en diray les noms sans

ET LES OUVRAGES DES PEINTRES. 87
ordre, & felon qu'il m'en fouviendra. Noël
Quillerié, dans les commencemens, tâchoit
d'imiter fon maiftre ; Nicolas Ninet & de
l'Eftain, qui eftoient de Troye en Champagne ; Remy Wibert, Champenois ; Henry
Salé, de Picardie; Charles le Brun, de Paris,
aujourd'huy premier Peintre du Roy. En
1631. François Perrier de S. Jean de l'Aune,
au retour de fon premier voyage d'Italie,
travailla fous Vouët; le Frere Jofeph Feuïllant, avoit auffi peint fous Vouët, avant que
d'aller à Rome, où il fe noya dans le Tybre;
Pierre Mignard, de Troye en Champagne;
Nicolas Chaperon, de Chafteaudun ; Charles Perfon, Lorrain ; Michel Corneille, d'Orleans ; Euftache le Sueur, Parifien ; Michel
Dorigny, de S. Quentin ; Charles d'Offin,
Lorrain ; François Tortebat, de Paris ; Jacques Belly, de Chartres; Louïs Beaurepere,
Alfonfe du Frefnoy, de Paris. Quantité de
jeunes hommes alloient apprendre fous luy
à deffeigner, comme Louïs du Guernier, de
Paris; André le Nôtre, Hanfe, du Mouftier,
Valié, Lombard, Befnard, Vivot, Siccot,
Nicolas Stabre, Perelle l'Aîné, & plufieurs
autres, dont je ne puis pas me fouvenir, &
que je n'ay pas connus.

VOUET. Comme il faisoit faire des patrons de Tapisserie, de toutes sortes de façons, il employoit encore plusieurs Peintres à travailler sous ses desseins, aux paysages, aux animaux & aux ornemens. Entre ceux-là, je puis vous nommer Juste d'Egmont & Vandrisse, Flamans; Scalberge, Pastel, Belin, Vanboucle, Bellange, Cotelle.

Sa premiére femme montra à desseigner à quelques Demoiselles; entre autres, à une des filles du sieur Metheseau, Architecte du Roy, & à la Demoiselle Stabre.

J'ay vû, comme vous pouvez croire, dit Pymandre, plusieurs ouvrages de Vouët. J'en ay vû de diverses façons, & il me souvient du temps qu'il travailloit pour le Cardinal de Richelieu dans sa gallerie, commencée par Champagne, pour lequel le Cardinal avoit alors plus d'inclination, que pour Vouët. Mais sans vouloir nous flatter, pour faire honneur à la Nation, comme ont fait ceux qui ont écrit des Peintres Etrangers, ny élever les uns au desavantage des autres; dites-moy, je vous prie, quels estoient les talens de ce Peintre.

Je vous diray franchement, repartis-je, que pour ce qui regarde l'invention, il n'avoit

voit pas un génie facile & aifé ; & j'ay mef- VOUET.
me oüi dire à quelques-uns de fes plus fçavans Eléves, qu'il ne pouvoit ordonner un
Tableau fans voir le naturel. Ce n'eft pas
qu'il n'ait fait des difpofitions de Figures
affez agreables ; parce qu'il cherchoit à imiter ce qu'il avoit vû de Paul Veronéfe : mais
cependant il n'avoit pas un gouft exquis
dans les Ordonnances, non plus que dans le
Deffein, quoy-qu'en certaines parties il ait
efté affez correct. Il ignoroit la Perfpective,
& ne fçavoit ny l'union & l'amitié des Couleurs, ny l'entente des Ombres & des Lumiéres. Ce qu'il y a de plus à eftimer dans
fes Tableaux, eft la beauté & la fraîcheur de fon pinceau, qui paroift beaucoup
dans ce qu'il a peint chez Monfieur le Chancelier, chez Monfieur de Bullion, & pour le
Marefchal d'Aumont. Sa premiére maniére
tenoit de celle du Valentin, & il a fait dans
ce gouft-là des Tableaux qui ont beaucoup
de force. Mais ce que l'on peut dire le plus
à fa gloire, c'eft que les preceptes excellens
de ce fçavant homme formérent d'habiles
gens ; & l'on reconnoift, comme je vous ay
dit, que ce fut de fon temps que la Peinture
commença de paroiftre icy avec un air

plus beau & plus noble qu'elle n'avoit fait.

En France, comme en Italie, les Peintres & les Curieux estoient partagez sur les differentes maniéres qui excelloient en ce temps-là. Les uns estoient pour le Dessein & les fortes expressions, & les autres pour la couleur, & la douceur du pinceau. Cependant le goust de tous en general estoit beaucoup meilleur qu'il n'avoit esté auparavant. Car soit dans le Dessein, soit dans la couleur, on estimoit la maniére d'Italie, & on n'estoit pas si passionné qu'on avoit esté pour les Peintures de Flandres, principalement pour celles qui ne traitoient pas des sujets nobles, & qui ne représentoient que des choses basses, quoy-qu'alors il y eust des Peintres qui s'appliquassent à ces sortes de compositions avec beaucoup de soin.

Entre ceux qui avoient de la vogue dans les Pays-Bas, VOLFAR n'estoit pas des moindres, bien qu'il ne se vist de luy que des choses de peu de merite. Vanmol estoit son disciple. Pour VANBALE qui travailloit aussi alors; il peignoit toute sorte d'Histoires, mais veritablement d'une maniére assez commune, & tout-à-fait Flamande.

ET LES OUVRAGES DES PEINTRES. 91

PIETRE NOEFS pere & fils, Hollandois, représentoient des perspectives ; & les faisoient avec beaucoup d'art, & le pere encore mieux que le fils. Il y avoit aussi pour lors STENUIX, qui travailloit en petit, & qui peignoit fort bien l'Architecture, particuliérement des nuits & des lieux obscurs éclairez par la lumiére du feu, ou de quelques flambeaux. Il eut aussi un fils qui fut Peintre, & qui suivit sa maniére. Il est vray que dans ces petits sujets ils n'ont pas laissé de faire des choses dignes d'estime, parce que les couleurs & les lumiéres y sont fort bien observées, & que la patience & le temps qu'ils ont mis à les faire, méritent qu'on les considére. PIETRE NOEFS. STENUIX.

Vous pouvez voir dans le cabinet de M. Le Nostre, un tableau d'un nommé STABEN, qui travailloit aussi en petit dans le mesme temps, dont la composition vous surprendra, pour le grand travail qu'on y voit. Ce tableau n'est que d'une mediocre grandeur. Il représente la galerie d'un Curieux, dans laquelle sont disposez des cabinets, des meubles, mais sur tout plusieurs tableaux si délicatement faits & si finis, qu'on y voit distinctement tous les sujets qu'ils traitent ; & qui STABEN.

M ij

STABEN. cependant ne laissent pas d'estre diminuez de force & de teintes, selon leurs diverses situations & les degrez d'éloignement, avec une entente admirable.

BRAVV. Vers l'an 1640. BRAW Hollandois mourut, lorsqu'il estoit encore dans la fleur de son âge. Il peignoit ordinairement des preneurs de tabac, & des sujets d'ivrognerie : en cela il se peignoit luy-mesme, & faisoit l'image de la vie qu'il menoit. Les Flamans estiment beaucoup ses ouvrages.

BOTS. BOTS ou BOTTE qui faisoit assez bien le paysage, mourut vers le mesme temps.

Mais celuy de tous les Peintres de Flandres qui a eu le plus de reputation, a esté PIERRE

RUBENS. PAUL RUBENS. Il estoit d'Anvers, & né d'une honneste famille. Son pere nommé Jean Rubens, estoit Docteur en Droit, & exerça souvent dans sa ville la Charge d'Echevin, où l'on ne met que des personnes d'une capacité & d'une probité connuë. Les guerres civiles qui troubloient les Pays-Bas, luy firent quitter sa Charge, & abandonner la ville d'Anvers pour se retirer à Cologne, où sa femme accoucha d'un fils le jour de

L'an 1577. S. Pierre & S. Paul ; ce qui fut cause qu'on luy donna au baptesme les noms de ces deux Apostres.

Si-tost qu'il fut en âge d'aller aux Ecoles, son pere ne manqua pas à le faire instruire avec beaucoup de soin. Il apprit si bien la Langue Latine, qu'en peu de temps il la parloit en perfection. Quelques années aprés, la ville d'Anvers ayant esté assiégée par le Duc de Parme, & reduite à l'obéïssance du Roy d'Espagne; Rubens le pere resolut aussitost d'y retourner avec toute sa famille. Comme son fils estoit déja assez grand & bien-fait, la Comtesse de Lalain le demanda pour estre son page ; mais il ne demeura pas long-temps auprés d'elle. L'occupation des pages, & leur maniére de vivre souvent licencieuse, n'estoient pas conformes aux nobles inclinations qui commençoient à paroistre en luy. De sorte qu'il sortit de chez la Comtesse; & son pere estant aussi mort, Rubens témoigna à sa mere l'amour qu'il avoit pour la Peinture, & la pria de vouloir bien qu'il embrassast cette profession. Elle le mit auprés d'*Adam Van-Noort*, Peintre assez passable, mais dont l'humeur brutale & libertine ne plut pas à ce jeune homme. Il en sortit pour entrer chez *Otto Venius*, dont je viens de vous parler, lequel estoit en grande reputation, non seulement pour l'excellence de son pinceau, mais pour la conduite de sa vie & pour ses bonnes mœurs. Rubens profita des qualitez d'un si digne maistre, & aprés s'estre rendu tres-capable dans son art, resolut d'aller en Italie. Il estoit âgé de 23. ans, lorsqu'il partit d'Anvers. Comme il avoit esté bien élevé, & qu'il sçavoit de quelle maniére il faut vivre avec les gens de qualité, il trouvoit une entrée libre chez tous les Princes & les grands Seigneurs par où il passoit. Ayant esté favorablement reçû de Vincent de Gonzague Duc de Mantouë & de Montferrat, il s'attacha à son service. Ce Prince eut tant d'estime & d'affection pour luy, qu'il l'employa souvent à des commissions honorables. Il le choisit pour aller en Espagne vers Philippes III. luy presenter un superbe carosse avec un attelage de sept chevaux richement enharnachez, & plusieurs autres presens de grand prix. Rubens s'acquitta si dignement de sa commission, que dés ce temps-là le Roy d'Espagne le considera, & eut beaucoup d'estime pour luy. Le Duc n'en fut pas moins satisfait, & aprés son retour luy en donna des marques en plusieurs rencontres. Ce fut par son ordre qu'il alla à Rome,

ET LES OUVRAGES DES PEINTRES. 95
où il copia plusieurs tableaux. Il travailla RUBENS.
aussi dans l'Eglise de Sainte Croix de Jérusalem, où il fit divers ouvrages de son invention. Ensuite estant passé à Venise, il étudia particuliérement aprés les ouvrages du Titien & de Paul Veronése. Estant de retour à Rome, il fit dans l'Eglise neuve des Peres de l'Oratoire, le tableau du grand Autel, & deux autres tableaux qui sont aux deux costez du Chœur. La premiére pensée de l'un de ces tableaux se voit dans l'Abbaye de S. Michel d'Anvers, où il en fit present à son retour d'Italie.

Au sortir de Rome il alla à Gennes, & il y demeura plus qu'en aucun lieu d'Italie. Ce fut là qu'il fit quantité de portraits, & plusieurs tableaux, tant pour l'Eglise des PP. Jesuites, que pour divers particuliers. Il s'appliqua aussi à l'étude de l'Architecture, levant les plans & les élevations des plus belles Eglises, & des Palais les plus considerables, qu'il fit graver depuis, & dont il mit au jour un Livre.

Pendant qu'il travailloit à Gennes, il eut avis que sa mere estoit fort malade. Il partit en diligence pour se rendre auprés d'elle; 1609. mais il n'eut pas la consolation de la voir, car elle estoit déja morte avant qu'il arrivast. La douleur qu'il en eut, fut tres-grande; & pour y trouver quelque soulagement, il se retira dans l'Abbaye de S. Michel, où éloigné du commerce du monde, il demeura quelque temps à étudier & à peindre.

Il avoit dessein de retourner à Mantouë: mais il fut arresté, tant par l'Archiduc Albert, & par l'Infante Isabelle, qui vouloient se servir de luy, que par d'autres personnes de consideration qui luy proposoient plusieurs ouvrages. Ce fut ce qui le fit resoudre à s'établir en son pays, & à épouser une Damoiselle nommée Elisabeth Brant, fille du sieur Brant Docteur en Droit, & Greffier de la ville d'Anvers. Il acheta une maison qu'il fit peindre par dehors, & qu'il orna par dedans de Statuës antiques qu'il faisoit venir d'Italie. Son cabinet estoit remply d'agathes, de medailles, & d'autres raretez tres-riches: de sorte que sa maison estoit une des plus belles & des plus magnifiques de la Ville.

Comme il estoit d'une complexion vigoureuse & infatigable au travail, il s'occupoit continuellement ou à desseigner, ou à peindre, ou à l'étude des bons Livres. Et mesme pendant

pendant qu'il peignoit, il se faisoit lire quelque Livre d'Histoire, de Philosophie ou de Poësie. Cela remplissoit son esprit de belles notions, & luy donnoit une connoissance generale de quantité de choses qu'un excellent Peintre doit sçavoir. Aussi avoit-il un grand avantage pour s'instruire à fond sur toutes sortes de sujets, puisqu'il entendoit & parloit fort bien sept sortes de Langues; ce qui le faisoit considérer de tout le monde, & mesme luy donnoit occasion de servir son Prince en plusieurs affaires importantes. Il peignit dans la ville d'Anvers en différens endroits. Il fit un tableau dans l'Eglise des Dominicains, où il représenta les quatre Docteurs de l'Eglise. Dans une des Paroisses, il peignit nostre Seigneur qu'on éleve sur la Croix, & en plusieurs autres lieux il traita divers autres sujets. Ce fut en ce mesme temps, que par l'ordre de l'Archiduc, il alla à Bruxelles, où il fit quelques tableaux dans son Oratoire, & qu'à son retour il entreprit ces grands ouvrages qu'on voit dans l'Eglise des Jesuites d'Anvers. Il représenta dans le tableau du grand Autel, Saint Ignace qui chasse le demon du corps d'un possédé. Il peignit aussi dans un autre

Saint François Xavier dans les Indes, qui convertit ces peuples à la Foy Catholique. Il fit encore divers autres tableaux dans la mesme Eglise.

Sur la fin de l'année 1620. la Reine Marie de Médicis estant de retour à Paris aprés son accommodement fait avec le Roy Louïs XIII. & voulant faire embellir son nouveau Palais de Luxembourg, résolut d'en faire peindre une des Galleries. Comme la reputation de Rubens estoit alors fort grande, il fut choisi pour un ouvrage si considérable.

La Reine envoya en Flandres, pour l'obliger de venir à Paris, où lorsqu'il fut arrivé, & qu'il eut arresté les sujets qu'il devoit traiter, il commença par les desseins ou esquisses que j'ay autrefois vûs chez l'Abbé de S. Ambroise; & ensuite il se mit à travailler aux grands tableaux.

Il y a si long-temps, interrompit Pymandre, que je n'ay esté à Luxembourg, que j'ay presque perdu le souvenir des tableaux dont vous voulez parler. Vous me ferez plaisir de m'en dire quelque chose, en attendant que je puisse un jour les voir encore avec vous.

Vous sçavez bien, repris-je, que c'est l'hiftoire de la Reine Marie de Médicis, qu'il a représentée, depuis fa naiffance, jufques à l'accommodement qui fut fait à Angoulefme entre elle & le Roy Louïs XIII. fon fils, en 1620. Et parce que cette gallerie eft percée de cofté & d'autre, par des feneftres qui donnent fur le jardin & fur la court, les tableaux font placez contre les trumeaux & entre les feneftres. Ils ont neuf pieds de large fur dix pieds de haut. Il y en a dix de chaque cofté, & un au bout de la gallerie.

Dans le premier qui eft en entrant & du cofté du jardin, on voit les trois Parques qui filent la vie de la Reine en préfence de Jupiter & de Junon, qui paroiffent dans le ciel. Deux des Parques font affifes fur des nuages; & la troifiéme qui eft à terre, tire le fil de la vie de la Princeffe, que les deux autres filent.

Le fecond tableau repréfente la naiffance de la Reine. On voit la Déeffe Lucine tenant un flambeau, laquelle après avoir rendu l'accouchement heureux, met l'enfant entre les mains d'une femme qui eft affife, & qui la regarde avec admiration. Cette femme repréfente la ville de Florence. Il y a plufieurs figures fymboliques, par lefquelles le Peintre a crû enrichir son sujet.

Ensuite, voulant figurer l'éducation de la Princesse, il la représente fort jeune auprés de Minerve, qui luy apprend à lire. D'un costé est un jeune homme, qui touche une basse de viole, pour signifier comme on doit de bonne heure enseigner à mettre d'accord les passions de l'ame, & dés la jeunesse, regler toutes les actions de la vie, afin de ne rien faire qu'avec ordre & mesure. De l'autre costé sont les trois Graces, dont l'une tient une couronne de laurier; au dessus, on voit Mercure le Dieu de l'Eloquence, lequel descend du ciel. Il y a sur le devant du tableau, plusieurs instrumens propres aux Arts liberaux; & dans le fond, est un rocher percé d'une grande ouverture d'où sort de l'eau, & par où passe la lumiére qui éclaire les Graces, & répand un grand jour sur la beauté de leurs carnations. Il est vray, que ces trois figures ne sont plus aujourd'huy comme elles estoient autrefois; parce que depuis quelques années on les a couvertes de legers vestemens; & par des sentimens d'une modestie Chrestienne, on a crû devoir retrancher, non pas aux yeux des sçavans, mais au plaisir des sensuels, ce que l'Art avoit

ET LES OUVRAGES DES PEINTRES. 101
rendu de tres-accompli dans les corps de ces **RUBENS.**
trois Graces, qui afsûrément estoient les
plus beaux que ce Peintre ait jamais faits. On
peut mesme regarder ce tableau, comme un
des principaux de la gallerie, & où le Peintre
a pris plus de soin.

Dans la peinture qui suit, on voit l'Amour, & le Dieu Hymen, représenté par un jeune homme couronné de fleurs, & tenant un flambeau. Ils paroissent tous deux en l'air, tenant le portrait de la Reine, qu'ils présentent au Roy Henry IV. Ce Prince est debout couvert d'armes tres-riches & tres-éclatantes. Il regarde avec plaisir ce portrait, dont l'Amour luy fait remarquer toutes les graces & les beautez. Une femme représentant la France, est debout auprés du Roy. Elle a un casque en teste, son vestement est un manteau de couleur bleuë, semé de fleurs-de-lis d'or. En regardant ce portrait avec attention, elle semble solliciter le Roy à le bien considérer. Jupiter & Junon sont assis dans le ciel sur un nuage; & aux pieds du Roy, il y a deux petits Amours, dont l'un tient son casque, & l'autre son bouclier.

Le cinquiéme tableau représente le mariage de leurs Majestez, célébré à Florence au

N iij

mois d'Octobre 1600. Comme la ceremonie se fit dans une Eglise, on voit à l'Autel le Cardinal Aldobrandin, Legat & neveu du Pape Clement VIII. Il est revestu de ses habits Pontificaux. La Reine est devant luy couverte d'une robe blanche, enrichie de fleurs d'or, avec un voile sur la teste, & le Grand Duc son oncle, qui au nom du Roy l'épouse, & luy met un anneau au doigt. L'Hymen couronné de fleurs, & tenant un flambeau à la main, porte la queuë de la Reine. La Grande Duchesse, la Duchesse de Mantouë, & plusieurs autres Dames sont à sa suite. Entre les Seigneurs François, on reconnoist M. de Bellegarde & M. de Sillery.

On voit dans le sixiéme tableau la Reine qui arrive à Marseille. La France, sous la figure d'une belle femme, couverte d'un manteau bleu, semé de fleurs-de-lis, la reçoit avec joye. L'Evesque de la Ville vient au devant d'elle, avec le dais qu'on luy présente. La Renommée paroist en l'air, qui sonne de la trompette, pour annoncer l'arrivée de Sa Majesté; & aux bords de la mer on voit Neptune accompagné de Syrénes & de Tritons qui l'ont suivie.

ET LES OUVRAGES DES PEINTRES. 103

Vous fçavez que ce fut le 3. Novembre, que la Reine débarqua à Marſeille, où le Roy avoit envoyé au devant d'elle pour la recevoir, le Duc de Guiſe Gouverneur de la Province, les Cardinaux de Joyeuſe, de Gondy, de Sourdis, & pluſieurs Prelats. Le Connétable de Montmorency, le Chancelier, les Ducs de Nemours & de Vantadour s'y trouvérent avec la Ducheſſe de Nemours, la Ducheſſe de Guiſe, & ſa fille Louïſe, qui fut depuis la Princeſſe de Conti, & quantité d'autres Seigneurs & Dames, qui accompagnérent la Reine à Lyon, où elle arriva le 2. Decembre. Le Roy n'y eſtoit pas, & ne s'y rendit que le 9. du meſme mois ſur le ſoir, auquel jour le mariage fut accompli.

Dans le ſeptiéme tableau le Peintre a repreſenté ce mariage, d'une maniére poëtique. Le Roy & la Reine ſoûs les figures de Jupiter & de Junon, ſont peints dans le ciel, aſſis ſur des nuages. Derriére eux, on voit le Dieu Hymen, & pluſieurs petits Amours, qui portent des flambeaux allumez. Au deſſous il y a une femme veſtuë de pourpre : elle eſt aſſiſe dans un char tiré par des lions, & accompagné de deux Amours qui regardent en haut, & qui admirent les nouveaux

Epoux. C'est la ville de Lyon qu'on a voulu représenter par cette figure, qui est dans un char.

La naissance du Roy Loüis XIII. arrivée à Fontainebleau, le 27. Septembre 1601. fait le sujet du huitiéme tableau. C'est un des plus considérables qui soit dans la gallerie, pour la belle expression de joye & de douleur qu'on voit sur le visage de la Reine qui regarde le Dauphin nouveau-né. Une femme représentant la Justice, le tient entre ses bras, & semble le donner comme en depost entre les mains du bon Genie, figuré par un jeune homme, qui a un serpent autour de ses bras. Derriére le lit de la Reine, est une autre figure d'un jeune homme, ayant des ailes au dos, & un air riant. Il soûtient une grande draperie attachée au tronc d'un arbre. Et entre cette draperie & le Genie, on voit une femme telle qu'on peint la Fortune, qui tient un gouvernail. Apollon paroist dans le ciel, assis dans un char tiré par quatre chevaux.

Le Roy Henry IV. avant sa mort, avoit projetté de grands desseins; mais avant que de rien entreprendre, il vouloit mettre le gouvernement du Royaume entre les mains
de

ET LES OUVRAGES DES PEINTRES. 105

de la Reine, & luy donner pour principaux Conseillers, les deux premiers Officiers de la Couronne; sçavoir, le Connestable & le Chancelier. C'est dans le neuviéme tableau qu'on a figuré comme le Roy témoignant ses intentions à la Reine, luy donna l'Etat à gouverner. Ce que le Peintre a représenté en peignant le Roy qui met entre les mains de la Reine, un Globe d'azur semé de fleurs-de-lis d'or. Le jeune Dauphin est au milieu d'eux, & toute la Cour à leur suite.

Pour autoriser davantage la regence de la Reine, le Roy la fit couronner à S. Denys le 13. May 1610. La ceremonie fut grande & magnifique. La Reine parut vestuë d'un grand manteau de velous bleu, tout semé de fleurs-de-lis d'or. Celuy de Madame, fille aînée de France, & celuy de la Reine Marguerite, avoient quatre rangs de fleurs-de-lis sur les bords. Les autres Princesses du Sang en demandoient trois, mais ne les pûrent obtenir. La Reine fut conduite à l'Autel par les Cardinaux de Gondy & de Sourdis, pour estre sacrée & couronnée. Messieurs de Souvré & de Bethune portoient les pans de son manteau pour Monsieur le Dauphin & pour M. le Duc d'Anjou,

O

qui tenoit la place de M. le Duc d'Orleans, alors malade. Le Prince de Conti portoit la Couronne, le Duc de Ventadour le Sceptre, & le Chevalier de Vendofme, la Main de Juftice.

La Princeffe de Conti & la Ducheffe de Montpenfier portoient la queuë du manteau de la Reine. Le Cardinal de Joyeufe officioit; & ce fut luy, qui aprés avoir facré la Reine, luy mit la Couronne fur la tefte. C'eft ce moment-là que Rubens a représenté dans le dixiéme tableau, où l'on voit la Reine à genoux, qui reçoit la Couronne. Le Dauphin veftu de blanc & la Princeffe fa foeur, font à fes coftez. La Reine Marguerite eft derriére eux avec toute la Cour. Le Roy paroift à la feneftre d'une tribune, & quantité de Princes & grands Seigneurs affiftent à cette ceremonie.

Ces dix tableaux rempliffent le cofté de la gallerie qui donne fur le jardin. Au bout de la mefme gallerie, & dans l'étenduë de fa largeur, eft un tableau qui contient deux actions, qui pourtant s'uniffent fi bien enfemble, qu'elles ne font qu'un mefme fujet. C'eft la mort du Roy, arrivée le Vendredy 14. May, & la regence de la Reine. Vous sçavez que par Arreſt du Parlement, elle fut déclarée Regente le meſme jour que le Roy fut malheureuſement tué ; & que le lendemain 15. de May, elle alla ſuivie de tous les Grands du Royaume, prendre ſéance au Palais, où le Roy Loüis XIII. ſon fils, confirma ce qui avoit eſté fait par l'Arreſt du jour precedent.

La premiére action eſt repréſentée d'un coſté du tableau. On voit le Temps qui enleve le Roy dans le ciel, où il eſt reçû entre les bras de Jupiter accompagné d'Hercules & de quelques autres Divinitez. La Victoire eſt aſſiſe ſur les armes de ce Monarque, ayant à ſes pieds un ſerpent percé de coups. Elle a les mains jointes, & regarde le Roy. La ſeconde action paroiſt d'un autre coſté, où l'on voit la Reine veſtuë de deüil & aſſiſe ſur un Trône. Elle a auprés d'elle la Prudence, figurée par la Déeſſe Minerve ; & en l'air eſt une femme tenant un gouvernail, laquelle repréſente la Regence. La France, ſous la figure d'une femme affligée, & toute la Nobleſſe un genou à terre, rendent leurs profonds reſpects à la Reine, & luy donnent des marques de leur obéïſſance. Au milieu de tout le tableau ſont deux femmes, dont l'une tient la lance du Roy, où est attaché son casque; & une autre sous la figure de Bellone, qui se desespere & s'arrache les cheveux.

Dans le douziéme tableau qui est ensuite, & du costé de la court, le Peintre a voulu représenter la conduite de la Reine, & le soin qu'elle prend du Royaume pendant sa regence : Comment elle surmonte tous les mouvemens de la rebellion, & les desordres de l'Etat, representez sous differentes figures monstrueuses. On voit les Dieux de la Fable, différemment occupez pour assister la Reine. Apollon & Pallas sont à terre, qui combattent contre ces sortes de monstres. L'un les attaque à coups de fléches, & l'autre les perce de sa pique, foulant aux pieds la Discorde, la Fureur, la Tromperie, & les autres vices qui se cachent dans les tenebres, & qui ne sont éclairez que des flambeaux qu'ils tiennent à la main, & d'une lumiére qui envirône Apollon, & qui les éblouït.

Les autres Divinitez qui les secondent, paroissent dans le ciel, sur des nuages. D'un costé est Saturne & Mercure ; & de l'autre, on voit Mars & Venus. Jupiter & Junon sont proche l'un de l'autre. Junon montre avec le

ET LES OUVRAGES DES PEINTRES. 109
doigt l'Amour qui conduit le globe du Monde, tiré par les colombes de Venus. Et comme cette action est représentée dans l'obscurité de la nuit, on voit Diane dans son char, qui éclaire le ciel, & qui répand aupour d'elle une foible lumiére.

RUBENS.

Le treiziéme tableau représente la Reine sur un coursier blanc. Elle a un casque sur sa teste, son habit est blanc, couvert d'un manteau de drap d'or. Elle a l'air du visage noble & fier tout ensemble, une contenance majestueuse & assûrée, & paroist comme victorieuse & triomphante, aprés avoir appaisé tous les desordres du Royaume. On voit dans le Ciel qui est pur & serain, la Victoire accompagnée de la Force & de la Renommée, qui suivent la Reine.

Dans le quatorziéme sujet, on peint l'échange qui fut fait le 9. Novembre 1615. des deux Reines, de France & d'Espagne; Anne d'Autriche femme du Roy Louïs XIII. & d'Isabelle de France, femme du Roy d'Espagne Philippe IV.

Ces deux Princesses paroissent sur un pont richement paré, qui fut dressé sur la riviére de Bidasso ou d'Andaye. Deux femmes vestuës de couleurs différentes,

O iij

& représentant la France & l'Espagne, se donnent & reçoivent mutuellement les deux nouvelles Reines. Elles sont suivies de la Noblesse de l'un & de l'autre Royaume. On voit en l'air plusieurs jeunes Amours qui tiennent des flambeaux, & qui semblent danser. Au milieu d'eux est la Felicité, sous la figure d'une femme, qui répand des richesses sur les deux Reines. Le Dieu du fleuve est sur le devant, accompagné d'un Triton, qui sonne d'une conque, & d'une Nymphe qui présente aux deux Reines des branches de corail & des perles.

Vous sçavez bien que le Roy, après sa majorité & son mariage, ne laissoit pas de se reposer sur la Reine sa mere de la conduite de l'Etat, & de l'administration des affaires; & que ce ne fut " qu'après la mort du Mareschal d'Ancre, qu'il " pria la Reine mere, de trouver bon qu'il prît " desormais en main le gouvernail de son Etat, " afin d'essayer à le relever de l'extrémité où les " mauvais conseils dont elle s'estoit servie, l'a- " voit précipité; ainsi qu'il est porté en termes exprés, dans la lettre qu'il écrivit aux Princes éloignez de la Cour, & aux Gouverneurs des Provinces, le 24. Avril 1617. en leur donnant avis de la mort du Mareschal.

ET LES OUVRAGES DES PEINTRES. 111

Il semble que ce soit à ce sujet, que les deux RUBENS. tableaux qui suivent, ayent esté faits. Car dans le quinziéme, on voit la Reine mere assise sur un thrône, vestuë d'un manteau Royal, & tenant des balances. Minerve est à costé d'elle, accompagnée de l'Amour qui s'appuye sur les genoux de la Reine. Tout proche il y a deux femmes, dont l'une porte les seaux, & l'autre une corne d'abondance.

D'un costé est un jeune enfant qui rit, & qui tient attachées l'Ignorance, la Médisance & l'Envie, que le Peintre a représentées; la premiére avec des oreilles d'asne, la seconde sous la figure d'un Satyre qui tire la langue; & la troisiéme sous la figure d'une femme fort maigre renversée à terre.

Parmy ces figures il y a d'autres jeunes enfans, dont l'un tire les oreilles de l'Ignorance, & foule aux pieds l'Envie. D'un autre costé paroist le Temps, qui semble conduire la France dans des temps plus heureux.

Dans le seiziéme tableau, on voit le Roy sur un vaisseau, dont il tient le timon, que la Reine sa mere luy met entre les mains. Les Vertus sont représentées tenans les rames, & faisans aller le vaisseau ; & au haut des voiles est Pallas au milieu de deux étoiles, qui représentent Castor & Pollux.

Parmy les succés les plus heureux, la Reine voulut aussi que le Peintre trasât une image de ses disgraces & de ses divers changemens de fortune. De sorte que dans le dix-septiéme tableau, on voit comme elle se sauva de Blois pour se retirer à Loches, & de là à Angoulesme, où elle fut conduite par le Duc d'Epernon. Pour marquer de quelle maniére elle sortit du chasteau de Blois, on voit une des Dames de sa suite qui descend par une fenestre dans le fossé, comme avoit fait la Reine. La nuit est représentée sous la figure d'une femme, qui couvre la Reine d'un grand manteau noir. A costé de cette Princesse est Pallas avec plusieurs personnes de qualité, & une suite de gardes qui l'environnent. Le Peintre a représenté le Duc d'Epernon qui la reçoit sur le bord du fossé, quoy-qu'il ne fût pas présent lorsqu'elle sortit du chasteau de Blois. Car il l'attendoit prés de Montrichard, avec soixante Cavaliers pour la conduire à Loches.

Dans le tableau qui suit, l'on a peint l'accommodement de la Reine mere du Roy. Cette Princesse est assise sur un trône. A l'un de ses

ses costez est le Cardinal de Guise, & de l'autre une femme vestuë d'une robe rouge, & d'un manteau bleu, ayant un œil sur la teste, & tenant un serpent qui luy entoure le bras. Cette figure apparemment représente la Vigilance. Car l'œil ouvert aussi-bien que le serpent, est le symbole de la vigilance des Rois. Dans Homére, Nestor avertit Agamemnon de veiller toûjours, & de ne s'endormir pas.

Le Cardinal de la Rochefoucauld, qui est peint dans le mesme tableau, montre par l'action qu'il fait, comme Mercure descend du ciel, & apporte un rameau d'olive, pour marque de la paix qui se traite.

Ensuite l'on voit Mercure qui conduit la Reine dans le temple de la Paix, pour se reconcilier avec le Roy son fils. La Paix paroist elle-mesme, qui éteint le flambeau de la Guerre, sur un amas de toute sorte d'armes, pendant que Mercure présente son caducée à la Reine. D'un costé l'on voit une des Furies qui se desespére, & la Fraude avec plusieurs autres vices qui sont abattus & tourmentez de rage & de douleur.

Ce fut au chasteau de Cousiéres, prés de Tours, appartenant au Duc de Montbason, que se fit l'entreveuë & la reconciliation du

Roy & de la Reine sa mere, le Mercredy 5. de Septembre 1619. & cela avec toutes sortes de démonstrations d'amour & de tendresse. C'est cette entrevûë que le Peintre a figurée. Le Roy paroist descendre du ciel vers la Reine mere, qui est assise sur des nuages, où plusieurs petits Zephyrs semblent répandre par leurs haleines un air doux & plein d'amour. Proche de la Reine est représentée la Nature mesme avec de petits enfans nuds; & dans une grande lumiére, on voit éclater l'Esperance sous la forme d'une belle femme vestuë de verd, assise sur le globe de la France. Plus loin est la Valeur, représentée par un jeune homme vestu d'une couleur rougeâtre, lequel abat l'hydre de la rebellion, & quantité de serpens qui paroissent morts, & enlacez les uns dans les autres.

Enfin dans le dernier tableau paroist le Temps qui découvre la Verité. Le Roy & la Reine mere sont assis dans le ciel, & le Roy présente à la Reine une couronne de laurier, qui environne deux mains jointes, & un cœur au dessus. Le Peintre, vraisemblablement, a voulu marquer par là, l'union parfaite & sincére de leurs Majestez.

Au bout de la gallerie, au deſſus de la che- RUBINS.
minée, la Reine eſt repreſentée tout debout
ſous les habits de Pallas; & audeſſus des por-
tes qui ſont aux deux coſtez, on a mis les
portraits du Prince & de la Princeſſe, ſes pere
& mere.

Ce fut environ l'an 1623. que Rubens
acheva tous ces tableaux, & qu'il les poſa
dans la gallerie. Tous les Peintres, dit alors
Pymandre, ſont ſi accoûtumez à traiter des
ſujets profanes, qu'il s'en trouve peu, quelque ſçavans & judicieux qu'ils ſoient, qui
ne meſlent la Fable parmy les Hiſtoires les
plus ſerieuſes, & les actions les plus
Chrêtiennes. Leur eſprit rempli des idées
de l'Antiquité payenne, & de l'étude qu'ils
ont faite d'aprés les ſtatuës & les bas reliefs
anciens, ne peut quaſi rien produire qui n'en
reçoive l'impreſſion & le caractére. Car, je
vous prie, qu'ont affaire dans l'hiſtoire de
Henry IV. & de Marie de Médicis, l'Amour,
Hymen, Mercure, les Graces, des Tritons
& des Nereïdes? & quel rapport ont les Divinitez de la Fable, avec les cérémonies de
l'Egliſe & nos coûtumes, pour les joindre & les
confondre enſemble de la ſorte que ce Peintre a fait, dans les ouvrages dont vous venez
de parler? P ij

RUBENS. Vous touchez là un abus, luy repliquay-je, auquel on ne peut trop s'opposer ; & c'est une des choses qu'il semble que Rubens devoit éviter plus qu'aucun Peintre, puisqu'il avoit beaucoup d'étude. Cependant, il est vray qu'il n'a pas employé, comme il devoit, tant de belles connoissances qu'il avoit acquises. Comme la pluspart du monde ne regarde les choses que dans l'état qu'elles sont, & ne pensent point à celuy où elles devroient estre pour estre bien ; on applaudit trop facilement les hommes ; mesme ceux qui se sont rendus plus considérables que les autres dans leur profession, sans faire reflexion aux defauts qui se rencontrent dans leurs ouvrages. Rubens possédoit beaucoup de belles parties, qui le faisoient estimer de tout le monde ; & sa réputation estoit si grande, qu'on auroit crû passer pour ridicule ou pour ignorant, de censurer ses plus grands defauts. Aussi est-il vray, que dans le temps qu'il travailloit, on n'estoit pas si difficile sur la bienséance, qu'on l'est aujourd'huy. Car vous sçavez, qu'encore qu'on ait beaucoup de respect pour la memoire de ce grand homme, on ne laisse pas de regarder ses tableaux avec moins de prévention, qu'on ne faisoit autrefois, & qu'en loüant ce

ET LES OUVRAGES DES PEINTRES. 117
qui est digne de loüange dans tout ce qu'il a RUBENS.
peint, on ne dissimule plus les defauts qui
s'y trouvent, & l'on remarque assez hardi-
ment ce qui seroit necessaire dans ses ouvrages, pour estre plus parfaits. Comme vous
avez vû ce que l'on a écrit tres-avantageuse-
ment sur son sujet, dans un livre de Con-
versations, qui a esté donné au public, je ne
m'étendray pas à vous parler des particularitez de la vie de ce grand homme, ny des
beaux talens qu'il a eus, que l'Auteur de ce
livre a remarquez avec beaucoup de soin &
d'éloquence. Que si l'amour qu'il a fait paroistre pour ce Peintre, au desavantage mesme de plusieurs autres des plus excellens
Peintres, le rend suspect sur les choses qui regardent la Peinture : je vous diray ce qu'un
autre Auteur étranger & desinteressé, en a M. Bellori.
écrit avec beaucoup de jugement, selon le
sentiment de tout le monde.

Il reconnoist que Rubens n'estoit pas un
Peintre qui eût simplement une pratique de
son art ; mais qu'il avoit étudié avec une
grande application, tout ce qui peut estre
necessaire à un homme de sa profession. Ce
que l'on a bien connu par un livre qu'il a
laissé écrit & desseigné de sa main, où l'on

P iij

RUBENS. voit qu'outre ses observations sur ce qui regarde l'Optique, les Proportions, l'Anatomie & l'Architecture; il contient une recherche exacte des actions de l'homme, lesquelles il a desseignées conformément aux plus belles descriptions qui se trouvent dans les meilleurs Poëtes. Il y a recueilli tout ce qui a rapport aux batailles, aux naufrages, aux jeux, aux passe-temps, & à tous les effets que produisent les divers emplois de l'homme, & ses différentes passions. Il a extrait des ouvrages de Virgile & d'autres Auteurs, plusieurs évenemens qu'il a comparez aux Peintures que Raphaël & d'autres sçavans Peintres ont faites de ces mesmes évenemens.

A l'égard du Coloris, qui est son principal talent, il travailla avec une liberté de pinceau tout-à-fait surprenante; il se servit toûjours heureusement de l'étude qu'il avoit faite à Venise aprés le Titien, Paul Veronése, & le Tintoret; s'attachant à leurs maximes dans la conduite & la distribution des jours, des ombres & des reflais de lumiéres.

Cependant, on ne peut pas disconvenir que Rubens n'ait beaucoup manqué dans ce qui regarde la beauté des corps, & souvent mesme dans la partie du dessein. Son genie

ET LES OUVRAGES DES PEINTRES. 119
ne luy permettant point de reformer ce qu'il RUBENS.
avoit une fois produit, ainsi emporté par la
rapidité de son naturel vif & impetueux, il
ne pensoit pas à donner à ses figures, ny de
beaux airs de teste, ny de la grace dans les
contours qui se trouvent souvent alterez par
sa maniére peu étudiée. On voit que la pluspart de ses visages semblent estre tous formez
sur une mesme idée qui ne les rend pas assez
différens les uns des autres, & moins encore
agréables & beaux, mais plûtost des visages
ordinaires & communs, de mesme que les
proportions des corps qui s'éloignent fort de
celles des antiques. Les vestemens ne sont
point faits avec un beau choix; les plis n'en
sont ny bien jettez, ny bien entendus, ny bien
corrects. Cette grande liberté qu'il avoit à
peindre, fait voir en plusieurs de ses tableaux
plus de pratique de pinceau, que de correction dans les choses où la Nature doit estre
exactement représentée; non seulement dans
son dessein, mais aussi dans son coloris, où
les teintes des carnations paroissent souvent
si fortes & si séparées les unes des autres,
qu'elles semblent des taches; & dans les
reflais des lumiéres qui rendent les corps
comme diaphanes & transparens. Et quoy-

qu'il eſtimât beaucoup les antiques & les ouvrages de Raphaël, on ne s'apperçoit pas qu'il ait tâché d'imiter ny les uns ny les autres. Au contraire, on peut dire qu'il s'en éloignoit ſi fort, que s'il eût copié les ſtatuës d'Apollon, de Venus, ou les Gladiateurs, on ne les auroit pas reconnus, tant ſa maniére de deſſeigner eſtoit différente de ce gouſt-là. Cependant comme il porta en Flandres la beauté du coloris, des plus excellens Peintres Lombards; & qu'en effet il a fait quantité de grands ouvrages dignes d'eſtime: cela le mit en grande conſidération, pendant qu'il vécut, & mérite bien qu'encore aujourd'huy on luy donne place parmy les excellens Peintres: mais non pas la premiére, de crainte que la poſſeſſion dans laquelle pluſieurs autres ſe trouvent de marcher devant luy, ne le fiſt éloigner d'eux au delà du rang qu'il doit legitimement tenir. Outre les tableaux qu'on voit de luy dans le Cabinet du Roy, il y en a encore à Paris chez pluſieurs curieux; mais il s'en voit peu qui ſoient pareils à ceux de Monſieur le Duc de Richelieu, qui touché d'un gouſt & d'une affection particuliére pour les tableaux de Rubens, a fait une recherche & une dépenſe digne d'une perſonne

ET LES OUVRAGES DES PEINTRES. 121

RUBENS.

ne de sa qualité, pour avoir de ce Peintre, ceux qu'on estimoit le plus dans les Pays-Bas. De sorte que quand vous voudrez avoir le plaisir de voir ce que Rubens a fait de plus considérable, vous pourrez, sans sortir de Paris, vous donner cette satisfaction, en visitant la Gallerie de Luxembourg, le Cabinet de Sa Majesté, & celuy de l'Hostel de Richelieu. Dans ce dernier, vous y verrez la chûte des Réprouvez, qui est un tableau d'onze pieds de haut sur six pieds de large, celuy de la chasse des lions, Susanne avec les deux vieillards; une Baccanale; la vûë de Cadix; la Madeléne aux pieds de nostre Seigneur chez Simon le Pharisien; un bain de Diane; le S. Georges, & quelques autres, égaux en merite, qui tous ont esté choisis comme les chef-d'œuvres de cét excellent Peintre, & ausquels il n'y a eu que luy qui ait mis la main. Je ne vous en fais pas la description, parce qu'elle a esté faite avec beaucoup de soin & d'éloquence; & Monsieur le Duc de Richelieu a bien voulu travailler luy-mesme à celle de la chûte des Réprouvez.

Alors estant demeuré quelque temps sans parler, On peut, dit Pymandre, ajoûter à

Q

RUBENS. tout ce que vous avez dit d'avantageux pour Rubens, le merite particulier de sa personne, qui le distingua infiniment de tous les Peintres de son temps. Car ayant beaucoup d'esprit, & un esprit bien tourné pour la Cour & pour les affaires, il se rendit agréable à tout le monde, & capable d'entrer dans les negociations. Sur cela je vous puis dire ce que j'ay appris en Angleterre & en Hollande, touchant sa conduite dans les emplois dont il fut honoré.

L'inclination naturelle qu'il avoit toûjours euë à prendre connoissance des affaires les plus importantes qui se passoient alors en Europe, particuliérement de celles qui regardoient l'Etat & le Gouvernement des Provinces-Unies, fit qu'estant d'ailleurs fort consideré de l'Infante des Pays-Bas, elle le choisit en 1628. pour aller en Espagne informer le Roy de ce qui se passoit en Flandres, & luy faire connoître en particulier ce qui estoit alors de plus expédient, pour le service de Sa Majesté. Ce fut dans les conférences qu'il eut avec le Comte Duc d'Olivarez & le Marquis de Spinola, qu'il fit paroistre sa capacité, & combien il estoit propre à traiter des interests de l'Etat: en sorte que le Roy l'ayant chargé de commiſſions ſecrettes pour ſon ſervice, le Duc d'Olivarez luy fit preſent, de la part de Sa Majeſté Catholique, d'un diamant de grand prix, & de la Charge de Secretaire du Conſeil Privé, dont il luy fit expédier des lettres pour luy & pour ſon fils.

<small>RUBENS.</small>

Lorſqu'il fut de retour en Flandres, le premier employ qu'on luy donna, fut pour negocier une tréve qu'on avoit propoſée entre le Roy d'Eſpagne & les Etats des Provinces-Unies, au ſujet de laquelle il fit quelques voyages en Hollande, ſous pretexte neanmoins d'autres affaires qui le regardoient en ſon particulier. Il s'eſtoit conduit avec tant de prudence, qu'il avoit fort avancé cette negociation, lorſque la mort du Prince Maurice de Naſſau arriva, qui fit que le traité ne put eſtre achevé.

L'amitié que Rubens avoit liée avec le Duc de Bouquinquan, pendant qu'ils eſtoient tous deux à Paris, fut cauſe que le Roy d'Eſpagne & le Comte Duc trouvérent à propos de l'envoyer en Angleterre, où ſous pretexte d'y faire un voyage de ſon propre mouvement, il tâcheroit en allant rendre ſes reſpects au Roy, de découvrir en quelle diſpoſition il eſtoit à l'égard de l'Espagne, & s'il ne pourroit point consentir à un traité de paix entre les deux Couronnes. On luy donna une instruction avec des lettres de créance, pour s'en servir comme il le jugeroit à propos. Rubens se conduisit avec tant de prudence & d'adresse, qu'après avoir vû le Roy plusieurs fois, & l'avoir entretenu de choses indifférentes, il trouva enfin une occasion propre pour luy parler en particulier, & pour luy faire entendre adroitement, que le Roy son maistre consentiroit volontiers à un traité de paix pour le bien commun de leurs sujets.

Le Roy d'Angleterre l'écouta favorablement; & luy ayant demandé s'il avoit ordre de luy en parler, Rubens luy repliqua, que si cette proposition luy estoit agréable, il s'ouvriroit davantage. Sa Majesté l'ayant asseûré qu'elle l'écouteroit volontiers, il luy découvrit les intentions du Roy son maistre, & luy fit voir ses lettres de créance.

Le Roy, pour montrer qu'il agréoit ses propositions, luy donna à l'heure mesme son cordon avec un riche diamant, & nomma quelques-uns de son Conseil pour conférer avec luy sur les articles de la paix. Rubens,

ET LES OUVRAGES DES PEINTRES. 125
à ce que j'ay appris, fit paroiftre en cette RUBENS.
rencontre beaucoup de conduite & de jugement. Car en peu de temps il mit les chofes en fi bon état & fi fecrettement, que le traité de paix fut conclu entre les deux Couronnes pendant les mois de Novembre & de Decembre 1630.

Le Roy d'Angleterre envoya Milord François Cottington, pour la jurer en Efpagne entre les mains du Roy, qui de fa part envoya Dom Carlos Colonna en Angleterre, pour le mefme fujet.

Et pour faire voir combien Rubens fe rendit agréable aux deux Rois par cette negociation, c'eft que celuy de la Grand'-Bretagne le fit Chevalier, luy donna l'épée avec laquelle il avoit fait la cerémonie, & luy fit prefent d'un fervice de vaiffelle d'argent d'un prix confidérable. Le Roy d'Efpagne de fon cofté, luy confirma le titre de Chevalier, par des Lettres patentes, & joignit beaucoup d'autres graces à celles qu'il avoit déja reçûës de luy & de l'Infante.

Quelque temps aprés il arriva que la Reine Marie de Médicis & Monfieur frere unique du Roy Louis XIII. fortirent de France, & fe retirérent à Bruxelles. Rubens ayant l'honneur

Q iij

d'en estre particuliérement connu, l'Infante se servoit ordinairement de luy, pour leur faire sçavoir ses intentions & celles du Roy d'Espagne, dans toutes les rencontres qui se présentoient. Et comme la Cour de Bruxelles estoit alors en trouble par la guerre des Hollandois, qui avoient pris Maestrich, le Marquis d'Aytona ne trouva pas de meilleur moyen pour les amuser, que de faire derechef quelque ouverture de paix ou de tréve avec les Etats. Cette negociation fut secrettement commise à Rubens, qui agit si bien, que les Hollandois consentirent d'entrer en conference avec les Députez des Etats Generaux des Provinces de l'obéïssance du Roy Catholique. C'estoit donc par de semblables services, & par ces emplois honorables, que Rubens augmentoit tous les jours en considération & en richesses. Ainsi on le doit regarder, non seulement comme un excellent Peintre, mais comme un personnage d'un merite singulier.

Il faut aussi avoüer, repartis-je, que parmy les grands talens qui l'avoient rendu digne de tant d'honneurs, il avoit des qualitez, qui au lieu de luy attirer l'envie de ses pareils, le faisoient aimer de tout le monde.

ET LES OUVRAGES DES PEINTRES. 127

Car j'ay sçû de personnes qui l'ont connu particuliérement, que bien loin de s'élever avec vanité & avec orgueil au dessus des autres Peintres, à cause de sa grande fortune, il traitoit avec eux d'une manière si honneste & si familiére, qu'il paroissoit toûjours leur égal. Et comme il estoit d'un naturel doux & obligeant, il n'avoit pas de plus grand plaisir, que de rendre service à tout le monde.

S'il sçavoit se conduire & se soûtenir avec dignité, dans les affaires qui regardoient l'Etat, & dans toutes ses negociations ; il ne laissoit pas d'agir avec éclat dans sa maniére ordinaire de vivre, & dans ses actions domestiques & familiéres, mais sans affectation ; & sans chercher à se distinguer de ceux de sa profession, il se comportoit en toutes choses, comme un véritable homme d'honneur.

Il vendit au Duc Bouquinquan la pluspart des médailles, des tableaux, & des autres curiositez antiques qu'il avoit amassées.

Vous sçavez qu'il fut marié deux fois. Ayant perdu sa première femme en 1626. il en épousa depuis une seconde, nommée Helene Fourmont. Il eut des fils de l'une & de l'autre. L'aîné fut Secretaire du Conseil Privé, & les autres eſtoient encore jeunes quand il mourut. Comme la goute le prit, & que ſon corps ſe trouva accablé de diverſes autres infirmitez, il ne pût plus travailler à de grands ouvrages. Cependant, il ne laiſſoit pas de délaſſer toûjours ſon eſprit à quelque choſe. Il fit, à l'inſtance du Magiſtrat d'Anvers, les deſſeins des arcs de triomphes, & des autres décorations que l'on prépara pour l'entrée du Cardinal Infant, frere du Roy Philippes IV. leſquels on a gravez, & dont il y a un livre. Ce ſont les dernieres piéces conſidérables qui ſoient ſorties de ſa main.

Enfin, comme il avoit toûjours vécu fort chreſtiennement, il finit ſa vie de meſme, & mourut le 30. May 1640. âgé de ſoixante-quatre ans. Son corps fut enterré dans l'Egliſe Paroiſſiale de S. Jacques d'Anvers, où l'on voit ſon Epitaphe. Il avoit auprés de luy un Peintre, nommé WILDENS, qui faiſoit ordinairement les payſages de ſes tableaux, & qui mourut quatre ou cinq ans aprés luy.

Mais il eut pour Eléve ANTOINE VAN-DEIK, qui s'eſt rendu celebre par l'excellence

ET LES OUVRAGES DES PEINTRES. 129
& la quantité des portraits qu'il a faits.) Il VANDEIK.
vint au monde l'an 1598. Ses parens estoient
d'une condition honneste. Aprés l'avoir envoyé quelque temps aux Ecoles, voyant l'inclination qu'il avoit pour la Peinture, ils le
mirent chez Henry Van-Balen, assez bon
Peintre, & qui avoit travaillé à Rome sous
les meilleurs maistres de ce temps-là. Vandéik qui avoit une extréme passion d'apprendre, ne perdoit pas un moment pour s'avancer dans la connoissance & dans la pratique
de la Peinture. De sorte qu'il ne fut pas long-
temps qu'il surpassa tous les jeunes gens qui
étudioient avec luy. Mais comme il eut entendu parler du grand merite de Rubens, &
qu'il eut vû de ses ouvrages; il fit en sorte
par le moyen de ses amis, que Rubens le reçut chez luy. Cét excellent homme qui connut d'abord les belles dispositions que Vandéik avoit pour la Peinture, conçut une affection particuliére pour luy, & prit beaucoup
de soin à l'instruire.

Le progrés que Vandéik faisoit, n'estoit pas
inutile à son maistre, qui accablé de beaucoup d'ouvrages, se trouvoit secouru par son
Eléve, pour achever plusieurs tableaux que
l'on prenoit pour estre entiérement de Rubens.

R

VANDEIK.

Comme Vandéik avoit une forte inclination à faire des portraits, il y réüssissoit parfaitement. Il en fit plusieurs pendant qu'il demeura avec Rubens; & lorsqu'il en sortit, il luy donna pour marque de sa reconnoissance, trois excellens tableaux: l'un estoit le portrait de sa femme, l'autre un *Ecce homo*, & le troisiéme représentoit comme les Juifs se saisirent de nostre Seigneur dans le jardin des Olives. Toutes les figures de ce dernier étoient bien desseignées, bien peintes & bien éclairées de la lumière des flambeaux. Rubens qui faisoit beaucoup d'estime de ce tableau, le mit sur la cheminée de la principale salle de sa maison, & pour gage de son amitié, fit present à Vandéik d'un des plus beaux chevaux de son écurie.

On dit que Vandéik un peu aprés avoir quitté Rubens, estant devenu amoureux d'une villageoise de Somerthem, proche de Bruxelles, fit pour l'amour d'elle deux tableaux d'Autel, dans l'Eglise de son village. Dans l'un, pour représenter S. Martin patron de la Paroisse, il se peignit luy-mesme sur le cheval que Rubens luy avoit donné; & dans l'autre, pour représenter la famille de la Vierge, il peignit sa maistresse, son pere & sa

ET LES OUVRAGES DES PEINTRES. 131.
mere. Ceux qui ont vû ce tableau, avoüent VANDEIK.
que si la fille estoit aussi belle qu'elle y est représentée, elle avoit des charmes dignes du
travail & de l'affection de Vandéik.
Depuis qu'il fut sorti de chez Rubens, beaucoup de personnes alloient le trouver, afin
qu'il fist leurs portraits, & ils le payoient si
bien, que cela fut cause qu'il s'arresta à ce
genre de peindre, sans s'occuper beaucoup à
faire des histoires.
Rubens fort joyeux de voir son disciple
en reputation, & luy souhaitant encore une
plus grande fortune, luy conseilla d'aller
en Italie, parce qu'en voyant les ouvrages de l'Ecole de Lombardie, il se perfe-
ctionneroit encore davantage. Il entreprit
donc ce voyage; & s'estant arresté d'abord
à Venise, il fit une étude particuliere, d'a-
prés les tableaux du Titien, & de Paul Veronése, desseignant & copiant les meilleurs
morceaux de ces excellens Peintres; il s'attacha principalement à peindre des testes,
observant exactement la conduite que ces
grands hommes ont tenuë dans les portraits
qu'on voit d'eux.
Aprés avoir dépensé à Venise tout l'argent
qu'il avoit porté, ne travaillant que pour

R ij

son étude particuliére, il alla à Gennes, où faisant valoir la belle maniére de peindre des portraits, dans laquelle il s'estoit merveilleusement fortifié, il en fit une grande quantité; & quoy-qu'il allât de temps en temps par toutes les villes d'Italie, où il croyoit voir quelques beaux tableaux, il retournoit neanmoins toûjours à Gennes, comme si c'eût esté son lieu natal, y trouvant beaucoup d'employ, & des amis qui le recevoient avec plaisir.

Cependant, comme il avoit dessein de voir Rome, il quitta Gennes pour y aller. Il fut reçu chez le Cardinal Bentivoglio, qui pour avoir esté Nonce en Flandres, avoit beaucoup d'affection pour tous ceux de ce pays. Il fit quelques tableaux pour luy; entre autres, son portrait, qui est presentement dans le Palais du Duc de Florence. Il en fit encore d'autres pour plusieurs particuliers.

Il trouva dans Rome quantité de Peintres Flamans, tous gens débauchez, & menant une vie peu conforme à ses inclinations. Sa conduite & ses maniéres plus nobles & plus honnestes, ne pouvoient pas le faire résoudre à les frequenter; ce qui luy attira leur haine, croyant qu'il les méprisoit. Mais sans s'en mettre en peine, il se logea en particu-

ET LES OUVRAGES DES PEINTRES. 133
lier, & s'attacha fortement à l'étude. Aprés VANDEIK. avoir demeuré quelque temps à Rome, où il confidera fouvent tout ce qu'il y avoit de plus beau, voyant que ceux mefme de fon païs parloient mal de fes ouvrages, & tafchoient à le décrier, il retourna à Gennes où il gagnoit beaucoup à faire les portraits des principaux Seigneurs, & d'autres tableaux qu'on luy ordonnoit. Enfuite il paffa en Sicile avec un Gentilhomme de fa connoiffance. Il y peignit le Prince Philbert de Savoye, alors Vice-Roy, & s'arrefta quelque temps à Palerme, où il avoit commencé des ouvrages confidérables. Mais la contagion s'eftant mife dans le païs, il quitta tout pour s'embarquer fur une galére qui le porta à Gennes, où aprés avoir encore demeuré quelque temps, il réfolut enfin de revenir en Flandres.

Eftant de retour à Anvers, il fit bien voir que fon voyage ne luy avoit pas efté inutile: car on apperceut dans fes ouvrages beaucoup plus d'art & de bon gouft qu'il n'y en avoit auparavant.

La premiere piece qu'il entreprit à fon retour, fut un tableau pour les Religieux

Auguſtins, où il repreſenta Saint Auguſtin comme en extaſe, qui regarde le Ciel ouvert. Il y a auprés de luy deux Anges qui le souſtiennent; & dans le meſme tableau on voit Sainte Monique & un Saint du meſme Ordre. Cette piece fut ſi eſtimée, que pluſieurs autres Communautez voulurent en avoir de ſemblables. Il avoit fait les deſſeins de quatre tableaux, pour ſervir à une table d'Autel dans la Chapelle d'une Confrairie; mais il n'acheva pas l'ouvrage, parce qu'il paſſa en Hollande, pour faire les portraits du Prince d'Orange Henry Frederic de Naſſau, de la Princeſſe ſa femme, & de ſes enfans, leſquels furent trouvez ſi beaux, que la pluſpart des Seigneurs qui eſtoient à la Cour de ce Prince voulurent auſſi eſtre peints de ſa main.

Il eſt vray que ſa réputation devint ſi grande, que pluſieurs perſonnes de qualité partoient de France & d'Angleterre pour l'aller voir. Et comme il n'eſtoit pas encore dans une grande fortune, il travailloit pour ceux dont il croyoit eſtre mieux récompenſé, préférablement aux autres. On luy conſeilla d'aller en Angleterre, où le Roy Charles témoignoit beaucoup d'amour pour la Peinture. Estant arrivé à Londres, il se logea VANDEIK. chez un de ses amis, nommé Georges Géeldorp, où pour se faire connoistre, il fit quelques tableaux; mais ce voyage ne luy réüssit pas selon son desir. Il passa en France avec la mesme intention; & quoy-qu'il fist des choses tres-excellentes, il ne reçut ny l'accueil, ny les emplois qu'il esperoit. Il retourna donc chez luy, où il travailla plus assiduëment qu'auparavant. Il fit pour les Capucins de la ville d'Ermonde en Flandres, cét admirable Crucifix, qu'ils regardent comme une chose sans prix, & qu'on va voir comme un chef-d'œuvre de l'Art. Il fit encore pour la grande Eglise de la mesme ville, une Nativité, qui est aussi fort estimée.

L'Abbé Scaglia ayant fait faire un Autel dans l'Eglise des Cordeliers d'Anvers, Vandéik fit un tableau, où il représenta JESUS-CHRIST mort, & étendu sur les genoux de sa mere, & environné d'Anges, qui paroissent dans une contenance triste. A l'un des costez du tableau, cét Abbé est représenté au naturel.

Il fit encore quantité d'autres ouvrages, pour des particuliers. Les estampes de plusieurs portraits qu'il avoit faits, servirent à porter sa gloire & son nom en divers lieux éloignez, où l'on recherche encore avec soin ce qui a esté gravé d'après luy. Il parut même que l'Angleterre eut quelque regret d'avoir fait si peu de cas de Vandéik au premier voyage qu'il y fit. Car le Roy qui avoit une affection fort grande pour les excellens Peintres, estant plus particulièrement informé de son merite, chercha les moyens de l'attirer à son service. Il employa pour cela le Chevalier Digby, qui l'avoit connu & pratiqué aux Pays-Bas, lequel fit en sorte qu'il retourna à Londres. Il le presenta au Roy, qui le reçut avec des caresses extraordinaires. Il le fit Chevalier, & luy donna une chaîne d'or avec sa medaille. On luy prépara deux logemens, l'un à l'Hostel de Blaiforre, qui estoit autrefois un Monastére, pour travailler l'hiver; & l'autre à Elthein, pour demeurer l'été. Outre une bonne pension que le Roy luy avoit ordonnée, on luy promit mille livres de chaque portrait grand comme nature, cinq cens livres de ceux à demi-corps, & des autres à proportion. Sur ces conditions, Vandéik se mit à travailler assidûëment, & fit une si grande quantité de portraits & d'autres tableaux, que tous les Palais du du Roy & plusieurs autres lieux, en furent magnifiquement ornez. Comme il prenoit plaisir de satisfaire Sa Majesté par ses travaux, le Roy de son costé le combloit de biens & de graces; de sorte qu'en peu de temps il devint extraordinairement riche, & l'auroit esté encore davantage, s'il n'eût pas fait une dépense aussi grande & aussi somptueuse qu'estoit la sienne. Car il tenoit une grande table bien servie, avec un équipage de carosses, de chevaux & de valets magnifiques. Il avoit toûjours auprés de luy des Musiciens & des Joüeurs d'instrumens, comme un Prince auroit pû avoir. Outre cela, il faisoit beaucoup de dépense auprés des femmes. Et parce que tout son guain, quelque grand qu'il fût, ne pouvoit suffire à tant de frais, il cherchoit d'avoir encore de l'argent d'ailleurs, en s'appliquant à la Chymie, qui par ses vaines promesses contribua beaucoup à épuiser les biens solides qu'il avoit amassez par son travail, & endommagea si considérablement sa santé, qu'il devint goutteux & fort incommodé.

Nonobstant ses infirmitez, il ne laissa pas de se marier à une des plus belles Demoiselles de la Cour, & d'une des plus illustres Maisons d'Ecosse. Elle estoit fille du Milord Ruthuin

VANDEIK. Comte de Gorre, dont le pere en l'an 1600. avoit temerairement retenu dans un de ses Chasteaux le Roy Jacques; & sous pretexte de luy vouloir donner connoissance d'un tresor découvert, fit voir par la suite, qu'il avoit quelque pernicieux dessein. Ce qui fut cause que ses biens furent confisquez, & son fils pour quelque autre sujet, long-temps prisonnier dans la Tour de Londres. Il en sortit par le crédit du Duc de Bouquinquan qui procura par aprés le mariage de sa fille avec Vandéik. Il est vray qu'elle avoit peu de biens; mais outre sa naissance, elle estoit d'une grande beauté. Incontinent aprés qu'ils furent mariez, Vandéik la mena à Anvers, pour voir ses parens & ses amis, qui luy firent de grands honneurs, & la regalérent splendidement. Ils vinrent ensuite à Paris: c'estoit dans le temps que le Poussin venoit d'arriver de Rome. Vandéik qui avoit eu en vûë de peindre la grande Gallerie du Louvre, demeura environ deux mois à Paris; mais voyant qu'il n'y avoit rien à faire du costé qu'il esperoit, il partit, & retourna en Angleterre. Il eut de sa femme une seule fille, qui mourut fort jeune. Il ne la survécut pas beaucoup; car accablé de gouttes, & reduit à une ethesie, il mourut à Londres l'an 1640. âgé seulement de quarante-trois ans. Son corps fut enterré dans les charniers de l'Eglise de S. Paul. Son nom sera celebre à jamais, pour les excellens portraits qu'il a laissez, dont les plus beaux estoient dans les Palais du Roy d'Angleterre, mais qui ont esté dispersez en divers endroits durant la revolte du peuple, & l'usurpation de l'Autorité souveraine par Cromwel. Vous avez vû dans le cabinet du Roy plusieurs tableaux de sa main; entre autres les portraits du Prince Palatin, & du Prince Robert son frere, qui sont admirables. On peut dire que hors le Titien, on n'a point vû de Peintres qui ayent esté plus loin dans ce genre de peindre. Sa maniére est noble, naturelle & facile. On dit qu'il faisoit toûjours un portrait au premier coup. Il commençoit le matin; & pour n'interrompre pas son travail par un long intervalle de temps, il retenoit à dîner ceux dont il faisoit les portraits, qui demeuroient volontiers chez luy, de quelque qualité qu'ils fussent, parce qu'ils estoient bien traitez, & divertis agréablement pendant le repas. Aprés le diné il reprenoit son ouvrage, & travailloit avec une telle promptitude & une si grande intel-

VANDEIK. ligence, qu'il auroit fait deux portraits par jour, ne faisant plus ensuite que les retoucher pour les finir. Dans les grands tableaux d'histoires, il se servoit beaucoup de reflats de lumiéres, suivant en cela les regles de son maistre Rubens, & ses maximes touchant la couleur, hormis que Vandéik estoit plus délicat & plus tendre dans les carnations, approchant beaucoup plus des teintes & du coloris du Titien, ne s'estant pas moins que luy, rendu souvent incomparable dans les portraits qu'il a faits. Pour les sujets d'Histoire, il est vray qu'il n'a pas eu les mesmes avantages, ne possedant pas ny le dessein, ny les autres qualitez necessaires pour les grandes ordonnances.

Comme j'eus cessé de parler, C'est beaucoup, dit Pymandre, d'estre si fort distingué des autres Peintres, par les beaux portraits qu'il a faits. J'en voy tous les jours que tout le monde admire; & il me semble que quand un ouvrier se peut rendre considérable en quelque partie, & y surpasser tous les autres, comme Vandéik a fait en celle-là, il doit estre content de son travail, puisqu'il est mal-aisé qu'un homme posséde luy seul tous les talens necessaires à rendre un Pein-

ET LES OUVRAGES DES PEINTRES. 141
tre entiérement parfait. Quoy-que la repré- VANDEIK.
fentation d'un vifage ne foit, s'il faut dire,
que la moindre partie de tant de chofes
qu'embraffe la Peinture ; il me femble pourtant que celuy qui réüffit le mieux à exprimer fur une toile la reffemblance des hommes, entre bien avant dans ce qui regarde la
fcience de fon Art.

Il eft vray, repartis-je, que fi l'on s'attache à cette quantité de connoiffances qu'ont
euës Raphaël & Jules Romain, on pourra
dire que l'ouvrage d'une tefte n'en eft que la
moindre partie. Mais fi l'on veut bien fe renfermer dans la confidération particuliére des
chofes neceffaires à bien faire un portrait,
on verra pourtant que pour y réüffir comme
a fait Vandéik, il y a bien des obfervations à
faire, & des connoiffances à acquerir.

Le vifage de l'homme eft compofé de tant
de parties différentes les unes des autres, qu'il
n'eft pas fi aifé qu'on pourroit croire, de bien
faire un portrait. Ces parties, quoy-que petites chacune à part, ne laiffent pas d'eftre
difficiles à bien deffeigner. L'œil qui tient fi
peu d'efpace dans le vifage, eft fi mal-aifé à
bien repréfenter, que le Guide difoit autrefois à un de fes amis, qu'encore qu'il en eût

S iij

desseigné des millions, il estoit neanmoins obligé d'avoüer qu'il ne sçavoit pas encore les faire parfaitement. Cependant l'on en voit de beaux de luy, & si bien peints, particuliérement dans des testes de femmes, qu'ils semblent pleins de vie. Il est vray qu'il faut, pour en faire de semblables, non seulement les desseigner sçavamment, mais les peindre avec beaucoup de soin & d'amour, pour donner cette rondeur, faire paroistre du sang sous la transparence du crystalin, & répandre ce brillant & cette vie qui les doit animer. Croiriez-vous que l'oreille fût une chose si difficile à bien représenter, qu'Augustin Carache la consideroit comme une des parties du corps la plus difficile. C'est à cause de cela, qu'il avoit bien voulu se donner la peine d'en modéler une de relief plus grande que nature, pour en faire son étude, & la pouvoir desseigner de toutes sortes de vûës; & ce fut d'aprés son modéle, qu'on en fit une de plastre qu'on nommoit *l'orecchione d'Agostino*. C'est une remarque du Comte Malvagia dans ce qu'il a écrit des Caraches, que lorsqu'on veut connoistre si une teste a esté faite par un sçavant Peintre, on regarde aussi-tôt si les oreilles sont bien desseignées; si les réplis en sont bien entendus & mis dans leur véritable lieu : ajoûtant que c'est ce que les Caraches ont sçû mieux que tout autre Peintre, quelque sçavant qu'il ait esté.

Jugez donc, je vous prie, si un Peintre qui veut bien faire un portrait, n'est pas obligé, non seulement de sçavoir desseigner fort correctement; mais de placer avec justesse toutes les parties d'une teste, les unes auprés des autres ; d'observer mille différences de contours dans leur forme, dans leurs couleurs, dans les ombres & dans les jours : & cependant, si bien joindre toutes ces diverses parties les unes avec les autres, qu'il semble que ce ne soit qu'une seule masse & une mesme couleur; & que ce que ce mesme Peintre représente avec une infinité de teintes différentes, & plusieurs coups de pinceau, paroisse une seule couleur ; & comme si l'ouvrage estoit, s'il faut ainsi dire, souflé & fait tout d'un coup, & toutes les couleurs fondues ensemble. C'est alors, je vous avoüe, que l'on connoist la difficulté du travail, & l'esprit du Peintre. Aussi vous pouvez observer, que toute l'intelligence d'un habile homme qui fait un portrait, consiste à le travailler également par tout en mesme temps, afin

VANDEIK. que toutes les parties naissent sous sa main s'il faut ainsi dire, toutes à la fois, imitant en cela la Nature, qui lorsqu'elle a donné la première forme au corps de l'homme, travaille également dans tous les membres, jusques à ce qu'elle ait perfectionné son ouvrage.

Si l'on veut ajoûter à ce que je viens de dire, l'art avec lequel un sçavant Peintre conduit & répand les lumiéres & les ombres sur un portrait ; l'affoiblissement qu'il fait des unes & des autres, pour arondir & donner du relief à toutes les parties ; les reflais plus foibles ou plus forts qu'il observe, pour leur donner plus de force ou plus de grace ; l'esprit & la vie qu'il inspire sur ce visage qu'il peint ; les inclinations & les affections de l'ame qu'il y fait voir ; l'action & les mouvemens necessaires pour l'expression des passions les plus fortes : Si, dis-je, l'on considére sérieusement, & avec attention tant de choses si différentes ; que peut on dire d'un homme qui les sçait si parfaitement, que sur la surface d'une toile il représente des visages qui paroissent animez ? C'est ce qu'a fait Vandeik ; & ce luy est une grande gloire, d'avoir fait que tant de grands

grands hommes, morts il y a si long-temps, soient encore comme vivans dans leurs portraits; & de s'estre immortalisé luy-mesme par ses ouvrages.

Je veux, dit Pymandre, vous faire une question qui vous marquera mon peu d'intelligence. D'où vient qu'un Peintre médiocre réüssit quelquefois mieux à faire ressembler, qu'un tres-sçavant homme?

Cela peut arriver, repartis-je, lorsque les habiles Peintres negligent la ressemblance, pour ne travailler qu'à faire un belle teste. Mais prenez garde, que ce qui paroist souvent ressemblant dans ces portraits médiocres, n'est rien moins que cela. Je croy vous avoir dit, qu'Annibal Carache faisoit avec deux coups de crayon, des portraits qu'on nomme chargez; c'est-à-dire qu'il marquoit si fort les principales parties d'un visage, que d'abord elles frappoient les yeux: mais il faisoit cela avec beaucoup de science. Or du moment que par quelque signe il se forme dans nostre esprit une image, qui a du rapport à une chose que nous connoissons, nous croyons aussi-tost y trouver une grande ressemblance, quoy-qu'à la bien examiner, il n'y en a souvent qu'une legere idée.

T

VANDIIK. Je conviens avec vous, qu'il y a d'assez mauvais portraits qui d'abord ont quelque marque assez forte de la personne qu'on a voulu peindre, & par là plaisent davantage aux ignorans, que certains autres portraits beaucoup mieux peints. Mais il faut considérer, que si ces derniers manquent dans la ressemblance, c'est qu'ils n'ont pas esté faits par des gens assez entendus dans ce genre de peindre, lesquels ont pris des veuës, ou des dispositions de lumiéres & d'ombres, qui mesme vous feroient méconnoistre l'original, si vous le voyiez dans le mesme endroit où il estoit lorsqu'on l'a peint. Aussi quand un sçavant Peintre veut faire un portrait que tout le monde connoisse aisément, il doit d'abord bien étudier le visage qu'il veut peindre ; le considérer de tous les costez ; voir quel est son air ordinaire : car il y a des visages qui changent à tous momens, & qui dans le repos sont si différens de ce qu'ils sont dans l'action, qu'ils deviennent méconnoissables. Dans les uns on voit quelquefois toutes les parties qui s'alongent & qui tombent en bas ; une bouche qui change de place, des yeux qui se lassent, ou qui languissent, des sourcils qui s'abattent ; enfin il y a des person-

nes qui dans ces momens font tout autres VANDEIK.
que dans leur état ordinaire. Outre cela, il
y a des visages qui sont plus avantageux à
peindre de front, d'autres à estre veus de
trois quarts, ou de costé. Les uns demandent beaucoup de lumiéres, d'autres font plus
d'effet quand il y a des ombres. C'est donc
ce qu'un habile Peintre doit observer; &
comme ces habiles sont rares, aussi se voit-il
peu de portraits aussi beaux qu'on les souhaite.

Aprés avoir esté quelque temps sans parler, je dis à Pymandre: Bien que du vivant
de Rubens & de Vandéik on ait vû dans
les Pays-Bas quelques Peintres qui avoient
de la réputation; aucun neanmoins n'est parvenu à celle que ces deux excellens hommes
ont acquise: aussi n'y en a-t-il point eu qui
ayent fait ny de si grands ouvrages que Rubens, ny des portraits dans la perfection de
ceux de Vandéik. Peu mesme se sont adonnez à faire de grands tableaux; & ceux qui
ont eu le plus de vogue, n'ont point entrepris de sujets nobles & relevez. Ils ont travaillé à des paysages, à faire des fleurs & des
animaux. Plusieurs se sont attachez à bien
peindre de petites figures; d'autres à repre-

T ij

senter des preneurs de tabac, & des actions ordinaires & basses. On peut mettre au nombre de ceux-là, THEODORE RAMBOUTS, natif d'Anvers; qui aprés avoir étudié sous Abraham Janssens, alla à Rome en 1617. Il mourut l'an 1642. Ce fut vers ce même temps que mourut aussi le jeune BRUGLE, fils de Pierre, dont je vous ay parlé. Il a fait toutes sortes d'ouvrages. Car on voit de luy des histoires en petit, des paysages, des animaux, & des fleurs qu'il faisoit d'une maniére fort finie, mais un peu seche. DE LARTS, dit BAMBOCHE, dont les tableaux sont assez connus, vivoit encore alors : de mesme que le petit MOYSE, qui faisoit assez bien les paysages accompagnez de figures, dans la maniére de Corneille Polembourg. Moyse mourut en 1650.

GERARD ZEGRES ou SEGERS, d'Anvers, travailloit aussi dans ce temps-là. Il estoit né l'an 1592. & fut disciple de Janssens. Il voyagea en Italie & en Espagne, où il peignit pour le Roy Catholique. Il imita la maniére de Michel Ange de Caravage. On voit son portrait parmy ceux que Vandéik a gravez. Il estoit frere du P. D. ZEGRES, de la Compagnie de JESUS. Ce Pere avoit

ET LES OUVRAGES DES PEINTRES. 149
étudié sous le jeune Brugle, & a fort bien peint des fleurs. Depuis qu'il fut Jesuite, il voyagea en Italie, & continua toûjours à peindre. Il mourut environ l'an 1660. comme aussi BARTHOLOMÉE BRIEMBERG & ASSELIN, dit PETIT-JEAN, qui ont bien fait le paysage. {BRIEM-BERG. ASSELIN dit PETIT-JEAN.}

De leur temps il y avoit à Anvers un Peintre nommé ERT-VEEST, qui représentoit fort bien des mers & des combats sur les vaisseaux. Mais celuy dont les ouvrages estoient les plus recherchez, & qui mourut aussi vers l'an 1660. a esté CORNEILLE POLEMBOURG, d'Utrec. Il peignoit en petit fort agréablement, tant les figures, que le paysage; il y a peu de cabinets où il n'y ait des tableaux de sa main. Il avoit demeuré long-temps en Italie; & bien que dans sa maniére de peindre il eût toûjours gardé quelque chose de celle de son pays, il a neanmoins fait des tableaux dans un assez bon goust. Il avoit soixante-dix-sept ans lorsqu'il mourut à Utrec. {ERT-VEEST POLEMBOURG.}

GASPAR CRAES Eléve du jeune Cockie, estoit encore plus âgé: car il avoit prés de quatre-vingts-dix ans lorsqu'il mourut vers l'an 1666. Il a beaucoup peint à Bru- {CRAES.}

xelles, & a fait d'assez beaux ouvrages.

SNEIDRE. SNEIDRE mourut quelques années aprés: il peignoit fort bien des animaux morts & vivans; vous pouvez en avoir vû de sa façon dans le Cabinet du Roy.

RIMB-BRANS. RIMBBRANS vivoit encore alors. C'estoit un Peintre assez universel, & qui a fait quantité de portraits. Tous ses tableaux sont peints d'une maniére tres-particuliére, & bien différente de celle qui paroist si lechée, dans laquelle tombent d'ordinaire les Peintres Flamans. Car souvent il ne faisoit que donner de grands coups de pinceau, & coucher ses couleurs fort épaisses, les unes auprés des autres, sans les noyer & les adoucir ensemble. Cependant, comme les gousts sont différens, plusieurs personnes ont fait cas de ses ouvrages. Il est vray aussi qu'il y a beaucoup d'art, & qu'il a fait de fort belles testes. Quoy-que toutes n'ayent pas les graces du pinceau, elles ont beaucoup de force; & lorsqu'on les regarde d'une distance proportionnée, elles font un tres-bon effet, & paroissent avec beaucoup de rondeur.

Il est vray, dit Pymandre, que les portraits du Peintre dont vous me parlez, sont bien différens de ceux de Vandéik, & que

ET LES OUVRAGES DES PEINTRES. 151
les qualitez neceffaires à faire une belle tefte, RIMBBRANS.
& que vous remarquiez tantoft, ne fe trou-
vent point, à mon avis, dans celles de
Rimbbrans. Car il n'y a pas long-temps
qu'on m'en fit voir une, où toutes les teintes font feparées, & les coups de pinceau
marquez d'une épaiffeur de couleurs fi extraordinaire, qu'un vifage paroift avoir quelque chofe d'affreux, lors qu'on le regarde un
peu de prés. Cependant, comme les yeux
n'ont pas befoin d'une grande diftance pour
embraffer un fimple portrait, je ne voy pas
qu'ils puffent eftre fatisfaits en voyant des
tableaux fi peu finis.

Tous les ouvrages de ce Peintre, repartis-je, ne font pas de la forte. Il a fi bien placé les teintes & les demi-teintes les unes
auprés des autres, & fi bien entendu les lumieres & les ombres, que ce qu'il a peint,
d'une maniere groffiere, & qui mefme ne
femble fouvent qu'ébauché, ne laiffe pas de
réüffir, lors, comme je vous ay dit, qu'on n'en
eft pas trop prés. Car par l'éloignement, les
coups de pinceau fortement donnez, & cette
épaiffeur de couleurs que vous avez remarquée, diminuënt à la veüë, & fe noyant &
meflant enfemble, font l'effet qu'on fouhaite.

RIMBBRANS.

La distance qu'on demande pour bien voir un tableau, n'est pas seulement afin que les yeux ayent plus d'espace & plus de commodité pour embrasser les objets, & pour les mieux voir ensemble : c'est encore afin qu'il se trouve davantage d'air entre l'œil & l'objet.

Vous voulez dire, interrompit Pymandre, que par le moyen d'une plus grande densité d'air, toutes les couleurs d'un tableau paroissent noyées & comme fonduës, s'il faut me servir de vos termes, les unes avec les autres.

C'est, répondis-je, que quelque soin qu'on apporte à bien peindre un ouvrage, toutes ses parties estant composées d'une infinité de differentes teintes, qui demeurent toûjours en quelque façon distinctes & separées, ces teintes n'ont garde d'estre meslées ensemble, de la mesme sorte que sont celles des corps naturels. Il est bien vray que quand un tableau est peint dans la derniere perfection, il peut estre consideré dans une moindre distance; & il a cét avantage de paroistre avec plus de force & de rondeur, comme font ceux du Corége. C'est pourquoy je vous ay fait remarquer que la grande union & le mélange

des

des couleurs sert beaucoup à donner aux tableaux plus de force & de verité; & qu'aussi plus ou moins de distance, contribuë infiniment à cette union.

Je vous diray encore, que c'est par la mesme raison de cette grande union de couleurs, que les excellens tableaux peints à huile, & qui sont faits il y a long-temps, paroissent avec plus de force & de beauté, parce que toutes les couleurs dont ils ont esté peints, ont eu plus de loisir de se mesler & se noyer ou fondre les unes avec les autres, à mesure que ce qu'il y avoit de plus aqueux & de plus humide dans l'huile, s'est seché. C'est ce qui fait que l'on couvre les tableaux avec un vernis qui émousse cette pointe brillante & cette vivacité, qui quelquefois éclate trop & inégalement dans des ouvrages fraîchement faits; & ce vernis leur donne & plus de force & plus de douceur. Comme les peintures en miniatures ou en pastel, ont toûjours plus de secheresse que celles à huile, on met ordinairement un talc ou une glace de crystal, afin d'en attendrir toutes les parties, & les voir mieux meslées ensemble. Vous pouvez remarquer, qu'un petit portrait peint en émail n'a pas besoin de ce secours, parce que les couleurs dont il est travaillé, estant parfonduës au feu, comme disent les ouvriers, elles acquiérent cette parfaite union & ce grand poliment que l'on tasche de donner aux autres peintures, soit par le travail, soit par le maniement du pinceau, soit par les vernis, ou par le secours du talc & du verre, & encore en s'aidant de l'air qu'on interpose entre l'œil & l'objet, par le moyen des differentes distances.

Or l'on se sert de tous ces moyens, pour donner aux choses peintes, le relief & la rondeur qui leur est necessaire pour paroître plus ressemblantes à ce qu'on imite. Je sçay bien que c'est une chose qui n'est pas moins difficile dans cette partie de la Peinture qui regarde le coloris, que celle des proportions dans ce qui regarde le dessein. Et bien que dans l'une & dans l'autre l'on ait pour fin d'arriver à cette beauté parfaite que tous les excellens ouvriers ont toûjours recherchée; la science toutefois en est si cachée, que jusques à present elle n'a point encore esté découverte, ou du moins l'étude qu'on en fait, n'a pû établir des regles pour la mettre en pratique, & parvenir avec certitude à representer cette unique beauté dont on se forme l'idée. Ces difficultez ne se rencontrent pas seulement dans ce qui regarde les ouvrages de Peinture ; mais encore dans ceux de Sculpture & d'Architecture, où les plus sçavans hommes font tous leurs efforts, pour faire en sorte que toutes les parties d'un édifice, tous les membres d'une statuë, & tout ce qui entre dans l'ordonnance d'un tableau, reçoivent une symmetrie, une proportion, une grace & une harmonie si grande, que des unes & des autres il s'en fasse à la veuë une sensation qui la satisfasse, de mesme que les accords de Musique contentent les oreilles.

Il est vray, interrompit Pymandre, que les Maistres en Musique ont l'avantage d'avoir découvert les divers tons, & les differentes modulations qui peuvent perfectionner un concert de voix ou une symphonie d'instrumens.

Dans les Arts dont les yeux sont les juges, luy repliquay-je, nous éprouvons qu'il n'en est pas de mesme. On connoist bien qu'il y a une beauté positive que l'on tasche d'acquerir : mais soit que la vuë soit plus difficile à satisfaire que les autres sens, ou qu'il soit plus mal-aisé de bien ordonner la quantité d'objets qu'elle peut découvrir en un instant, & qu'elle peut aussi examiner à loisir ; on sçait, comme je viens de dire, que quelques efforts qu'on ait faits jusques à maintenant, l'on n'a pû encore trouver les moyens pour y arriver. Que si quelques-uns ont esté assez heureux pour en approcher, ç'a esté par des voyes qu'ils n'ont pas eux-mesmes bien connuës, ou du moins qu'ils n'ont pû enseigner aux autres. Car nous voyons que les Architectes, les Sculpteurs & les Peintres, tiennent tous des chemins différens, quoy-qu'ils taschent d'arriver à un mesme but ; & que les plus éclairez connoissent qu'il y a une raison de beauté positive. Cependant ils n'ont pû encore découvrir cette raison si cachée, & pourtant si vraye; par le moyen de laquelle ils pourroient établir des regles assurées & démonstratives, pour faire des ouvrages qui pussent aussi-bien satisfaire les yeux, comme avec le temps on a trouvé moyen de satisfaire l'ouïe par des proportions harmoniques.

Alors m'estant aresté, Vous voyez, dis-je à Pymandre, comment insensiblement nous nous sommes éloignez de nos Peintres. Il est vray, me repliqua-t-il, que pour peu que nous eussions avancé plus avant, nous serions passez de la Peinture à la Musique. Cependant, cette petite digression ne laisse pas de me faire comprendre beaucoup de choses dans les diverses maniéres de peindre, ausquelles je n'avois pas fait refléxion jusques à present. Cela me servira mesme à l'avenir, pour regarder les tableaux dans des distances proportionnées, & en considerant les ouvrages des Peintres, connoître la raison des différens effets de rondeur & de tendresse que j'y remarqueray. Mais retournez, je vous prie, à ce Peintre que vous venez de quitter, & dont la maniére si éloignée de celle des autres, nous a aussi éloignez de luy.

<small>RIMBRANS.</small>

Non seulement, repris-je, il a peint fort différemment des autres; mais il a gravé à l'eauforte d'une façon toute singuliére. L'on voit quantité d'estampes de luy, tres-curieuses, & entre autres, de fort beaux portraits, quoy-que tres-différens, comme je vous ay dit, des gravûres ordinaires. Il mourut en 1668.

Deux ans aprés ou environ, moururent aussi LOUIS COUSIN dit GENTIL, de Bruxelles, & VAUVREMENS, Hollandois,

<small>LOUIS COUSIN dit GENTIL. VAUVREMENS.</small>

158 ENTRETIENS SUR LES VIES
duquel on voit quantité de tableaux.

Il y a eu dans les Pays-Bas des Peintres, qui pour n'avoir pas fait de grands ouvrages, ny travaillé d'un gouſt exquis, n'ont pas laiſſé de ſe rendre recommandables, ou par leur eſprit, ou par la délicateſſe de leur pinceau. Dans ces dernières années on a vû GERARD DAW, Hollandois, qui dans les petits tableaux qu'il a faits, & les ſujets qu'il a choiſis, a ſurpaſſé tous ceux de ſon temps. On peut meſme dire qu'on en voit de luy, que peu de Peintres auroient pû exécuter, & mettre dans une auſſi grande perfection. Il eſt vray qu'il n'a pas entrepris de grandes ordonnances, & que dans ſes figures on n'y voit pas ny la correction ny le bon gouſt de deſſein qu'on pourroit deſirer. Mais pour ce qui regarde la beauté du pinceau, les couleurs, les lumiéres & les ombres, il a traité tout cela avec une entente admirable; & l'on voit dans ſon travail une patience & une propreté ſans exemple, exprimant heureuſement, & dans la dernière délicateſſe, tout ce qu'il a voulu repréſenter. Il y a peu de temps qu'il eſt mort, & a laiſſé des Eléves qui ſuivent ſa manière avec un ſuccés aſſez heureux, entre autres Scalque, Nesker, Lermans & Moër.

<small>GERARD DAW.</small>

ET LES OUVRAGES DES PEINTRES. 159

Plusieurs autres Peintres ont encore travaillé dans ces pays-là ; mais ils n'ont pas eu toutes les qualitez necessaires à ceux que l'on doit imiter. Car pour servir d'exemple aux autres, il ne suffit pas de sçavoir employer les couleurs avec propreté & délicatesse : il faut bien peindre, & avoir une maniére facile & agréable ; & cela mesme n'est pas encore la perfection du coloris : car les figures les mieux peintes sont fades & languissantes, si la couleur ne contribuë aussi à les animer, & à marquer des expressions vives & naturelles.

Mais laissons-là ceux qui ne tiennent pas le premier rang dans la Peinture, & retournons aux Peintres d'Italie. Comme les gousts sont différens en Peinture, ainsi qu'en toute autre chose, les personnes qui aiment à voir dans les tableaux une grande correction de dessein & de fortes expressions, préférent LE DOMINIQUIN à tous les autres disciples des Caraches. Il estoit de Bologne en Italie, & vint au monde l'an 1581. Son nom estoit *Domenico Zampieri*. Bien que son pere ne fût pas accommodé des biens de la fortune, il ne laissa pas de le faire instruire de bonne heure dans les Lettres humaines, & de prendre beaucoup de

LE DOMINIQUIN.

soin de son éducation ; esperant qu'aprés avoir bien étudié, il pourroit plus facilement luy procurer quelque employ avantageux, ayant déja un autre fils qui s'appliquoit à la Peinture. Mais comme il est mal-aisé de connoître d'abord les inclinations des jeunes gens, & de découvrir à quoy la Nature les doit porter, le pere du Dominiquin ne prévoyoit pas que celuy de ses enfans qu'il destinoit aux Lettres, embrasseroit la profession de son frere, & que ce frere quitteroit la Peinture pour s'attacher à l'étude des Sciences, ainsi qu'il arriva. Car le Dominiquin qui estoit le plus jeune, lassé des premiers Rudimens de la Grammaire, abandonna les Ecoles, pour s'appliquer au Dessein ; & son frere qui ne profitoit pas beaucoup chez les maistres où son pere l'avoit mis, se rangea avec plaisir du parti des Lettres. Ainsi le pere jugeant bien qu'il s'estoit trompé dans le choix des occupations à quoy il avoit destiné ses deux fils, ne fut point fâché de voir, que d'eux-mesmes ils eussent ainsi fait un échange qui n'étoit pas entiérement opposé à ses intentions. Il mit donc le Dominiquin dans la place de son frere, chez un Peintre Flamand, nommé Denys Calvart, qui estant sorti fort jeune d'Anvers, lieu de sa naissance,

ET LES OUVRAGES DES PEINTRES. 161
naiſſance, s'eſtoit établi à Bologne, où il LE DOMI-NIQUIN.
avoit quantité d'Eléves, & travailloit à pluſieurs ouvrages. Mais parce que le Guide &
l'Albane, qui avoient étudié ſous luy, l'avoient quitté pour ſe mettre ſous les Caraches ; c'eſtoit avec peine qu'il entendoit parler de leur Ecole, qui commençoit à avoir
de la réputation : de ſorte qu'ayant trouvé un
jour le Dominiquin copiant quelques deſſeins
des Caraches, il s'en fâcha ſi fort, que prenant
un autre pretexte de le quereller, il le frappa
outrageuſement, & le chaſſa de ſa maiſon. Cela
fut cauſe que ſon pere s'adreſſa à Auguſtin Carache, qui le reçut fort humainement, & le mena dans l'Ecole de Loüis Carache, dont il reçut d'autant plus de témoignages d'affection,
que pour l'amour d'eux il avoit reſſenti les
effets de la haine que ſon premier maiſtre
leur portoit. Il travailla donc dans l'Ecole
des Caraches avec une aſſiduité nompareille,
à copier les ouvrages d'Auguſtin, tâchant
non ſeulement de bien imiter tous les contours des figures qu'il avoit devant luy, mais
encore d'entrer dans l'expreſſion des paſſions
& des mouvemens qu'il voyoit repréſentez,
s'appliquant fortement à en concevoir les raiſons, auſſi-bien qu'à les deſſeigner exactement.

X

LE DOMI-NIQUIN.

Il estoit encore fort jeune, lorsqu'un jour qu'on avoit accoûtumé de distribuer des prix aux Eléves qui desseignoient dans l'Academie de Bologne; on fut assez surpris, quand aprés avoir amassé tous leurs desseins, on vit que le Dominiquin qui estoit retiré à l'écart, s'avança d'une maniére timide, & présenta le sien à Louïs Carache. Mais ceux qui estoient presens, & qui aspiroient à l'honneur de la récompense, furent encore bien plus étonnez & confus, lorsque Louis Carache, aprés les avoir tous considérez, donna la gloire & l'avantage au Dominiquin, qui ayant reçu le prix & les loüanges qu'il meritoit, se rendit considérable sous le nom de *Dominichino*, qu'on luy donnoit alors à cause de sa grande jeunesse, & que l'honneur d'un si heureux succés luy fit garder tout le reste de sa vie.

Pendant qu'il travailloit sous Louïs Carache, il estoit si appliqué à l'étude, que son maistre le proposoit toûjours pour exemple aux autres Eléves. Car le grand desir qu'il avoit d'apprendre, le tenoit continuellement attaché auprés de son maistre, dont il observoit avec soin tout ce qu'il faisoit.

Sa maniére d'étudier auroit semblé fort

ET LES OUVRAGES DES PEINTRES. 163

LE DOMI-
NIQUIN.

extraordinaire à ceux qui ne l'auroient pas connu, & mesme auroit pu faire juger aussi desavantageusement de luy, que Quintilien fait de ceux, qui dans leurs ouvrages ne se satisfont jamais, & qui pour vouloir trop bien faire ne peuvent se déterminer, ny rien mettre à exécution. Car lorsqu'il vouloit commencer quelque tableau, il ne se mettoit pas d'abord ny à desseigner, ny à peindre; il demeuroit long-temps à méditer sur ce qu'il devoit faire: ce qui auroit fait juger qu'il estoit sterile en pensées, & irrésolu sur le choix de son sujet; si ensuite on n'avoit bien connu le contraire dans l'exécution de ses tableaux: aussi quand une fois il avoit donné les premiers coups de pinceau, il demeuroit tellement attaché au travail, que de luy-mesme il ne l'auroit jamais quitté, ny pour prendre ses repas, ny pour toute autre affaire, si on ne l'en avoit tiré comme par force. Et cette conduite luy devint si naturelle, qu'il l'a tenuë pendant toute sa vie.

Lorsqu'il fut dans un âge un peu avancé, il fit amitié avec l'Albane qui estoit plus âgé que luy. Il le voyoit souvent, & conféroient ensemble sur le sujet de ses études, & des tableaux qu'il faisoit. Ils allérent tous deux à

X ij

Le Domi-niquin. Reggio & à Parme; & ensuite l'Albane estant à Rome, il luy écrivit de s'y rendre. Comme dans ce mesme temps on envoya à Louïs Carache quelques desseins d'après les ouvrages de Raphaël, le Dominiquin fut si touché des beautez qu'il y vit, que cela augmenta encore l'impatience qu'il avoit d'aller à Rome. Il y alla enfin, & y fut agréablement reçu de l'Albane, qui le logea chez luy pendant deux ans.

Il frequentoit l'Ecole d'Annibal Carache, qui peignoit alors la Gallerie Farnése: & comme de jour en jour il faisoit connoistre ce qu'il sçavoit, Annibal luy fit peindre quelques-uns de ses cartons; & dans la loge du jardin qui est du costé du Tibre, il représenta de son invention la mort d'Adonis, & comme Venus se jette à bas de son char pour le secourir. Depuis qu'il eut fini cét ouvrage, il parut toûjours plus sçavant dans l'invention des sujets, dans la beauté des pensées, & dans l'expression des passions. Il est vray aussi que dans ce tableau où il représenta Adonis tué par le sanglier qu'il avoit poursuivi, on voit sur le visage de Venus une subite émotion de douleur si bien exprimée, & toutes les actions des petits Amours qui l'accompagnent, si conformes au sujet, qu'Annibal en fut extraordinairement satisfait. Mais plus le Dominiquin se rendoit agréable au Carache, & plus il s'attiroit la jalousie de ses compagnons, qui ne pouvant souffrir les loüanges qu'on luy donnoit, conçurent une telle haine contre luy, que depuis ce temps-là il ressentit les effets de sa mauvaise fortune pendant tout le cours de sa vie.

Et parce qu'il apportoit, comme je vous ay marqué, beaucoup de considérations dans l'exécution de ses tableaux, ses ennemis appelloient cela lenteur d'esprit, & disoient que ses ouvrages estoient faits avec peine, & comme labourez à la charuë, le comparant à un bœuf, qui estoit le nom qu'Antoine Carache fils d'Augustin, luy donnoit : Ce qui obligea Annibal de luy dire, que ce bœuf laboureroit un champ qu'il rendroit si fertile, qu'un jour il nourriroit la Peinture. Cependant le Dominiquin continuoit toûjours son travail, sans se rebuter par les obstacles qui s'opposoient à ses desseins.

Il y avoit peu de temps qu'il estoit auprés de M. Jean-Baptiste Agucchi, quand il se vit presque obligé de se retirer avec précipitation, par la mauvaise opinion que son frere le Cardinal Agucchi conçut de son mérite. Mais M. Agucchi, qui estoit un esprit excellent, & amateur des belles choses, trouva moyen de le retenir, & de desabuser son frere, en luy faisant connoistre le mérite du Dominiquin, aprés luy avoir montré un tableau où il avoit représenté S. Pierre dans la prison. Cét ouvrage fut cause que le Cardinal arresta chez luy le Dominiquin, & le fit travailler ensuite dans l'Eglise de San-Honofrio. Et comme ce Cardinal ne vécut pas long-temps aprés, ce fut le Dominiquin qui ordonna la structure du tombeau qu'on luy dressa dans l'Eglise de S. Pierre aux Liens, dont il avoit le titre.

Il fit son portrait, qu'on voit peint dans une ovale au milieu de deux sphinx de marbre; & mesme il tailla de sa main quelques-uns des ornemens qui embellissent cette sepulture.

Entre les tableaux qu'il fit pour M. Agucchi, on peut considérer comme les plus beaux, celuy où il représenta Susanne qui se couvre d'un linceul à la vûë des deux Vieillards, qui approchent de la fontaine où elle est; Un autre petit tableau sur cuivre, où il a représenté S. Paul ravi & enlevé au Ciel par des Anges. Ce tableau est à Paris dans la Sacristie des RR. PP. Jesuites de la ruë S. Antoine. Un autre où S. François est representé dans une solitude à genoux devant un Crucifix; Il est aussi à Paris, de mesme que celuy de pareille grandeur, où S. Jerôme est peint dans une grotte, à genoux, & tenant une Croix. Il fit ces tableaux pendant qu'il demeuroit chez M. Agucchi, qui estoit alors Majordome du Cardinal Aldobrandin, neveu du Pape Clement VIII. & ce fut M. Agucchi qui le proposa au Cardinal, pour peindre à Frescati dans son Palais de *Bellevedere*, qui estoit nouvellement basti.

C'est dans ce lieu si célebre pour sa belle situation, & pour la quantité des eaux qui le rendent agréable, que le Dominiquin a peint une gallerie à fresque, où il a representé divers sujets qui regardent ce que les Poëtes ont écrit d'Apollon. Dominique Bariére de Marseille grava cette gallerie, pendant que nous estions à Rome. Je ne vous diray rien de ces Peintures: vous les devez avoir encore assez presentes dans l'esprit, puis que vous me parliez, il n'y a pas long-temps, du plaisir que vous euftes à les confiderer, & à prendre le frais dans cette gallerie, lors que nous allafmes voir enfuite ce que le mefme Peintre fit pour le Cardinal Farnéfe dans l'Abbaye de *Grotta Ferrata*, à dix milles de Rome. Quant aux tableaux qu'il a faits dans cette Abbaye, ils reprefentent plufieurs miracles de S. Nil Abbé, & je ne croy pas que vous en ayez perdu le fouvenir.

Il m'en fouvient fi bien, dit Pymandre, que je doute que vous ayez confervé, comme j'ay fait, l'idée d'un vifage qu'on nous fit remarquer dans un de ces tableaux où l'Empereur Otton vifite ce faint Abbé. Car on nous dit que c'eft le portrait d'une jeune fille de Frefcati, tres-belle & bien faite, dont le Dominiquin eftoit amoureux ; & qu'un jour eftant allée en dévotion avec fa mere dans la Chapelle où il travailloit, il prit occafion d'en faire le portrait, fans qu'on s'en apperceuft, & qu'enfuite il la reprefenta dans ce tableau fous la figure d'un jeune homme qui femble s'éloigner d'un cheval fougueux. Mais quoy-qu'elle foit fous un habit d'homme, avec un chapeau garni de plumes; néanmoins l'air de fon vifage eft fi bien pris, que nonobftant ce déguifement,

ET LES OUVRAGES DES PEINTRES. 169

ment, les parens qui luy avoient refusé cette fille qu'il vouloit épouser, ayant reconnu qu'il l'avoit ainsi peinte dans un lieu exposé à tout le monde, en furent si fort irritez contre luy, que craignant leurs menaces, il s'en retourna bien-tost à Rome.

Je vous avouë, luy repliquay-je, que j'avois oublié cette particularité que vous avez si bien retenuë. Vous sçaurez donc qu'aprés son retour, l'Albane qui peignoit pour le Marquis Justiniani, la gallerie de sa maison de Bassane, donna à peindre au Dominiquin une des chambres de cette maison. Ce fut là qu'il représenta plusieurs Fables, que les Poëtes ont écrites au sujet de la naissance des Amours, & d'autres actions de Diane.

Aprés qu'il eut fini cette chambre, Annibal Carache, dont la santé diminuoit tous les jours, voulant faire part à ses Eléves de tous les ouvrages qu'on luy proposoit, parla au Cardinal Borghese, afin qu'il employât le Dominiquin & le Guide, pour travailler dans l'Eglise de S. Gregoire sur le Mont Celius. Le Dominiquin eut en partage tout ce qui regarde les ornemens, qu'il peignit de clair obscur; & des deux tableaux qu'on y voit, il fit celuy où S. André est fouëtté

Y

par des bourreaux.

Ces deux excellens hommes travaillérent dans ce lieu-là avec émulation, & réüssirent si bien l'un & l'autre, qu'ils partagérent presque également l'estime de tout le monde. Si la beauté du pinceau & la grace qui paroît dans le tableau du Guide, charmoit les yeux; les fortes & naturelles expressions du Dominiquin touchoient beaucoup plus l'esprit, & émouvoient davantage les passions de ceux qui les considéroient: ce qui est un des plus beaux effets de la Peinture.

Mais bien qu'Annibal & quelques autres des plus sçavans Peintres jugeassent en faveur du Dominiquin, il n'avoit pas pour cela le plus grand nombre de voix pour luy. Tous ceux qui considéroient son ouvrage, n'en faisoient pas le cas qu'il méritoit; estant certain, qu'alors non seulement on avoit beaucoup plus d'inclination pour le Guide, mais encore qu'on préféroit au Dominiquin plusieurs autres Peintres qui luy estoient bien inférieurs. Et quoy-que peu de temps aprés, Annibal estant mort, ceux de son Ecole acquirent encore plus de réputation; il est vray pourtant, que l'opinion qui l'emporte souvent sur la raison, s'opposa si fort à l'estime qu'on devoit avoir du Dominiquin, que sa vertu & son mérite ne furent point assez connus, & ne purent pendant sa vie le faire jouïr de l'honneur qu'il a eu aprés sa mort.

{LE DOMINIQUIN.}

Ainsi voyant les traverses de sa mauvaise fortune, & la peine qu'il auroit de trouver de l'employ à Rome, il délibéroit de retourner à Bologne, & de s'y marier, lorsqu'on luy proposa de faire le tableau de S. Jerôme de la Charité. Cét ouvrage, non seulement fut cause qu'il ne partit pas de Rome, mais le fit considérer, & servit ensuite à luy donner d'autres emplois. Vous sçavez combien cette peinture est celébre, & que le Poussin qui regardoit le Dominiquin comme le premier des Eléves d'Annibal, ne parloit de ce tableau qu'avec admiration, & contoit la Transfiguration de Raphaël, la Descente de Croix de Daniel de Volterre, & le S. Jerôme du Dominiquin, pour les plus beaux tableaux qui fussent à Rome.

C'est une chose étonnante, que d'un si digne & si precieux ouvrage, il ne reçut que cinquante écus pour toute récompense, dans un temps où le Guide estoit si bien payé des siens. Cependant, comme l'envie ne cesse jamais de s'opposer à la vertu, ne trouvant rien à reprendre dans cét excellent tableau, elle tâcha à persuader à tout le monde, que si le Dominiquin avoit esté assez heureux pour le bien exécuter, il ne devoit pas avoir la gloire d'en estre l'inventeur, puisqu'il n'avoit qu'imité un semblable sujet qu'Augustin Carache avoit peint avant luy dans les Chartreux de Bologne.

Lanfranc estoit un de ceux qui tâchoient le plus à persuader cela à tout le monde, parce qu'il estoit celuy qui avoit le plus de jalousie contre le Dominiquin ; & mesme pour fortifier davantage ce qu'il disoit, & en laisser une plus forte impression dans les esprits, il desseigna, & fit graver à l'eau-forte par François Perier son disciple, le tableau d'Augustin Carache, croyant par ce moyen prouver plus fortement, que ce que le Dominiquin avoit exposé, n'estoit qu'un larcin qu'il avoit fait à son maistre. Mais ceux qui n'estoient ny passionnez ny jaloux de l'honneur du Dominiquin, reconnoissoient dans la disposition & les attitudes des figures, & dans toutes les expressions des visages, une si grande difference, qu'encore que le Dominiquin eût conservé une idée generale de la pensée d'Augustin, on ne devoit pas l'accuser d'avoir fait un vol ; mais plûtoſt luy donner des loüanges d'avoir imité ſon maiſtre, & s'eſtre bien voulu ſervir, comme il le confeſſoit luy-meſme, de quelques-unes de ſes expreſſions qu'il avoit étudiées autrefois dans des temps qu'il ne penſoit pas à faire cét ouvrage, mais qui luy eſtoient revenuës naturellement dans l'eſprit, comme font d'ordinaire toutes les choſes qu'on apprend avec ſoin, pour ne les pas oublier. C'eſt pourquoy, lorſqu'on confidére exactement ces deux différens tableaux, il eſt malaiſé de remarquer dans celuy du Dominiquin aucune choſe en particulier, qu'on puiſſe dire qu'il ait dérobée.

Aprés avoir achevé le tableau de S. Jerôme, il travailla dans un Palais qui appartient aujourd'huy au Marquis Coſtaguti, où Lanfranc, le Guerchin & Joſephpin travailloient auſſi. Pour le Marquis Mattei, il repréſenta dans la voute d'une petite chambre l'hiſtoire de Jacob & de Rachel ; Et quelque temps aprés, il entreprit de peindre dans l'Egliſe de S. Loüis des François, la Chapelle de Sainte Cecile. Cét ouvrage qu'il fit à fraiſque avec une beauté de couleurs & un travail de pinceau admirable, luy donna beaucoup de reputation.

LE DOMI-
NIQUIN.

On sçait que dans ces tableaux, il travailla avec une application extraordinaire, s'attachant à bien connoître la Nature, & à exprimer les affections de l'ame, conformément à son sujet. Il étudioit aussi avec soin les belles proportions & les mouvemens de tous les membres du corps, ne prenant d'autre divertissement que celuy qu'il trouvoit dans le travail. Il ne tiroit pas peu d'utilité de la lecture des bons livres, & de l'entretien qu'il avoit souvent avec M. Agucchi, qui ayant beaucoup d'amour pour la Peinture, prenoit plaisir de luy marquer les plus beaux endroits des bons Auteurs.

Il alla à Fano, où il fit un ouvrage considérable pour M. Guido Nolfi dans sa Chapelle du Dome. Aprés avoir passé plusieurs années éloigné de son pays & de ses parens, il retourna à Bologne, où il se maria, & où il fit plusieurs tableaux.

Outre le temps qu'il employoit à peindre, il s'appliquoit aussi à l'Architecture; & lorsque Gregoire XV. eut esté élu Pape en 1621. le Dominiquin qui l'avoit pris pour estre parrain de son fils, pendant qu'il n'estoit que Cardinal, se rendit aussi-tost à Rome, où il fut nommé pour Architecte du Palais Apo-

ET LES OUVRAGES DES PEINTRES. 175
ſtolique, & jouït de cette commiſſion pen- LE DOMI-
dant le Pontificat de ce Pape, ſans nean- NIQUIN.
moins faire aucune choſe pour les bâtimens.

Le moment eſtoit arrivé où il devoit
davantage faire paroître tout ce qu'il ſçavoit dans la Peinture. Car le Cardinal de
Montalte ayant fait bâtir la nouvelle Egliſe
de S. André de Laval, il choiſit le Dominiquin pour faire les tableaux dont il vouloit qu'elle fût embellie. Il en avoit déja fait
quelques-uns pour ce Cardinal, qui en avoit
eſté tres-ſatisfait; ce qui fut cauſe qu'il le
preféra à tous les autres Peintres. Je ne vous
dis rien des ouvrages qu'on voit de luy dans
cette Egliſe: ils ſont ſi celébres, que je ne
croy pas qu'il ſe trouve beaucoup de perſonnes qui ayent eſté à Rome, & qui ne les ayent
pas vûs.

Il me ſemble, interrompit Pymandre, que
la Coupe n'eſt pas de luy. C'eſt, repris-je,
ce que j'allois vous dire, & que dans le temps
qu'il travailloit, le Cardinal Montalte eſtant
venu à mourir en 1623. Lanfranc trouva
moyen d'obtenir qu'il peindroit la Coupole,
ſous prétexte que le Dominiquin ne pourroit
pas achever luy ſeul de ſi grands travaux,

pour l'année sainte. Il en avoit neanmoins fait déja tous les desseins; & ce ne fut pas sans déplaisir, qu'il vit Lanfranc travailler en sa place.

Lorsqu'il eut fini à S. André, il fit dans l'Eglise de S. Sylvestre à Montecavallo, les tableaux ovales qui sont dans la Chapelle du Cardinal Bandini, où il a représenté quatre sujets differens tirez de l'ancien Testament. Dans le premier on voit Esther devant Assuérus; dans le second Judith qui montre aux Hebreux la teste d'Holofernes; dans le troisiéme, David qui jouë de la harpe devant l'Arche; & dans le quatriéme, Salomon assis dans son trône avec Bersabée sa mere.

Lorsque l'Eglise de S. Charles des Catinares fut entiérement bâtie, on donna au Sementa, Eléve du Guide, à peindre la Coupole, & au Dominiquin les quatre angles des pilastres, où il a représenté les quatre vertus cardinales.

Tous ces grands ouvrages que le Dominiquin a faits à S. André de Laval, & à S. Charles, ne rendirent pas sa fortune meilleure, parce qu'il en fut fort mal récompensé. C'est ce qui le fit resoudre d'aller à Naples, pour

ET LES OUVRAGES DES PEINTRES. 177
pour peindre la Chapelle du Trefor. Cette
entreprife qui pouvoit luy eftre de quelque
utilité, n'eftoit pas fans beaucoup de difficultez, & mefme luy paroiffoit perilleufe;
parce que Jofephpin & le Guide, qui en différens temps s'eftoient tranfportez fur les
lieux à mefme deffein, avoient efté contraints
de s'en retourner par le danger où ils fe trouvoient expofez, à caufe de la jaloufie des
Peintres Napolitains, qui ne pouvoient fouf-
frir que des Etrangers leur vinffent ofter
leur pratique, & faire des ouvrages qu'ils
croyoient leur appartenir preférablement à
tous autres. Le defir neanmoins que le Dominiquin avoit d'entreprendre de grands
travaux; la mort du Pape Gregoire XV. qui
le privoit de fon employ d'Architecte du Palais Apoftolique, & luy oftoit l'efperance
qu'il avoit euë d'eftre Architecte de l'Eglife
de S. Pierre, au fujet de quoy il s'eftoit beaucoup appliqué à l'étude de l'Architecture;
le befoin qu'il avoit de fubvenir à fa famille;
enfin toutes ces raifons le firent paffer fur
celles qui pouvoient l'empefcher d'aller à
Naples: de forte qu'aprés avoir traité avec
les Envoyez de cette ville en 1629. il s'y en
alla avec toute fa famille. Il eft vray que les

Z

LE DOMI-NIQUIN. conditions qu'il fit, estoient assez avantageuses, si la chose eût réüssi : car on luy devoit payer cent écus pour chaque figure entiére, cinquante écus des demy-figures, & vingt-cinq écus des testes seules ; ce qui devoit faire un prix considérable, eu égard à la quantité de choses qu'il auroit eu lieu de peindre pendant plusieurs années. Outre cela, on luy promettoit à la fin de son travail un present conforme à la grandeur & à la beauté de ce qu'il feroit.

Ces promesses pourtant ne satisfaisoient pas ses amis, qui connoissant son humeur & l'amour qu'il avoit pour le repos, prévoyoient l'inquiétude & les déplaisirs qu'il recevroit à Naples, par l'exemple de ce qui estoit arrivé au Guide & à Josephpin. En effet, à peine eut-il commencé de travailler, que ses ennemis s'élevérent contre luy, & firent de si grandes cabales pour décrier tout ce qu'il faisoit, que l'Espagnolet, qui estoit celuy de tous les Peintres qui en parloit avec le moins d'emportement, disoit que le Dominiquin ne méritoit pas le nom de Peintre, ne sçachant pas mesme manier le pinceau. De sorte que ceux qui avoient traité avec luy, remplis des mauvaises impressions qu'on

ET LES OUVRAGES DES PEINTRES. 179
leur donnoit, parurent si mal satisfaits
qu'ils ne le considéroient plus comme celuy qu'ils avoient choisi avec estime, mais
comme un inconnu, & le moindre de
tous les Peintres. Ainsi dés le commencement qu'il fut arrivé à Naples, il eut tant de
sujets d'estre mal satisfait, que ses amis s'é-
tonnoient comment il pouvoit travailler.
Aussi les mauvais offices que l'Espagnolet &
ceux de sa cabale luy rendoient continuellement auprés du Viceroy & de ceux qui
l'employoient, le troublérent si fort, que ne
pouvant plus resister à tant de traverses, aprés
avoir pensé à ce qu'il devoit faire pour s'en
délivrer & se sauver d'un pays où il n'avoit
point d'amis, il resolut de quitter Naples, sans
en parler à personne. Estant sorti secrettement hors de la ville, il monta à cheval, &
suivi de son valet, s'en alla à Rome, avec
une diligence qui marquoit bien plus une
fuite précipitée, qu'un retour prémedité ;
n'ayant égard, ny aux chaleurs de la saison,
ny aux fatigues du chemin, ny à sa famille
qu'il abandonnoit.

Lorsqu'on sçut qu'il s'estoit retiré de la
sorte, on arresta sa femme & sa fille, & on
ne les laissa point sortir de Naples, qu'aprés

que le Dominiquin eut donné des assurances qu'il acheveroit ce qu'il avoit commencé. Mais lorsqu'environ un an après il y fut de retour, il reçut tant de déplaisir, qu'au lieu de vivre, il ne faisoit plus que languir, & ne se croyant pas mesme en seureté dans sa maison & parmy sa famille, il changeoit tous les jours de nourriture, & n'osoit quasi manger, craignant qu'on ne l'empoisonnât : ce qui luy abattit si fort l'esprit & le corps, que s'affoiblissant peu à peu, il mourut le 15. Avril 1641. âgé de soixante ans.

Si-tost qu'il fut mort, on ruina à Naples les ouvrages où il avoit travaillé pendant trois ans, pour en faire peindre d'autres par Lanfranc. Et l'envie & sa mauvaise fortune non contentes de l'avoir persecuté pendant sa vie, l'outragérent encore après sa mort dans ses heritiers, ausquels, par une injustice extraordinaire, on fit rendre la plus grande partie de l'argent qu'il avoit reçu de son travail.

Cependant, lorsqu'on eut à Rome la nouvelle de sa mort, il y fut fort regretté, & ceux de l'Academie honorérent sa mémoire d'une oraison qui fut recitée en pubic, avec plusieurs vers à sa loüange. Il ne laissa

ET LES OUVRAGES DES PEINTRES. 181
qu'une seule fille, qui hérita de tout le bien
qu'il avoit amassé par ses longues veilles, qui
montoit environ à vingt mille écus.

LE DOMINIQUIN.

Il estoit d'une humeur libre & honneste, sobre dans son vivre, modeste & retenu dans sa conversation. Il estoit fort retiré, croyant éviter par ce moyen la malignité de ses envieux, qui ne laissoient pas de le persécuter dans sa retraite, & lorsqu'il faisoit tout son possible de les éviter. Quoy-qu'il ne pût s'empêcher de se plaindre du tort qu'il recevoit par la médisance des Peintres, il ne se soucioit pourtant pas de leurs loüanges ny de leurs blâmes. Comme il connoissoit leurs mauvaises intentions, lorsqu'on luy disoit que ceux de Naples décrioient ce qu'il faisoit à la Chapelle du Tresor, au lieu de s'en fâcher, il répondoit avec quelque sorte de joye, que c'étoit un témoignage que ce qu'il avoit fait, estoit bien. On luy rapporta un jour que certains Peintres avoient fort estimé quelques-unes de ses figures. J'ay bien peur, repliqua-t-il, qu'il ne me soit échapé quelques coups de pinceau qui ne valent rien, & qui leur plaisent.

Un de ses amis voulant luy persuader de ne pas tant finir ses ouvrages, ny les travailler avec une si grande exactitude, mais s'accommoder au goust des autres, plûtost que de vouloir se contenter luy-mesme : C'est pour moy seul, luy dit-il, & pour la perfection de l'Art que je travaille. Aussi sçavoit-il bien, que toute l'excellence d'un ouvrage consiste en ce qu'il soit également achevé dans toutes ses parties, & qu'on connoisse que l'ouvrier a apporté tous ses soins à le perfectionner, & y a mis, comme l'on dit, la derniére main. C'est pour cela, qu'il ne pouvoit souffrir que les jeunes étudians ne fissent que de simples esquisses, lorsqu'ils desseignoient, & qu'en peignant ils se contentassent de marquer les choses par des coups de pinceau qui ne fussent point terminez. Quand il estoit avec eux, il ne leur parloit jamais que de choses utiles & necessaires à leur profession. Il leur disoit souvent qu'il ne doit sortir de la main d'un Peintre aucun trait ny aucune ligne, qu'elle n'ait esté formée dans son esprit auparavant ; Qu'ils devoient se souvenir, quand ils considéroient quelque objet, de ne le regarder pas une seule fois, mais d'y faire une longue attention ; parce que c'est l'esprit, & non pas l'œil, qui juge bien de la raison des choses. Aussi avant que de se mettre au travail, & de prendre le pinceau, il avoit accoûtumé, comme je vous ay déja dit, de penser long-temps à ce qu'il vouloit faire. Il demeuroit quelquefois retiré seul la plus grande partie du jour à méditer sur un sujet; & lorsqu'il en avoit arrêté en luy-mesme l'invention & la disposition, il paroissoit content, & se réjouissoit comme s'il eût déja exécuté la principale partie de son travail.

Il ne pouvoit comprendre qu'il y eût des Peintres qui travaillassent à des ouvrages considérables, avec si peu d'application, que pendant leur travail ils ne laissassent pas de s'entretenir avec leurs amis. Il les regardoit comme des ouvriers qui n'avoient que la pratique, & nulle intelligence de l'Art; estant persuadé qu'un Peintre, pour bien réüssir, doit entrer dans une parfaite connoissance des affections de l'esprit & des passions de l'ame; qu'il doit les sentir en luy-mesme, & s'il faut ainsi dire, faire les mesmes actions, & souffrir les mesmes mouvemens qu'il veut représenter: ce qui ne se peut au milieu des distractions. Aussi on l'entendoit quelquefois parler en travaillant, avec une voix languissante & pleine de douleur, ou tenir des discours agréables & joyeux, selon les divers sentimens qu'il avoit intention d'exprimer. Mais pour cela, il s'enfermoit dans un lieu fort retiré, pour n'être pas apperçu dans ces différens états, ny par ses Eléves, ny par ceux de sa famille; parce qu'il luy estoit arrivé quelquefois, que des gens qui l'avoient vu dans ces transports, l'avoient soupçonné de folie. Lorsque dans sa jeunesse il travailloit au tableau du martyre de S. André qui est à S. Gregoire, Annibal Carache estant allé pour le voir, il le surprit comme il estoit dans une action de colére & menaçante. Aprés l'avoir observé quelque temps, il connut qu'il représentoit un soldat qui menace le S. Apostre. Alors ne pouvant plus se tenir caché, il s'approcha du Dominiquin, & en l'embrassant, luy avoüa qu'il avoit dans ce moment-là beaucoup appris de luy.

Il est vray aussi que dans cette partie de l'expression, il a esté plus avant que ses maîtres; & le Poussin, dont le témoignage est d'un grand poids sur cette matiére, disoit qu'il ne connoissoit point d'autre Peintre que le Dominiquin, pour ce qui regarde les expressions.

Lorsqu'il

ET LES OUVRAGES DES PEINTRES. 185

Lorsqu'il voulut s'instruire à fond de l'Architecture, il s'appliqua à la lecture de Vitruve. Cét Auteur luy donna mesme de la curiosité pour la Musique des Anciens, à l'étude de laquelle il passa beaucoup de temps, qu'il eût mieux employé à peindre. Il s'appliqua aussi avec assez de soin aux Mathematiques, particuliérement à ce qui regarde l'Optique & la Perspective, dont il reçut d'excellentes instructions du Pere Mattheo Zoccolino Theatin.

Outre les grands ouvrages qu'il a faits, dont nous avons parlé, on voit de luy plusieurs tableaux à huile de grandeurs différentes, dans des Eglises & dans des maisons particuliéres. Il est vray que le nombre en est médiocre, parce qu'il passa la plus grande partie de sa vie à ne peindre qu'à fraisque.

Je ne vous demande point, interrompit Pymandre, quels sont les plus beaux qu'on voit en Italie ; je me contente de ceux que vous avez déja nommez. Mais marquez-moy, je vous prie, les plus considérables de la main de ce Peintre qui se trouvent aujourd'huy à Paris.

Vous avez vu dans le cabinet du Roy, repartis-je, celuy où David est représen-

LE DOMINIQUIN.

Aa

LE DOMI-NIQUIN.

té joüant de la harpe, & un autre de mesme grandeur où Sainte Cecile touche une basse de viole : mais un des plus beaux est celuy où il a représenté un concert de musiciens & des joüeurs d'instrumens. Ces trois tableaux viennent du cabinet du Duc de Mazarin. Il y a aussi dans le mesme cabinet de S. M. un autre petit tableau où sont peints trois petits Amours. Il les fit pour le Cardinal Ludovisio à qui l'on avoit fait present d'une Guirlande de fleurs, au milieu de laquelle ils sont représentez. L'un est assis dans un char, tenant d'une main son arc, & de l'autre les resnes de deux colombes qui tirent le char : les deux autres qui semblent se soûtenir en l'air sur leurs ailes, répandent des fleurs, & se joüent agréablement. Il y a encore dans le mesme lieu d'autres tableaux de figures, & quelques paysages tres-agréables, de la main de cét excellent homme. Celuy qui est dans le cabinet de M. le Nostre Contrôleur des Bâtimens, où Adam & Eve sont représentez dans le Paradis terrestre, est un ouvrage considérable.

Pendant que nous estions à Rome, dit Pymandre, n'y eut-il pas un Secretaire du Duc de Guise, qui acheta l'original & la

ET LES OUVRAGES DES PEINTRES. 187
première pensée du tableau de la Commu- LE DOMI-
nion de S. Jerôme ? NIQUIN.

Ce tableau, luy repartis-je, que ce Secretaire avoit apporté en France, avec quelques autres, tomba aprés sa mort entre les mains du Chevalier de Clerville, & à son inventaire il a esté vendu à Monsieur Colbert, Coadjuteur de Rouën : presentement il est dans le cabinet de Monsieur le Marquis de Segnelay. Il y a encore des tableaux de ce Peintre dans les cabinets de M. le Chevalier de Lorraine, & de M. de la Vrilliére Secretaire d'Etat.

Entre les Eléves du Dominiquin, on considére particuliérement *Antonino Barba-longa*, de Messine, qui a travaillé à Rome dans l'Eglise des Theatins & à S. André de Laval; & André Camassée, qui a peint dans le Palais de Palestrine aux quatre fontaines, & qui a fait plusieurs autres ouvrages qui luy ont acquis de la reputation.

Je n'ay pas perdu la memoire, interrompit Pymandre, des peintures que j'ay vûës dans le Palais des Barberins, où André Sacchi a aussi travaillé : mais ces ouvrages, selon que je l'entendois dire alors, estoient bien inférieurs à ceux du Dominiquin ; & je croy bien aussi

A a ij

LE DOMI-NIQUIN.

que vous n'en parlez pas pour les comparer les uns aux autres. A l'égard de ceux que vous venez de dire, que le Guide a faits à S. Gregoire, il me semble qu'on n'en faisoit pas moins de cas, que de ceux du Dominiquin ; aussi estoient-ils disciples d'un mesme maître.

Il est vray, repliquay-je, qu'ils avoient tous deux étudié sous les Caraches ; mais pourtant leurs maniéres sont bien différen-

LE GUIDE. tes. LE GUIDE n'eut pas toute la force & la vigueur que l'on voit dans les tableaux de ses maîtres, & rendit sa manière de peindre beaucoup plus foible & plus délicate. Comme il estoit d'un naturel doux & agréable, il chercha à faire paroître dans ses ouvrages de la grace & de la douceur. Aussi voit-on dans toutes les figures qu'il a peintes, un je-ne-sçay-quoy de noble & de gracieux, qui flatte les sens, mais qui véritablement n'emporte point l'esprit. Ce sont des agrémens qui demeurent exposez aux yeux, & qui les touchent avec plaisir, mais qui ne pénétrent point dans l'ame pour s'y faire sentir, & pour émouvoir les passions. Cependant, de tous les Eléves des Caraches il a esté le plus heureux, se trouvant encore aujourd'huy un nombre infini de personnes qui cherissent ses ouvrages, jusques au point de préférer la délicatesse & la grace qu'on y voit, à la grandeur & aux fortes expressions qui paroissent en d'autres tableaux. Ce n'est pas qu'il n'y en ait de luy de fort étudiez, & qu'il n'ait représenté des corps où tous les muscles sont desseignez avec beaucoup de science, comme on peut voir dans les quatre tableaux des travaux d'Hercules qui sont au Louvre. Mais à bien considerer son génie, & tout le caractére de son travail, il y a plus de molesse & de langueur, que de vigueur & de fermeté. Il eut toutefois ses approbateurs pendant sa vie, & il est encore à present l'admiration des personnes qui, ne connoissant pas ce qu'il y a de foible dans ses ouvrages, ont de l'amour pour cette maniére tendre & gracieuse dont il s'est servi, & qui, comme je viens de vous marquer, la préférent à des expressions plus vives. Aprés que je vous auray parlé de sa naissance, je vous dirai comment il choisit ce genre de peindre, & comment il s'éloigna en quelque sorte du goust de ses maîtres, pour en suivre un qui luy a esté particulier.

Vous sçaurez donc qu'il naquit à Bologne

en 1575. Son pere nommé Daniel Reni, estoit un excellent musicien, qui luy fit apprendre d'assez bonne heure la Musique, & à desseigner. Il étudia les principes de la Peinture sous Denys Calvart Flamand, dont je vous ay parlé ; & ce fut peut-estre sous ce maître, qu'il se forma une maniére de faire certains vestemens, qui, quelquefois, tiennent beaucoup de ceux d'Albert Dure. Lorsqu'il eut atteint l'âge de vingt ans, il s'attacha auprés des Caraches, & travailla sous eux à differens ouvrages.

Je croy vous avoir dit il y a quelque temps, qu'aprés la mort de Raphaël & de Jule Romain, l'Ecole de Rome changea beaucoup de ce qu'elle estoit sous ces excellens hommes ; Et que ceux qui vinrent dans le siécle suivant, & sous le pontificat de Grégoire XV. s'attachant peu à l'étude & à la recherche des belles choses, ne travailloient que de pratique, & d'une maniére quelquefois aussi foible & extravagante dans le dessein que dans le coloris.

Je vous fis encore observer comment dans la suite il s'éleva dans Rome deux partis, qui eurent pour chefs Josephpin, & Michel-Ange de Caravage dont la maniére obscure &

ET LES OUVRAGES DES PEINTRES. 191
peu agréable, ne laiſſa pas d'eſtre imitée par GUIDE.
beaucoup d'autres Peintres. Sur l'eſtime
& la réputation que luy donnoient ceux de
ſon parti, il y eut meſme des perſonnes de
qualité qui voulurent bien trouver beau ce
qu'il faiſoit. Le Cardinal del Monte, le Marquis Juſtinien, le Seigneur Mattei, & pluſieurs autres des plus curieux, luy firent faire
des ouvrages conſidérables, & ſe déclarérent ſes protecteurs. Alors une infinité de
particuliers vouloient avoir quelques tableaux de ſa main; & comme l'on en tranſportoit en divers endroits, il y en eut quelques-uns que l'on envoya à Bologne.

Louïs Carache qui fut des premiers qui
les vit, fut ſurpris quand il les eut bien conſiderez. Il admira le pouvoir de la fortune,
qui rend aveugles comme elle ceux qu'elle
veut empeſcher de nuire aux perſonnes qu'elle
entreprend de favoriſer ; s'étonnant de ce
que tant de gens ne voyoient pas combien
les ouvrages du Caravage eſtoient au deſſous
de l'eſtime qu'on en faiſoit. Car il eſtoit aiſé de
connoiſtre qu'il y avoit ſeulement un contraſte de lumiéres & d'ombres, & une exactitude trop grande à repréſenter la nature telle
qu'elle eſt ; mais qu'il n'y avoit ny bien-

séance, ny grace, & encore moins d'intelligence & de beau choix. Pour Annibal, il ne pouvoit se taire, ny ne pas se plaindre de ceux qui contribuoient à la ruïne entiére de ce qu'on nomme le bon goust dans la Peinture, en favorisant cette nouvelle maniére de peindre. Où sont, disoit-il, ces ouvrages dont l'on parle avec tant d'admiration ? Je ne voy rien dans ces tableaux qu'on nous presente, que des marques d'une nouveauté qui ne merite aucune loüange. Je ne doute plus que tous les Peintres, qui sans avoir étudié & vu les bonnes choses, voudront inventer & mettre au jour quelque nouvelle maniére, ne trouvent un semblable sort, & ne reçoivent de pareils applaudissemens. Puis faisant réflexion sur les differens jugemens des hommes, & combien ils sont bizarres & capables de changemens : Il me semble, ajoûtoit-il, qu'on pourroit se servir d'un autre moyen tres-assuré pour mortifier l'auteur de cette nouveauté, & mesme pour détruire sa réputation. Pour cela je ne voudrois que faire des tableaux qui fussent traitez d'une maniére toute contraire à la sienne. A son coloris si fier & si fort, j'en opposerois un tout-à-fait tendre & foible. Au lieu qu'il
se

ET LES OUVRAGES DES PEINTRES. 193

se sert de jours enfermez, & qui tombent d'enhaut sur les corps qu'ils éclairent, j'exposerois toutes les figures en plein air, & éclairées de face. Et bien loin de cacher, comme il fait, tout le travail d'un ouvrage, & les choses les plus difficiles de l'Art dans l'obscurité & sous les ombres de la nuit, je peindrois mes figures dans le grand jour, pour faire mieux voir avec combien de soin & d'étude j'en aurois recherché toutes les parties. Il prend à tasche de représenter tout ce qu'il voit dans la Nature, & de la peindre comme elle se présente à luy, sans choisir ce qu'il y a de plus beau & de plus exquis; & je voudrois au contraire, faire un choix tout particulier de ce qu'il y a de plus parfait dans tous les corps; n'en peindre que les plus belles parties; en composer un beau tout, donnant à mes figures une belle union & une noblesse, qui ne se trouve que rarement dans la Nature.

Lorsqu'Annibal s'entretenoit de la sorte avec ses amis, à la vûë des ouvrages du Caravage, le Guide qui estoit present, écoutoit avec attention les discours & les remarques de son maistre, qui luy sembloient comme autant d'oracles, dont il tira des lumiéres & des in-

Bb

structions qui luy furent tres-avantageuses dans la suite. Car aprés avoir medité sur les observations qu'Annibal avoit faites, il se mit si bien en état de pratiquer ce qu'il luy avoit entendu dire, que par son grand soin & ses continuelles études, il trouva moyen de rencherir sur les remarques & les maximes de son maistre, & de mettre cette nouvelle maniére de peindre, dont il luy avoit entendu parler, à un tel degré, & si opposée à celle du Caravage, qu'il eut l'avantage de se rendre le plus agréable, & le plus heureux de ceux qui travailloient alors.

Le premier essay qu'il en fit, fut par un tableau où il représenta Orphée & Eurydice, & ensuite par un autre, où il peignit la fable de Calisto. Comme cette maniére estoit si différente & si opposée à l'Ecole du Caravage, le Guide se vit bien-tost attaqué par la jalousie & par l'envie du parti contraire au sien, qui blâmoit tout ce qu'il faisoit, comme un renversement de ce que les sectateurs du Caravage nommoient la force & le bon goust de la Peinture.

Cela ne le rebuta pas : il crut, que comme la lumiére du jour est plus agréable que les ténebres de la nuit, la maniére claire &

gracieuse, dont il se servoit dans ses ouvra- LE GUIDE. ges, deviendroit bien-tost plus plaisante à tout le monde, que cette autre si obscure & presque difforme, qui paroissoit dans les tableaux qu'on luy opposoit. En effet, aprés avoir courageusement resisté à toutes sortes de contradictions, il se trouva recherché pour les plus grands emplois, en concurrence de tous les autres Peintres.

Lorsqu'il commença à travailler à fraisque, il ne fit point de difficulté de se soûmettre d'abord à des Peintres qui luy estoient beaucoup inferieurs en sçavoir; afin d'apprendre d'eux la pratique de ce travail tout different de celuy à huile. Il fut bien aise qu'on luy montrât la maniére de mesler les couleurs, de les employer en sorte qu'elles conservent leur fraîcheur & leur beauté; de connoistre le moment propre pour les coucher sur l'enduit; apprendre à bien juger des divers changemens qui arrivent dans les teintes à mesure qu'elles seichent, & des différens effets qu'elles peuvent produire par le mélange des unes avec les autres; & tout cela tres-necessaire à un Peintre soigneux de la beauté & de la conservation de ses ouvrages. Aussi aprés s'en estre bien instruit, il

Bb ij

LE GUIDE. réüssit si bien dans ce genre de peinture, que sa reputation augmentant de jour en jour, on ne parloit plus que de luy, non seulement dans son pays, mais encore à Rome, où il avoit envoyé au Cardinal Facchinetti, qu'on appelloit *Santi Quatro*, la copie qu'il avoit faite de la Sainte Cecile de Raphaël; & au Cardinal Sfondrato deux autres tableaux de son invention, que le Cavalier Josephpin, Gaspard Celio, & le Pomerancio, Peintres alors considérez dans la Cour du Pape, avoient beaucoup estimez.

La récompense & les loüanges qu'il en reçût, augmentérent le desir qu'il avoit d'aller à Rome, pour voir Annibal Carache qui travailloit à la gallerie du Palais Farnése. De sorte que les conseils de l'Albane, & les lettres de Josephpin, qui le convioient à faire ce voyage, le firent aisément résoudre à partir.

Estant arrivé à Rome avec l'Albane, il fut favorablement reçu de Josephpin, qui pour l'opposer au Caravage son ennemy declaré, faisoit tout son possible pour luy procurer les emplois qu'il sçavoit qu'on destinoit au Caravage, comme il arriva en effet, au sujet d'un tableau du martyre de Saint

ET LES OUVRAGES DES PEINTRES. 197
Pierre. Pour obtenir ce travail, Josephpin LE GUIDE.
promit au Cardinal Borghése, que le Guide
prendroit la maniére du Caravage, & le feroit dans ce goust fort & obscur qui plaisoit
alors ; ce qu'effectivement il exécuta, mais
d'une disposition noble, & d'un dessein excellent.

Annibal ne fut point aise de voir le Guide
si proche de luy, & ne put mesme s'empêcher de le témoigner à l'Albane, qui l'avoit
amené à Rome. Mais le Caravage plus que
tout autre, en fut extraordinairement touché, craignant que la nouvelle maniére du
Guide si opposée à la sienne, & beaucoup plus
agréable, ne le décréditât entiérement. Non
seulement il parloit mal du Guide & de ses
ouvrages dans tous les lieux où il se rencontroit, mais ajoûtoit encore les menaces aux
injures; & si le Guide n'eût esté plus sage &
plus retenu que le Caravage, ils eussent sans
doute eu de grands démeslez. Mais plus le
dernier avoit d'emportement & de colére,
& plus le Guide témoignoit de modération
& de douceur; Et ce fut par ce moyen qu'il
évita dans beaucoup de rencontres les effets
de sa brutalité.

Il n'est pas necessaire de nous arrester

B b iij

LE GUIDE. à tous les différens que le Guide eut avec le Caravage & ceux de son parti, & mesme ensuite avec l'Albane & quelques autres Peintres. Il est presque impossible que l'émulation qui se trouve entre les sçavans ouvriers, ne produise enfin une haine qui ne finit jamais.

Parlons donc seulement des principaux ouvrages du Guide, & laissons aux Auteurs d'Italie à écrire plus en détail toutes ses actions, & celles des autres Peintres de leur pays, comme a fait depuis peu avec beaucoup de soin le Comte Malvasia.

Le Guide avoit fait plusieurs tableaux dans Rome ; il avoit travaillé pour le Pape Paul V. mais les mauvais offices de ses ennemis, ayant empêché qu'il n'en reçût tout l'honneur & la récompense qu'il esperoit, il retourna à Bologne, où entre autres ouvrages il fit le martyre des Innocens qui a esté gravé à l'eau-forte par deux différens maistres. Il fit ce tableau, pour desabuser ceux qui croyoient qu'il n'estoit pas capable de mettre ensemble plusieurs figures. Cét ouvrage où il prit beaucoup de soin, fut si estimé, que le Cavalier Marin, pour le rendre encore plus célebre, composa un madrigal que je n'ay

ET LES OUVRAGES DES PEINTRES. 199
pas oublié, & que vous ne serez pas fâché LE GUIDE.
d'entendre.

> *Che fai, Guido, che fai?*
> *La man che forme ageliche depigne,*
> *Tratta hor opre sanguigne?*
> *Non vedi tu, che mentre il sanguinoso*
> *Stuol de' fanciulli rauvivando vai,*
> *Nova morte gli dai?*
> *O nella crudeltate anco pietoso*
> *Fabro gentil, ben fai,*
> *Ch'ancor tragico caso e caro ogetto,*
> *E che spesso l'horror va col diletto.*

La pensée du Poëte est belle, dit Pymandre, & se rapporte à ce que dit Aristote, que l'Art a cela de particulier, de rendre agréable ce qui feroit horreur dans la Nature, comme lorsqu'on représente des sujets de cruauté, ou des objets hideux, qui ne déplaisent point en Peinture.

Cependant, le Pape, repris-je, qui s'attendoit de voir quelques nouveaux ouvrages du Guide, ayant appris que non seulement il ne travailloit pas, mais mesme qu'il n'étoit plus à Rome, voulut sçavoir le sujet de son départ; & en ayant esté pleinement informé, il fit écrire au Nonce qui estoit à

LE GUIDE. Bologne, qu'il eût à le renvoyer. On eut assez de peine à y faire résoudre le Guide; toutefois, aprés avoir fait beaucoup de difficulté, il retourna à Rome. Le Pape le reçût agréablement, & ordonna qu'on le traitast de sorte qu'il n'eût pas sujet d'estre mécontent.

Je ne m'arresteray point à vous parler des ouvrages qu'il fit pendant qu'il demeura à Rome: je m'assure que vous n'avez pas perdu la memoire des plus considérables que nous y avons vûs ensemble. Je vous diray seulement, qu'aprés avoir achevé de peindre la Chapelle du Pape à Montecavallo, il s'en retourna à Bologne, où il se mit à travailler encore plus qu'auparavant, parce qu'il se trouvoit plus en repos & en liberté qu'il n'estoit à Rome. Il avoit l'amitié de tout le monde, & ses tableaux estoient si recherchez, que pour en avoir, il faloit les luy payer long-temps auparavant.

Ce fut alors qu'il fit pour le Duc de Mantouë ces quatre tableaux des travaux d'Hercules, qui sont dans le cabinet du Roy. Il peignit aussi pour le Duc de Baviére une Venus; pour le Roy d'Angleterre, Europe ravie; pour le Duc de Savoye, les trois Graces

ces qui couronnent Venus. Il fit pour le Roy d'Espagne une Vierge, dans le mesme temps qu'il envoya à la Reine Marie de Médicis ce beau tableau de l'Annonciation, qui est à Paris au grand Convent des Carmelites ; il fit ensuite le Saint Michel que vous avez vû à Rome dans l'Eglise des Capucins.

Je m'en souviens, interrompit alors Pymandre, & c'est un des tableaux du Guide, qui m'est le plus demeuré dans l'esprit, à cause que le Demon qui est sous les pieds de l'Ange, ressembloit au Pape Innocent X. & l'on me dit aussi alors, que le Guide l'avoit fait exprés, pour se venger de luy, pendant qu'il n'estoit que Cardinal.

Il est vray, repartis-je, qu'il eut quelque sujet de n'estre pas content du Cardinal Pamphile, & qu'ensuite ayant fait pour le Cardinal de San-Onofrio, frere d'Urbain VIII. un tableau de Saint Michel pour l'Eglise des Capucins de Rome, on dit qu'il prit occasion en peignant le Diable abattu sous les pieds de Saint Michel, de faire que le visage du Demon eût quelque ressemblance à celuy du Cardinal Pamphile ; mais le Guide, selon

LE GUIDE. que le témoigne le Comte Malvasia, bien-loin d'avoir eu cette pensée, fut fort fâché du bruit qui en courut alors, & qui neanmoins a toûjours duré depuis.

Quoy qu'il en soit, vous pouvez bien croire qu'il n'eût eu garde de l'avouër. Cependant le tableau a toûjours esté regardé à cause de cela avec curiosité : & vous dites vous-mesme que cette circonstance vous en a conservé la memoire, parce que la satyre & la médisance s'insinuënt & demeurent dans l'esprit plus aisément que les bonnes choses.

Comme il faisoit alors un grand nombre de tableaux, & qu'il en estoit bien payé, il amassoit beaucoup d'argent : car non seulement les plus grands Seigneurs & les personnes les plus riches vouloient en avoir de sa main, mais encore quantité de curieux & de Peintres mesmes, non seulement par l'estime qu'ils avoient pour luy, mais encore par leur interest particulier, parce qu'ils trouvoient beaucoup à gagner, lorsqu'ils vouloient s'en défaire. Aussi plusieurs sur cette esperance, & pour en trafiquer, le faisoient travailler, & faisoient un gain considérable, en revendant les tableaux qu'ils

ET LES OUVRAGES DES PEINTRES. 203
avoient de sa main, & mesme plusieurs au- LE GUIDE.
tres qu'il n'avoit que retouchez, & qu'ils
achetoient de ses Eléves. Car comme il avoit
un nombre assez considérable de jeunes gens
qui travailloient sous luy, & qui copioient
de ses ouvrages, il ne refusoit pas, en leur
donnant des enseignemens, de donner aussi
assez souvent quelques coups de pinceau à
ce qu'ils avoient fait. C'est-pourquoy on
voit plusieurs tableaux, qui passent pour
estre entiérement de sa main, qui ne sont
que des copies de ses disciples. Il est vray
qu'il fut toûjours assez équitable, pour n'en
donner jamais aucun pour estre de luy, qui
ne le fût en effet, plus scrupuleux en cela,
& plus jaloux de sa gloire, que le Titien, qui,
comme je croy vous avoir dit, retiroit souvent de ses Eléves les copies qu'ils avoient
faites d'aprés luy, lesquelles il retouchoit,
& vendoit pour originaux.

Quant au Guide, bien-loin d'en vouloir
user de la sorte, il estoit fâché, lorsqu'il apprenoit qu'avec des copies de ses ouvrages,
on faisoit de pareilles suppositions. Et il est
certain qu'il auroit fini ses jours avec beaucoup d'honneur, & fort accommodé des
biens de la fortune, si dans les derniéres an-

Cc ij

nées de sa vie il ne se fût point abandonné au jeu. Mais cette passion qui devint excessive, luy fit presque perdre tout le grand amour qu'il avoit pour la Peinture, & en mesme temps cette reputation dont il estoit si jaloux auparavant. Car les pertes considérables qu'il fit, l'ayant reduit à une telle necessité, qu'il ne pouvoit comment satisfaire à ses dettes ; il se mit, pour tirer de l'argent plus promptement, à ne plus peindre que des demy-figures ; à faire des testes au premier coup, & à finir à la haste des tableaux d'histoire qu'il avoit commencez. Il emprunta de l'argent à gros interest ; il donna à vil prix tout ce qu'il avoit de fait, & ce qu'il faisoit journellement, & mesme se reduisit comme un simple mercenaire, à travailler à la journée, & à mettre prix à ses heures ; ne songeant plus à rendre ses tableaux considérables par l'étude & par le travail, il les abandonnoit au Public, sous la protection seule de son nom, & de l'estime qu'il s'estoit acquise.

Un si grand changement de fortune causa beaucoup de troubles dans son esprit, altera sa santé, renversa toutes ses affaires ; enfin, pour vous abreger le recit d'une vie qui n'a-

ET LES OUVRAGES DES PEINTRES. 205
voit plus rien que de fâcheux & de desa- LE GUIDE. gréable, le Guide la finit par une maladie langoureuse & incommode, qui luy donna la mort le 18. Aouſt 1642. dans la ſoixante-ſeptiéme année de ſon âge.

Outre les tableaux que je vous ay déja dit qu'on voit de ſa main à Paris, il y en a encore pluſieurs autres, ſoit dans le cabinet du Roy, ſoit chez pluſieurs perſonnes de qualité. Un des plus conſidérables eſt dans la gallerie de M. de la Vrilliére, Secretaire d'Etat. C'eſt le raviſſement d'Helene, que le Guide avoit fait avec beaucoup de ſoin, pour le Roy d'Eſpagne, à la ſollicitation de ſon Ambaſſadeur, & aux preſſantes recommandations du Cardinal Barberin. Lorſque le Guide l'eut envoyé à Rome, n'ayant pas trouvé dans les Miniſtres d'Eſpagne une diſpoſition à le récompenſer genereuſement de ſon travail, il le fit reporter à Bologne. Un Marchand de Lyon l'acheta pour la Reine Marie de Médicis; mais comme dans ce meſme temps elle ſortit de France, & ſe retira dans les Pays-Bas, ce tableau demeura entre les mains du Marchand, qui quelques années aprés le vendit à M. de la Vrilliére. Cét ouvrage a paſſé pour un des plus beaux

LE GUIDE. que le Guide ait faits. Lorsqu'il l'eut achevé, tous ses amis, & les plus intelligens en Peinture le virent & l'admirérent ; & il n'y eut point de Poëtes & de sçavans hommes à Bologne, qui ne composassent des vers à l'honneur du Peintre & du tableau, & n'en fissent une honorable mention dans leurs ouvrages. Il est vray qu'il ne se peut rien voir de plus noble & de plus gracieux, que les airs de testes de toutes les figures, particuliérement celle de Pâris & d'Helene, qu'il avoit étudiées avec beaucoup de soin.

La rencontre des affaires & la disposition des temps avoit aussi fait tomber entre les mains de M. d'Emery, Sur-Intendant des Finances, un tableau où ce sçavant Peintre avoit représenté Bacchus, qui rencontre Ariadne sur le bord de la mer, abandonnée par Thesée. Le Cardinal Barberin l'avoit fait faire pour la Reine d'Angleterre. Il estoit composé de prés de vingt figures, dont les expressions & les airs de testes estoient admirables ; mais trop de beautez découvertes, qui avoient fait admirer ce tableau en Italie, furent cause de sa perte en France. Si-tost que M. d'Emery fut mort, Madame d'Emery peu touchée du merite du LE GUIDE. Peintre & de l'excellence de l'ouvrage, ne put souffrir davantage chez elle les nuditez qu'elle avoit vûës avec peine dans ce tableau; & ayant commandé qu'on le mît en piéces, elle fut si ponctuellement obéïe, que ses domestiques le mirent par morceaux, sans épargner aucune figure.

Il est vray, dit alors Pymandre, que le Guide estoit incomparable pour donner de la grace aux visages; & je croy qu'en cela il y a eu peu de Peintres qui l'ayent égalé. Je me représente toûjours ces deux petits tableaux où il a peint la Vierge qui coud, dont l'une qui est au Palais Mazarin, est vestuë de blanc, & l'autre que M. le Marquis de Fontenay apporta de Rome, est vestuë de rouge. On voit dans l'une & dans l'autre tant de grace & de douceur, qu'il est mal-aisé de rien imaginer, qui représente mieux une beauté & une modestie conforme à celle qu'on doit peindre sur le visage de la Sainte Vierge.

Pymandre ayant cessé de parler, Je ne m'arresteray pas, repris-je, à vous entretenir davantage touchant les autres tableaux de ce Maistre qui sont à Paris: vous en verrez de luy de trois maniéres. La premiére estoit la plus forte, lorsqu'il imitoit Loüis Carache son maistre; la seconde plus agréable; & la troisiéme fort negligée, par les raisons que je vous ay marquées de sa passion pour le jeu. Ainsi il paroist souvent dans ses ouvrages fort différent de luy-mesme.

Si autrefois en parlant de l'éloquence des Grecs, on a dit que la grace & la persuasion reposoient sur les levres de Periclés; & que ses discours estoient des éclairs & des foudres; on auroit bien pu dire aussi au sujet de la Peinture, & des Eléves des Caraches, que la beauté & la grace sembloient estre au bout des doigts du Guide, lorsqu'il travailloit; & qu'elles en partoient pour se reposer sur les figures qu'il animoit par son pinceau. Mais si l'on vouloit achever la comparaison, on ne trouveroit pas dans les tableaux qu'il a faits, de quoy convenir à ces foudres & à ces éclairs, qui partoient de la bouche de ce grand Orateur. Si quelqu'un des disciples d'Annibal a fait paroître dans sa maniére de peindre quelque chose de fort & de terrible, ç'a esté Lanfranc. Car on peut dire que dans les grands ouvrages de Peinture, le Guide & luy ont partagé ce qui regarde la beauté & la force du pinceau; c'est-à-dire, deux grandes

ET LES OUVRAGES DES PEINTRES. 209
grandes parties qui se trouvoient jointes en- LE GUIDE.
semble dans l'éloquence de Periclés.

Comme naturellement la douceur & la grace plaisent aux yeux, & gagnent le cœur plus promptement que la force & la grandeur ne touche l'esprit; il ne faut pas s'étonner si les tableaux du Guide ont esté mieux receûs que ceux de Lanfranc. Cependant si ce dernier n'a pas eu le bonheur d'estre si recherché de tout le monde, il a eu assez de sçavoir pour faire des ouvrages qui luy ont acquis une grande estime parmy les Sçavans, & qui conserveront long-temps son nom à la Posterité.

Nous avons déja en plusieurs rencontres remarqué combien la nature est puissante à déterminer les hommes à divers emplois. JEAN LANFRANC estoit un jeune garçon né à JEAN LANFRANC. Parme, que la pauvreté de ses parens contraignit d'aller à Piazenza, & d'entrer au service du Comte Horace Scotti. Ce fut là qu'il commença à faire connoistre l'inclination qu'il avoit pour le Dessein, en traçant avec du charbon mille fantaisies contre les murailles. Son genie se trouvoit déja trop resserré, lorsqu'il ne desseignoit que sur quelques feuilles de papier : il cherchoit des espaces

Dd

plus vastes pour étendre ses pensées ; de sorte qu'un jour ayant fait une espece de frise autour d'une chambre avec du blanc & du noir, où, à dire vray, il y avoit plus d'imagination que de dessein ; le Comte Scotti s'en estant apperçû, & jugeant aussi-tost des dispositions qu'il avoit pour réüssir dans la Peinture, il l'encouragea à continuer ; & afin qu'il pûst étudier plus solidement, le mit sous Augustin Carache. Alors il donna, pour ainsi dire, carriére à son esprit, & en desseignant ensuite, aprés les tableaux du Corrége, qui sont au Dome de Parme, il se forma une maniére grande & terrible, qu'il a mise en pratique dans les ouvrages que l'on voit de luy.

Il n'avoit qu'environ vingt-un ans, lorsqu'Augustin Carache mourut ; & ce fut depuis cette mort qu'il s'en alla à Rome, où il se mit sous Annibal, qui travailloit encore alors au Palais Farnése. Lanfranc y peignit en plusieurs endroits, ne laissant pas néantmoins d'étudier aussi d'aprés les Peintures de Raphaël. Il grava à l'eau-forte avec Sixte Badalocchio les loges du Vatican, qu'ils dediérent à Annibal, comme je croy vous l'avoir dit. Il peignit ensuite plusieurs sujets à fraisque pour le Cardinal Sannése.

ET LES OUVRAGES DES PEINTRES. 211

Aprés la mort d'Annibal, Lanfranc retourna en son pays, où il demeura quelques années, puis revint à Rome, où d'abord il fit pour les Religieuses de Saint Joseph, un tableau qui luy donna beaucoup de reputation. Il peignit aussi à Saint Augustin dans la voûte d'une Chapelle, l'Assomption de la Vierge; & aux costez de la mesme Chapelle il représenta differens sujets. Il travailla à Sainte Marie Major, & à Montecavalle pour le Pape Paul V. Enfin le Cardinal Montalte estant venu à mourir, il se mit si bien dans les bonnes graces de l'Abbé Peretti & des Peres Théatins, qu'il obtint la coupole de Saint André de Laval, au grand déplaisir du Dominiquin. Vous avez vû cét ouvrage, qui dans ce genre est asseurément un des plus considérables qui soit à Rome; c'est une chose surprenante de voir comment toutes les figures, dont les plus proches ont trente palmes de haut, sont bien proportionnées, & diminuënt si conformément à leurs differentes positions, à leurs racourcissemens & à leurs distances. Cette coupe paroist dans son ouverture, d'une largeur si extraordinaire, qu'elle représente un grand espace de ciel, où la vûë se porte insensiblement jusqu'au plus haut de la Gloire.

D d ij

Au milieu de cette Gloire paroiſt l'Humanité adorable de JESUS-CHRIST, qui eſt la ſource de toute la lumiére, qui ſe répand, & qui éclaire les corps qui ſont dans ce grand ouvrage, dont l'harmonie des couleurs & des lumiéres eſt conduite d'une maniére qu'on ne voit point dans de pareils ſujets.

Je ne vous parleray point de toutes les autres choſes qu'il fit à Rome dans pluſieurs Egliſes & en divers Palais, ny du tableau qu'il donna au Pape Urbain VIII. lorſqu'il le fit Chevalier, ny encore de tout ce qu'il a peint en pluſieurs villes d'Italie.

Il partit de Naples en 1646. où il travailloit, pour venir à Rome aſſiſter à la Profeſſion d'une de ſes filles qui ſe faiſoit Religieuſe; & comme l'année ſuivante les Royaumes de Naples & de Sicile furent troublez par les revoltes du peuple contre les Eſpagnols, il demeura à Rome, où il entreprit les ouvrages de Saint Charles des Catinares. Ce fut là que je le connus, & que je pris plaiſir pluſieurs fois de monter ſur ſon échaffaut pour le voir travailler à ces grandes figures, où de prés on ne pouvoit rien connoiſtre, mais qui d'en bas faiſoient des effets merveilleux. Je commençay alors à comprendre, qu'outre l'intelligence de la Perspective necessaire aux Peintres, & l'art de bien desseigner les choses racourcies, il y a encore d'autres secrets dans la Peinture, & une science plus difficile, qui ne se peut enseigner par des regles, mais qui sert à bien disposer toutes les figures, & à accompagner leurs attitudes & leurs actions, de cét air agréable qu'on remarque particuliérement dans ces sortes d'ouvrages, où le Corrége & Lanfranc ont si bien réüssi.

Car il est vray, que c'est dans ces lieux si vastes, plus que dans les tableaux de moyenne grandeur, que Lanfranc a excellé. On y voit comment il a toûjours eu dessein d'imiter le Corrége ; & quoy-que dans l'exécution il s'en faille beaucoup, qu'il n'ait peint d'une maniére aussi belle & aussi terminée, il y a néantmoins beaucoup de force dans ce qu'il a fait, & l'on connoist qu'il a toûjours conservé le caractére & le goust des Caraches ses premiers maistres.

Comme il ne finissoit pas si fort ses Peintures, ou plûtost qu'il ne les peignoit pas dans ce degré où sont ceux du Corrége ; c'est dans les grandes choses & les grandes distances où son coloris paroist avec plus d'effet : aussi disoit-il ordinairement, que l'air luy aidoit à peindre ses ouvrages.

On ne peut pas soûtenir qu'il ait toûjours esté fort correct dans le Dessein, ny qu'il ait parfaitement exprimé les passions de l'ame. Mais il avoit une facilité toute particuliére à composer un grand sujet ; & comme il imaginoit aisément, il estoit aussi fort prompt à exécuter ses pensées. Cette grande facilité de produire & d'exprimer ses conceptions, estoit cause, que bien souvent il ne se donnoit pas la peine d'étudier assez toutes les parties de ses ouvrages. Aussi sur ses derniers jours, & pendant qu'il estoit à Naples, il s'abandonnoit avec trop de liberté à ne faire les choses que de pratique ; ce qui faisoit dire de luy, qu'il estoit sçavant, mais qu'il negligeoit de faire voir tout ce qu'il sçavoit. Il acheva en six mois de temps ce qu'il avoit entrepris à Saint Charles des Catinares. On découvrit ces Peintures le jour de la feste de ce Saint l'an 1647. qui est le 29. Novembre ; & ce mesme jour Lanfranc mourut âgé de soixante-six ans.

Les mesmes desordres de Naples avoient aussi obligé CHARLES MESLIN, dit LE LORRAIN, de se retirer à Rome. Je croy vous avoir dit qu'il estoit disciple de Voüet. Il estoit en reputation d'un tres-excellent

Peintre; & pendant qu'il estoit à Rome, il me fit voir de ses derniers ouvrages, qui me parurent tres-beaux. Ils me donnérent lieu de considérer plus exactement que je n'avois fait, ce qu'il avoit peint long-temps auparavant dans le Cloistre des Minimes de la Trinité du Mont, & dans une Chapelle à Saint Louis des François. Le lieu où il a travaillé davantage, est à Naples. Aprés avoir demeuré deux ou trois ans à Rome, il alla achever quelques ouvrages qu'il avoit commencez à Mont-Cassin, où il a peint un Cloistre; & peu de temps aprés il mourut, estant de retour à Rome.

JEAN BENEDICT CASTILLON, qu'on nomme ordinairement LE BENEDETTE ou le Genovése, mourut à Mantouë vers ces temps-là. Il estoit de Gennes, & d'honneste famille. Il apprit les principes de la Peinture de Jean Baptiste Paggi, Peintre fort consideré des Gennois; & ensuite il suivit les enseignemens d'un Ferrari, & d'Antoine Vandéik, qui travailloient alors à Gennes. Le Benedette n'aimoit pas à demeurer long-temps dans un mesme lieu; c'est-pourquoy il a peint à Rome, à Naples, à Venise, à Parme, à Mantouë, & en plusieurs autres villes où il a fait quantité de tableaux. Il y en a plusieurs à

Paris que vous pouvez voir. Sa maniére est assez particuliére, & il paroist dans son coloris quelque chose de petillant qui touche les yeux. Il eut pour disciple son fils nommé François, & un frere appellé Salvator.

Un peu aprés luy moururent VANUDE Romain, qui faisoit assez bien le paysage; MONTAGNE de Venise, qui a parfaitement peint des mers & des naufrages; LA MARE François, qui faisoit des portraits; & PIETRE TESTE, dont l'humeur bizarre & capricieuse se voit dans tous les ouvrages qu'il a faits. Cét homme avoit le genie de la Peinture, beaucoup d'imagination, & une grande facilité à représenter ce qu'il avoit imaginé. Mais comme il exécutoit les choses aussi-tost qu'il les avoit pensées, il semble qu'il ait pris plaisir à représenter des songes & des visions plûtost que des veritez; la raison ny le jugement n'ayant aucune part dans ce que l'on voit de luy. Cependant comme il y a des songes qui plaisent si fort, que souvent on a regret en s'éveillant de se voir privé du plaisir qu'on y recevoit: de mesme il y a des tableaux de Piétre Teste, qui, quelque bizarres qu'ils soient, ne laissent pas d'agréer aux yeux, & de réjoüir l'esprit; mais il ne faut pas

les

ET LES OUVRAGES DES PEINTRES. 217
les regarder trop long-temps, & moins encore les examiner avec severité. Aussi une personne tres-judicieuse, en me parlant un jour de ce Peintre, me disoit qu'on pourroit le comparer à un certain Anaximene, dont Theocrite dit qu'il avoit un fleuve de paroles, où il n'y avoit pas une goutte de sens & de jugement.

Je veux croire, interrompit Pymandre, qu'il estoit mieux seant à cette personne qui vous parloit, de juger de Pietre Teste, qu'à Theocrite de blâmer Anaximene. Je ne sçay si vous sçavez que ce Theocrite n'estoit pas celuy dont Virgile a imité les ouvrages; mais un autre auquel Antigonus fit perdre la vie à cause d'une méchante raillerie qui luy échappa, & qui fit voir qu'il n'avoit pas luy-mesme tout le jugement qui luy estoit necessaire. Car comme on le menoit devant ce Roy qui vouloit bien luy pardonner quelque faute qu'il avoit commise, & comme ses amis pour le rassûrer, luy promettoient qu'Antigonus luy donneroit sa grace, si-tost qu'il paroistroit devant ses yeux : S'il faut pour cela, leur dit-il, que je paroisse devant ses yeux, vous me faites esperer une grace impossible; voulant par là

E e

luy reprocher qu'il estoit borgne. Et cette raillerie faite mal à propos luy coûta la vie, que le Roy avoit promis de luy donner.

Il est toûjours dangereux, repartis-je, de vouloir faire paroistre son esprit, s'il n'est accompagné de jugement. Mais il est vray que cette derniere partie manque en bien des gens qui ne laissent pas de se sauver, quand ils n'ont pas à faire à des personnes trop puissantes, ou sensibles aux injures. Outre la facilité & le plaisir que Pietre Teste avoit à representer ces differentes imaginations; il aimoit encore à peindre des sujets satyriques, ayant quelquefois representé des Peintres de son temps sous des figures d'animaux, dont il leur attribuoit les qualitez. Il a gravé luy-mesme à l'eau forte plusieurs de ses desseins. Tous les hommes ayant des inclinations differentes, les ouvrages de Pietre Teste ne laissoient pas d'estre bien vendus, pendant que j'estois en Italie : parce que comme il y a deux souveraines qualitez dans la Peinture, l'une d'instruire, & l'autre de plaire ; un Peintre qui a le don de faire des choses divertissantes, trouve toûjours un grand nombre de personnes qui ne cherchent qu'à estre touchées agreablement, &

PIETRE TESTE.
Sic importuna urbanitas male dicacem luce privavit. Macrob. 7. Satur.

ET LES OUVRAGES DES PEINTRES. 219

ne se soucient pas tant de ce qui pourroit leur estre d'une plus grande utilité. *PIETRE TESTE.*

C'est ce qui fait que l'on a encore aujourd'huy beaucoup d'estime pour les tableaux de L'ALBANE, quoy-qu'il ne fust pas un *L'ALBANE.* des plus forts Eléves des Caraches. Nous avons déja parlé de luy en diverses occasions; toutefois je ne laisseray pas de vous dire ce qui regarde sa naissance, & quelque chose de sa vie. Son pere qui faisoit trafic de soye à Bologne, eut entre autres enfans Dominique & François. Le premier qui étudia le Droit, se rendit assez considerable par sa doctrine; & François qui ne voulut pas s'appliquer à la Marchandise, comme ses parens eussent bien souhaité, s'adonna entiérement à la Peinture, aussi-tost que son pere fut mort, n'estant encore âgé que de douze ans. Il reüssit si bien dés les commencemens, qu'il donna de grandes esperances de ce qu'on a vû de luy dans la suite. Il étudia d'abord sous Denys Calvart, chez qui demeuroit le Guide, qui estant déja assez avancé, servit de second Maistre à l'Albane, & luy enseigna les principes du Dessein.

Lorsque le Guide eut quitté Calvart pour suivre l'école des Caraches, l'Albane s'ap-

E e ij

L'ALBANE. perçût bien de la perte qu'il faisoit, se trouvant privé du secours de son amy, dont les bons avis ne luy estoient pas peu utiles. Souhaitant de le rejoindre, il fit si bien, que quelque temps aprés il entra aussi sous Loüis Carache. Cependant cette amitié si forte qui estoit entre le Guide & l'Albane, ne dura pas toûjours. La froideur se mit insensiblement parmy eux, & on n'a pû en trouver d'autre cause, que la jalousie qui naist aisément entre les personnes de mesme profession, à mesure que leur reputation augmente. Je ne m'arresteray pas à vous dire, ce qui porta l'Albane à aller à Rome, les ouvrages qu'il y fit, & comment il s'y maria : vous sçaurez seulement, qu'ayant perdu la femme qu'il y avoit prise, il en épousa une autre à Boulogne, qui estoit d'honneste famille, mais qui n'avoit pas beaucoup de bien. Sa beauté, son esprit & son merite empescherent l'Albane de s'arrester à l'interest. Il luy sembla que ce party luy seroit d'autant plus avantageux, qu'outre qu'il auroit la satisfaction d'avoir une femme tres-accomplie, il trouveroit en elle un modéle d'une grande beauté, qui pourroit luy servir pour ses ouvrages, sans

en chercher d'autres, quand il voudroit pein- L'ALBANE
dre une Venus, les Graces, des Nymphes ou
d'autres Divinitez qu'il prenoit souvent plaisir de représenter.

Le choix qu'il avoit fait, luy réüssit; & sa femme se trouva si propre à ce qu'il souhaitoit, qu'avec la fraischeur de son âge & la beauté de son corps, il y reconnut tant d'honnesteté, tant de graces & des maniéres de bienseance si propres à estre peintes, qu'il n'eust pû rencontrer ailleurs une personne plus accomplie. Aussi l'a-t-il représentée souvent sous la figure de Venus; & dans la suite elle luy fournit un nombre assez grand de petits Amours si beaux & si bien faits, que c'est d'aprés eux que François le Flamand & l'Algarde, excellens Sculpteurs, ont modélé les petits enfans que l'on voit de la main de ces deux sçavans hommes. De sorte que l'Albane trouvoit chez luy en sa femme & en ses enfans les originaux de tout ce qu'il a peint de plus agréable & de plus gracieux. Sa femme se conformoit de telle maniére à ses intentions, qu'elle prenoit plaisir de disposer ses enfans en diverses attitudes, & de les tenir elle-mesme nuds, & quelquefois suspendus en l'air par des bandelettes, pendant que l'Albane les desseignoit en mille differentes maniéres.

C'est par le moyen des études & des observations qu'il faisoit de la sorte sur le naturel, qu'il a si bien peint tant de petits Amours, qui jouënt & qui volent, lorsqu'en se formant mille idées de lieux plaisans & delicieux, il a représenté Venus accompagnée des Graces & de quelques Nymphes. Et c'est aussi particuliérement dans ces sortes de sujets, qu'on voit la beauté de son genie. Pour s'entretenir dans ces pensées & dans l'inclination qu'il avoit à representer les Fables, il lisoit toutes sortes de Poësies. Le Comte Malvasia qui a fait une exacte recherche de ce qui regarde la vie de l'Albane, n'a rien oublié touchant les tableaux qu'il a faits en ce genre, & loue principalement ceux qu'il avoit peints pour le Cardinal de Savoye, & quatre autres sur cuivre, dans lesquels il représenta les Divinitez des Cieux, des Eaux, de la Terre & de l'Enfer. Mais le mesme Comte Malvasia aprés toutes les loüanges qu'il donne à l'Albane, dit que ses grands tableaux n'ont jamais esté estimez à l'égal des petits, & que s'il y a quelque chose de considerable dans ses grands ouvrages, ce sont les Enfans qu'il a peints grands comme nature, lesquels pourtant n'ont pas encore cette beauté qu'on trouve dans les petits: Qu'il s'en faloit aussi beaucoup, qu'il eust pour représenter les hommes, les mesmes talens pour bien peindre les femmes; ayant un don tout particulier pour les faire agreables, & pour bien imiter une chair délicate, pleine & gracieuse. Il peignoit au contraire le corps de l'homme foible, sec & décharné; & c'est pour cela que le mesme Auteur de la Vie de l'Albane dit, que le Comte de Carouge, qui estant en Italie, acheta trois des quatre tableaux dont je viens de parler, ne se soucia pas d'avoir celuy qui représente les Divinitez de l'Enfer. Il est vray que l'Albane ne s'appliquoit pas beaucoup à étudier la belle nature ny l'antique, pour ce qui regarde le corps de l'homme; & c'est pourquoy il n'a pas réüssi dans toutes sortes de sujets. Mais l'inclination naturelle qu'il avoit à peindre des femmes, a duré en luy jusques à la fin de sa vie, comme il l'avouë luy-mesme dans une lettre qu'il écrivit à un de ses amis un an avant sa mort. Il luy dit, que s'il estoit moins âgé, il voudroit faire encore toute autre chose que ce qu'il a fait par le passé, se sentant non seulement remply d'un nombre infini de nobles idées ; mais ayant plus de plaisir & plus de facilité que jamais à représenter les beautez divines & humaines, particuliérement les Nymphes, les Enfans, & les actions divertissantes & agreables. Il croyoit alors que son genie seul & la pratique qu'il s'estoit acquise, suffisoient pour luy faire executer des ouvrages accomplis ; blasmant les Caraches, de ce qu'ils s'estoient trop défiez de leurs forces, & de ce qu'ayant toûjours employé beaucoup de temps à étudier au lieu de s'abandonner à leur genie, ils n'avoient point amassé de quoy vivre commodément. Pour appuyer son raisonnement, ou plûtost justifier sa negligence & sa conduite toute opposée à la leur ; il rapporte dans la mesme lettre, qu'Annibal ayant commencé à peindre de pratique un Christ mort sur les genoux de la Vierge, pour un tableau d'Autel qui est dans l'Eglise de saint François au delà du Tybre, il en fit une figure admirable & toute divine : Mais qu'ensuite ayant fait dépouiller un modéle, & retouché d'aprés luy le corps du Christ, il changea toute cette premiére production de son esprit ; & pour s'estre trop défié de ses propres forces, gasta son

son tableau par les derniers coups qu'il y donna.

Bien que l'Albane eust pris plaisir à representer des nuditez, & particulierement des femmes; ceux néanmoins qui ont écrit de luy ne l'ont point accusé de mener une vie libertine ni voluptueuse. Au contraire, ils ont remarqué que quand sa femme n'a plus esté en estat de luy servir de modelle, & qu'il estoit obligé d'en choisir d'autres, ce n'estoit que pour desseigner ou peindre quelques parties que l'honnesteté & la pudeur ne leur empeschoit pas de découvrir, & que mesme il demeuroit avec elles le moins de temps qu'il pouvoit. Ce n'est pas que ses ennemis ne dissent toûjours du mal de luy & de ses Eleves, qui peut-estre ne se conduisoient pas avec tant de retenuë. Ses Ouvrages, & sur tout les sujets amoureux, estoient si recherchez, qu'ils en faisoient plusieurs copies, & quelquefois mesme imitant sa maniere en peignoient de leur invention, ou d'aprés quelques-uns de ses desseins, lesquels ils trouvoient moyen de luy faire retoucher. Comme le débit qu'ils en faisoient ensuite leur estoit d'une grande utilité, parce que souvent ils les faisoient passer pour estre de luy, ils s'appliquoient à faire des Tableaux fort peu honnestes qu'ils vendoient mieux que d'autres. Il est vray que l'Albane eust bien pû se passer de faire toutes les nuditez qu'on voit de luy, & qu'ayant un talent particulier pour bien peindre en petit, il eust fait des Tableaux d'une grande beauté, & que tout le monde eust pû regarder avec plaisir, comme sont ceux de dévotion qu'on voit en plusieurs Cabinets de Paris : entre autres le Baptesme de Nostre Seigneur qui estoit au Duc de Lesdiguieres, & qui est presentement dans le Cabinet de M. le Prince; une fuite en Egypte que M. Belluchau a euë du Duc de Grammont ; une Vierge qui est dans le Cabinet du Chevalier de Lorraine ; & sur tout une petite Gloire qu'avoit autrefois M. Haubier.

Quoy-qu'il ait eû plusieurs traverses dans sa fortune, & beaucoup de sujets de déplaisir dans sa famille, il estoit cependant d'un temperament si heureux, que les afflictions n'ont jamais troublé le repos de son esprit, ni alteré la santé de son corps, ayant toûjours vécu avec beaucoup de tranquillité jusques à l'âge de quatre-vingts-deux ans &

six mois, qu'il mourut à Bologne le 4. Octo- L'ALBANE
bre 1660.

Entre les Eleves de l'Albane PIERRE P. FRAN. MOLA.
FRANÇOIS MOLA & JEAN BAPTISTE J. BAPT. MOLA.
MOLA ont esté des plus considerables. Le
dernier a fort bien fait le Païsage : il peignoit
aussi tres-bien les figures, mais d'une maniere moins tendre & moins gracieuse que son
maistre.

Il y eut encore un autre disciple des Caraches qui mourut dans la mesme année que
l'Albane : il se nommoit GIACOMO CA- CAVEDONE.
VEDONE, aussi de Bologne. Son nom ni
ses Ouvrages ne sont gueres connus à Paris,
mais ils sont estimez en Italie; & ceux qui
ont veû les plus beaux Tableaux qu'il a peints
à Bologne, disent qu'ils tiennent beaucoup
de la maniere d'Annibal, & en parlent avec
estime.

Il semble que l'année 1660. ait esté fatale aux Peintres de Bologne ; car ce fut encore dans ce mesme temps que mourut AUGUSTIN METELLI. Il estoit sçavant METELLI.
pour bien peindre l'Architecture, particulierement les décorations de Theatres. Il
mourut en Espagne, où il estoit allé travailler pour le Marquis de Liche. Il avoit avec

METELLI. luy Angelo Michele Colonna de Bologne, qui luy aidoit dans ses grands Ouvrages. Ce Colonna a peint à Paris dans l'Hostel de Lionne.

N'estoit-ce pas dans ce temps, dit Pymandre, que François Grimaldi & François Romanelle vinrent aussi en France?

Le Colonna, repartis-je, n'arriva que quelques années aprés eux. Vous sçavez que GRI- GRIMALDI. MALDI vint à Paris dans une assez mauvaise conjoncture, car ce fut en 1648. lors qu'il y avoit beaucoup de desordres. Aussi demeura-t-il quelque temps qu'il ne fit pas grand'chose, & ne commença à peindre les plafonds du Palais Mazarin qu'un peu avant le retour du Roy à Paris. Si-tost qu'il les eut achevez, il retourna à Rome.

ROMANELLE. Quant à ROMANELLE, il avoit achevé de peindre l'Appartement de la Reine mere du Roy, la Galerie du Palais Mazarin, & fait plusieurs Tableaux pour divers Particuliers, entre autres pour M. d'Emeri Surintendant des Finances. Il estoit Eleve de Pietre de Cortone, & imitoit sa maniere. Aprés son retour à Rome il fit quelques ouvrages : enfin s'estant retiré à Viterbe d'où il estoit, il y mourut peu d'années aprés, & vers le temps que mourut

ET LES OUVRAGES DES PEINTRES. 229
à Modene un Peintre François nommé BOU- BOULANGER.
LANGER. Le MANCHOLE Flaman MANCHOLE.
travailloit en France dans ce temps-là. Il y
a des Tableaux de luy dans les nouveaux Appartemens du Chafteau de Vincennes, qu'il
fit pendant la Régence de la feuë Reine
Mere.

J'ay encore à vous parler d'un Peintre Bou-
lonnois, dont vous avez veû plufieurs Ouvrages, c'eft de François BARBIERI DA
CENTO, furnommé LE GUERCHIN, à LE GUER-
caufe qu'il eftoit louche; ce qui luy arriva CHIN.
en nourrice par un grand bruit qui le ré-
veilla en furfaut. Lors qu'il fut en eftat d'aller aux écoles, fes parens ne manquerent pas
de le faire inftruire : mais ayant dés l'âge de
huit ans donné des marques de fon inclination pour la peinture, fon pere le mit fous
certains Peintres de fon païs peu connus, &
qui n'avoient pas beaucoup de capacité. Auffi
ce ne fut pas d'eux qu'il apprit tout ce qu'il
a fceû; la nature feule a efté fa maiftreffe, &
fon genie luy a fourni ce qu'il a fait de plus
beau. Il n'imitoit aucuns maiftres de fon
temps, & travailla pendant plufieurs années
fans avoir veû leurs ouvrages. Que fi enfuite
il eut plus d'inclination pour les uns que pour

F f iij

les autres, il est aisé de juger que ce fut la manière du Caravage qu'il préfera à celle du Guide & de l'Albane qui luy parurent trop foibles, aimant mieux donner à ses Tableaux plus de force & de fierté, & s'approcher davantage de la nature, laquelle veritablement il desseigna plus correctement & avec plus de grace que le Caravage. Aussi on peut dire qu'il avoit de belles qualitez, & mesme qu'elles estoient grandes & estimables, si on les considere sans les comparer à celles d'autres Peintres qui travailloient alors. Il desseignoit avec une merveilleuse facilité. Il estoit plein d'invention, & a peint certaines choses assez gracieuses, bien qu'à parler sincerement sa maniere ne puisse point passer pour agreable dans tout ce qu'il a fait. Un de ses ouvrages les plus renommez dans Rome, est l'Aurore qu'il a peinte dans un Salon que nous allasmes voir ensemble dans la Vigne Ludovise, aprés avoir admiré l'Aurore du Guide, qui est au Palais Bentivoglio à Montecaval. Je ne vous parleray pas de toutes ses autres peintures : vous pouvez voir ce qu'il y en a chez le Roy, dans le Palais Mazarin, & en divers autres lieux. Il fit pour M. de la Vrilliere Secretaire d'Estat, un Tableau en 1627. où il re-

ET LES OUVRAGES DES PEINTRES. 231
prefenta Caton d'Utique; un autre qu'il
n'acheva qu'en 1643. où il peignit Coriolan, lors que venant faccager Rome, il en
fut empefché par les prieres de fa mere, de
fa femme & de fes enfans; & un qu'il envoya en 1645. de mefme grandeur que les
deux premiers, où il reprefenta la paix des
Sabins avec les Romains. L'Abbé Mey de
Lion en a deux: dans l'un font les enfans
de Jacob, qui montrent à leur pere la robe
enfanglantée de Jofeph; & dans l'autre Judith & Abra qui tiennent la tefte d'Holopherne. La figure de Judith eft bien peinte, l'air de
fon vifage beau & gracieux. Il fit ce Tableau
en 1651. pour le Sr Giacomo Zanone. Mais un
qui vous plaira beaucoup, eft une Vierge
de pitié, qui tient un Chrift mort fur fes genoux, le tout grand comme nature; il eft
chez M. Jabac, qui en a le deffein de la main
d'Annibal Carache. Il y a bien apparence
que c'eft d'aprés ce deffein que le Guerchin
a peint le Tableau, & peut-eftre pendant
qu'il travailloit fous le Carache, car c'eft un
des plus beaux ouvrages qu'il ait faits.

Si dans toutes les parties de la peinture le Guerchin n'a pû égaler plufieurs
excellens hommes dont nous avons par-

LE GUERCHIN.

lé, aussi il n'y a gueres eû de Peintres qui ayent esté comparables à luy dans ce qui regarde les bonnes qualitez du corps & de l'ame. Sa taille estoit mediocre, mais bien faite ; son humeur gaye & son entretien agréable. Il estoit infatigable au travail, sincere dans ses paroles, ennemi du mensonge & de la raillerie; humble & civil à tout le monde, charitable, dévot, & d'une chasteté reconnuë. Il avoit beaucoup de consideration & d'amitié pour toutes les personnes de sa profession. Il ne sortoit presque jamais de chez luy sans qu'on le vist accompagné de plusieurs Peintres qui le suivoient comme leur maistre, & le respectoient comme leur pere, à cause de l'amour & de la tendresse qu'il avoit pour eux ; car non-seulement il avoit beaucoup de consideration pour les personnes élevées en dignité & au dessus de luy, mais il estoit complaisant à tout le monde. Il estoit curieux de sçavoir toutes les nouvelles ; & comme il avoit une memoire heureuse, & qu'il s'exprimoit facilement, chacun cherchoit sa conversation par le plaisir qu'on avoit d'apprendre de luy une infinité de choses qu'il racontoit d'une maniere agréable.

ble. Il ne parloit jamais mal de personne; LE GUER-
mais pour l'ordinaire il faisoit le sujet de ses CHIN.
entretiens, ou des histoires qu'il avoit leûës,
ou de ce qu'il avoit entendu dire de singulier.

Bien que dans ses propres ouvrages il n'e-
xécutast pas les choses dans la perfection qui
eust esté à desirer, il ne laissoit pas de juger
avec beaucoup de discernement des Tableaux
des autres Peintres, loüant toûjours ce qu'ils
avoient fait, ou du moins n'en parlant qu'a-
vec beaucoup de retenuë & de moderation
lors qu'il y voyoit des choses qui ne meritoient pas d'estre estimées.

Il eût pour amis tous les Peintres de son
temps, parce qu'il n'envioit ni leur fortune,
ni leurs emplois; au contraire, il estoit bien-
aise qu'ils s'avançassent tous & en biens & en
réputation. Pour contribuer mesme à leur
fortune il estoit toûjours prest de les assister,
ou de ses conseils, ou de son credit. Aussi non-
seulement sa bourse estoit-elle ouverte à ses
amis, mais encore à des personnes qui pouvoient luy estre indifferentes; & l'on a sceû
qu'en plusieurs rencontres il a généreusement
secouru des gens de qualité qu'il connoissoit
avoir besoin d'argent, cherchant à faire plai-

Gg

sir à tout le monde, particulièrement à ceux qu'il sçavoit estre dans la necessité.

Il eût beaucoup d'amitié & de tendresse pour ses parens. Il prit soin de bien élever ses neveux ; & quant à ses nieces, il en pourveût quelques-unes par mariage, & donna aux autres de quoy estre Religieuses.

Jamais personne n'eût sujet de se plaindre de sa bonne foy, ni de trouver à redire dans ses mœurs. N'ayant point esté marié, il vécut toûjours dans une grande pureté. Il ne fut sujet à aucunes maladies, & n'a eû que de petites incommoditez sur la fin de ses jours. Il fut cheri, & estimé de plusieurs Princes & grands Seigneurs. Il amassa beaucoup de bien, qu'il n'employoit, comme je vous ay dit, qu'à assister ses parens, & à secourir ses amis. Il acheta une fort belle maison dans Bologne, & quelques autres à la campagne, qu'il meubla honnestement, & où après sa mort on trouva quantité de Tableaux, beaucoup de vaisselle d'argent, des pierreries, & plusieurs autres raretez.

Pendant sa vie il fit bastir des Chappelles & des Autels, qu'il garnit de tous les Ornemens necessaires, & mesme donna de quoy les entretenir. Il vécut toûjours honorable-

ET LES OUVRAGES DES PEINTRES. 235

ment dans le public & dans son particulier, se conduisant, en toutes ses actions, à l'égard du monde avec beaucoup de prudence, & envers Dieu avec beaucoup de crainte & d'amour.

LE GUERCHIN.

Estant tombé malade au mois de Décembre mil six cens soixante & sept, il receût les derniers Sacremens avec une résignation & une pieté extraordinaire, & mourut dans le mesme mois âgé de soixante-dix ans. Il laissa pour heritiers de tous ses biens deux de ses neveux.

Ayant cessé de parler, & voyant que Pymandre attendoit que je continuasse mon discours, Je croy, luy dis-je, qu'il est temps que nous mettions fin à nostre entretien : il me semble qu'il a duré assez long-temps, & peut-estre mesme que je devois l'abreger, en ne m'arrestant pas à beaucoup de gens qui ne sont gueres celebres. Mais s'il ne m'a pas esté possible de rejetter ceux qui se sont presentez à mon esprit, il y en peut avoir quelques-uns dont je ne me suis pas souvenu, qui meritoient bien d'estre nommez. Lors que nous nous reverrons, nous pourrons parler avec plaisir d'un excellent homme qui ne vécut que peu d'années aprés le Guerchin, & qui

Gg ij

236 ENTRETIENS SUR LES VIES

LE GUER-
CHIN.

nous fournira une ample matiere de réflexions sur toutes les parties de la Peinture. C'est du Poussin dont j'entens parler, & de la vie duquel vous desirez, il y a long-temps, de sçavoir les particularitez. En disant cela nous nous levasmes, & estant passez des bosquets dans les allées, nous retournasmes vers le Chasteau, & en suite nous reprismes le chemin de Paris.

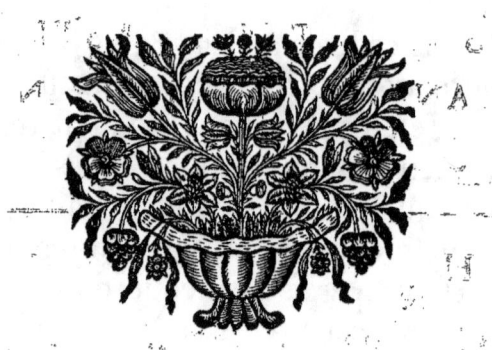

ENTRETIENS
SUR LES VIES
ET
SUR LES OUVRAGES
DES PLUS EXCELLENS PEINTRES
ANCIENS ET MODERNES.
QUATRIEME PARTIE.

HUITIEME ENTRETIEN.

CE qu'un celebre Orateur a dit autrefois, que dans tous les Arts il n'y en a point où il ait paru si peu de grands hommes que dans l'éloquence, se peut dire aussi de la peinture, puis que l'Histoire tant ancienne que moderne, nous fait remarquer peu de Peintres qui ayent excellé. Pymandre qui m'avoit souvent oüi parler du Poussin comme d'un homme extraordinaire, souhaitoit avec passion d'apprendre quelque chose de sa vie & de ses ouvrages. Mais l'embarras des affaires, & la difficulté de nous rencontrer nous avoit empeschez assez long-temps de nous rejoindre. M'ayant trouvé un jour au logis en estat de n'en pas sortir, il m'engagea insensiblement à continuër nos entretiens sur les vies des Peintres; & comme nous nous fusmes retirez dans mon cabinet, je luy parlay de la sorte.

Je vous ay fait voir jusques-icy le commencement & le progrés de la peinture. Je vous ay nommé les Peintres anciens qui ont eû le plus de réputation. Je vous ay dit de quelle sorte cét Art, aprés avoir esté presque éteint, parut de nouveau dans le treiziéme siecle, & qui furent ceux qui contribuerent les premiers à le rétablir; que Michel Ange, Raphaël, & quelques autres de leur temps le porterent au plus haut degré où nous l'ayons veû. Vous sçavez ceux qui se sont signalez dans leurs écoles, & en plusieurs lieux d'Italie; comment la peinture se perfectionna dans les autres païs; & aussi de quelle sorte elle vint à décheoir, quand certains Peintres qui parurent au commencement de ce siecle, s'estant laissez aller à des gousts particuliers, au lieu de marcher toûjours sur les pas des plus grands maistres, ne suivirent que leurs propres genies. Car il est vray que dans Rome mesme on ne pratiquoit presque plus les enseignemens ni de Raphaël, ni des Caraches, lors que le Poussin commença, si j'ose le dire, à nous ouvrir les yeux, & à nous donner des connoissances encore plus grandes de la peinture que celles que nous avions eûës, puis qu'ayant remonté jusques à la source de cét art, il nous a appris les maximes des plus sçavans Peintres de l'antiquité, & a mis en pratique ce que nous ne sçavions de l'excellence de leurs ouvrages que par le rapport des Historiens.

Que dites-vous, interrompit Pymandre ? Peut-on croire qu'il ait suivi de si prés ces fameux Peintres, luy qui n'a point fait de grands ouvrages, quoy-qu'il ait eû pour cela des occasions assez favorables ?

Quand j'auray, repartis-je, fait un abregé de ses emplois, vous serez éclairci des choses dont vous estes en doute : mais il faut pour parler de luy que je commence dés sa naissance, puis qu'il merite bien d'estre connu dans toute l'étenduë de sa vie.

LE POUSSIN. NICOLAS POUSSIN naquit à Andely en Normandie l'an 1594. au mois de Juin. Son pere nommé Jean estoit de Soissons; & ceux qui l'ont connu asseûrent qu'il estoit de noble famille, mais qu'il avoit peu de bien, parce que ses parens avoient esté ruinez durant les guerres civiles sous les Rois Charles IX. Henry III. & Henry IV. au service desquels il avoit porté les armes. Aussi ce fut aprés la prise de la ville de Vernon, que Jean Poussin qui estoit à ce siege avec un de ses oncles de mesme nom, Capitaine dans le Regiment de Thavannes, épousa Marie de Laisement, veuve d'un Procureur de la mesme ville nommé le Moine, de laquelle il eût Nicolas Poussin.

Il est toûjours glorieux, interrompit Pymandre, de tirer son origine de parens nobles; mais comme c'est une chose qui ne dépend point de nous: la vertu peut réparer ce que la nature ne nous a pas donné; & mesme on peut dire que comme l'eau n'est point plus pure que dans sa source, aussi la noblesse n'est point plus illustre que dans celuy qui par ses belles qualitez se rend considerable à la posterité, & donne le premier un nom illustre à ses descendans,

Le

ET LES OUVRAGES DES PEINTRES. 241

LE POUSSIN.

Le Poussin, repartis-je, n'a pas esté assez heureux pour faire passer aux siens ce qu'il avoit aquis d'honneur & de bien : mais ses ouvrages luy tiennent lieu d'enfans qui ne luy ont jamais donné que du plaisir, & qui conserveront son nom avec bien de la gloire pendant plusieurs siecles. Comme c'est par eux qu'il s'est rendu illustre, je ne veux pas chercher dans ses ancestres des sujets de le loüer : je ne veux, pour établir son grand merite, que ce qu'il a fait pendant sa vie.

Sitost qu'il fut en âge d'aller aux écoles, ses parens eurent soin de le faire instruire. Il donna de bonne heure des marques de la bonté de son esprit, mais particulierement de l'inclination qu'il avoit pour le dessein : car il s'occupoit sans cesse à remplir ses livres d'une infinité de differentes figures, que son imagination seule luy faisoit produire, sans que son pere, ni ses maistres pussent l'empescher, quoy-qu'ils fissent toutes choses pour cela, croyant qu'il pouvoit employer son temps plus utilement à l'étude. Cependant Quintin Varin Peintre assez habile, & dont je vous ay parlé, ayant connu le genie de ce jeune homme, & les belles dispositions qui paroissoient déja en luy, conseilla à ses parens de

H h

LE POUSSIN. le laisser aller du costé où la nature le portoit; & l'ayant luy-mesme encouragé à dessseigner, & à s'avancer dans la pratique d'un art qui sembloit luy tendre les bras, il luy fit esperer qu'il y feroit un progrés considerable. Les conseils de Varin augmenterent de telle sorte le desir que le Poussin avoit de s'attacher à la peinture, qu'il s'y donna tout entier; & lors qu'âgé de dix-huit ans il crut estre en estat de quitter son païs, il sortit de la maison de son pere sans qu'on s'en apperceust, & vint à Paris pour mieux apprendre un art dont il reconnoissoit déja les difficultez, mais qu'il aimoit avec beaucoup de passion.

Il fut assez heureux de rencontrer en arrivant à Paris un jeune Seigneur de Poitou, qui ayant de la curiosité pour les Tableaux, le receût chez luy, & luy donna moyen d'étudier plus commodément qu'il n'auroit fait sans ce secours.

Il cherchoit de tous costez à s'instruire: mais il ne rencontroit ni maistres, ni enseignemens qui convinssent à l'idée qu'il s'estoit faite de la perfection de la peinture. De-sorte qu'il quitta en peu de temps deux maistres, desquels il avoit crû pouvoir apprendre quel-

ET LES OUVRAGES DES PEINTRES. 243
que chose. L'un estoit un Peintre fort peu habile, & l'autre Ferdinand Elle Flamand, alors en réputation pour les portraits, mais qui n'avoit pas les talens propres pour les grands desseins où le genie du Poussin le portoit. Il fit connoissance avec des personnes sçavantes, & curieuses des beaux arts, qui l'assisterent de leurs avis, & luy presterent plusieurs Estampes de Raphaël & de Jule Romain, dont il comprit si bien les diverses beautez, qu'il les imitoit parfaitement. Desorte que dans sa maniere d'historier, & d'exprimer les choses, il sembloit déja qu'il fust instruit dans l'école de Raphaël, duquel, comme a remarqué le sieur Bellori, on peut dire qu'il suçoit le lait, & recevoit la nourriture, & l'esprit de l'art à mesure qu'il en voyoit les ouvrages.

Pendant qu'il profitoit de jour en jour dans la partie du dessein, & dans la pratique de peindre, le Seigneur avec lequel il demeuroit estant obligé de retourner en Poitou, l'engagea à le suivre, avec intention de le faire peindre dans son Chasteau. Mais comme ce Seigneur estoit jeune, & encore sous la puissance de sa mere, qui n'avoit nulle inclination pour les Tableaux, & qui regardoit

Hh ij

Le Poussin. dans sa maison un Peintre comme un domestique inutile : le Poussin, au lieu de se voir occupé à son art, se trouvoit le plus souvent employé à d'autres affaires, sans avoir le temps d'étudier. Cela le fit résoudre à s'en retourner. N'ayant pas dequoy faire les frais de son voyage, il fut contraint de travailler quelque temps dans la Province pour s'entretenir, taschant peu à peu à s'approcher de Paris.

Il y a apparence que ce fut dans ce temps-là qu'il fit à Blois dans l'Eglise des Capucins deux Tableaux qu'on y voit encore, & qu'on connoist bien estre de ses premiers ouvrages ; & qu'il travailla aussi dans le Chasteau de Chiverny où il fit quelques Baccanales. Il revint enfin à Paris, mais si fatigué des peines qu'il avoit souffertes dans son voyage, qu'il tomba malade, & fut obligé d'aller chez son pere, & d'y demeurer environ un an à se rétablir. Lors qu'il fut entierement gueri il vint à Paris, & alla aussi dans quelques autres endroits où il continua de peindre, jusqu'à ce qu'enfin poussé par le desir violent qu'il avoit d'aller à Rome, il se mit en chemin pour exécuter son dessein. Mais il ne passa pas Florence, ayant esté contraint par quelque accident à revenir sur ses pas. Quelques années aprés se rencontrant à Lyon, & LE POUSSIN. voulant pour la seconde fois entreprendre le voyage de Rome, il y trouva encore de nouveaux obstacles. Cependant il s'appliquoit toûjours au travail avec un mesme amour; & lors qu'en 1623. les Peres Jesuites de Paris celebrerent la Canonization de Saint Ignace & de Saint François Xavier, & que les Ecoliers de leur College, pour rendre cette cérémonie plus considerable, voulurent faire peindre les Miracles de ces deux grands Saints, le Poussin fut choisi pour faire six Tableaux à détrempe. Il avoit une si grande pratique dans cette sorte de travail, qu'il ne fut gueres plus de six jours à les faire. Il est vray qu'il y travailloit presque autant la nuit que le jour, mais ce fut avec tant de promptitude, qu'il n'avoit pas le temps d'étudier les parties dont ils estoient composez. Il ne laissa pas de faire mieux que les autres Peintres qui furent employez à embellir cette Feste; & les sujets qu'il traita furent les plus estimez.

Dans ce temps-là le Cavalier Marin estoit à Paris. Vous sçavez qu'il estoit consideré pour un des plus excellens Poëtes Italiens qui fust alors. Comme la poësie & la peinture ont beaucoup de rapport entre elles, le Marin jugea aisément de l'esprit du Poussin par ses ouvrages, & combien son genie estoit élevé audessus de celuy des autres Peintres: Ce qui luy fit desirer de le connoistre plus particulierement; & mesme dans la suite il luy donna un logement pour travailler, admirant combien il avoit l'imagination vive & une facilité à exécuter ses pensées. Il le loûoit souvent de luy voir comme dans les poëtes ce beau feu qui produit des choses extraordinaires. C'estoit une grande satisfaction au Marin d'avoir sa compagnie, parce que ses indispositions l'obligeant souvent à garder le lit, ou à demeurer au logis, il voyoit pendant ce temps-là representer quelques-unes de ses inventions poëtiques dont le Poussin prenoit plaisir de faire des desseins, particulierement des sujets tirez de son Poëme d'Adonis. J'en ay veû quelques-uns à Rome chez MM. Maximi qui les conservoient soigneusement parmi plusieurs autres de sa main.

 C'est par ces premiers essais qu'on connoist combien deslors il avoit l'esprit fecond, & comment il sçavoit profiter des entretiens du Cavalier Marin, enrichissant ses compositions des ornemens de la poësie dont il sceût de-

ET LES OUVRAGES DES PEINTRES. 247
puis se servir tres-à-propos dans les Tableaux LE POUSSIN.
qui estoient capables de les souffrir.

Le Marin ne fut pas long-temps sans retourner en Italie; & quand il partit d'icy, il voulut mener avec luy le Poussin: mais il n'estoit pas en estat de pouvoir quitter Paris, où il fit quelques Tableaux, entre autres celuy qui est dans une Chappelle de l'Eglise de Nostre-Dame, où il representa le trépas de la Vierge.

Il ne fut pourtant pas long-temps sans entreprendre pour la troisiéme fois le voyage de Rome. Il y arriva au Printemps de l'année 1624. & y trouva encore le Cavalier Marin, qui en partit bientost pour aller à Naples, où il mourut peu de temps aprés. Avant que de partir de Rome, il recommanda le Poussin à M. Marcello Sacchetti, qui luy procura les bonnes graces du Cardinal Barberin neveu du Pape Urbain V I I I. Cette connoissance qui luy devoit estre avantageuse, luy fut peu utile alors, parce que le Cardinal estoit sur le point de s'en aller pour ses legations: De-sorte que le Poussin se trouvant sans connoissances dans Rome, sans espoir d'aucun secours, & ne sçachant à qui vendre ses ouvrages, estoit obligé de les donner à un prix si-bas, qu'ayant peint les deux batailles qui sont aujourd'huy dans le Cabinet du Duc de Noailles, il eût bien de la peine d'en avoir sept écus de chacune.

Il n'a pas esté le seul, dît Pimandre, qui a trouvé un abord si rude & si fascheux. Vous m'avez appris que les plus grands Peintres n'ont pas toûjours eû dans les commencemens la fortune favorable.

Il faut considerer, répondis-je, qu'encore que le Poussin eust déja trente ans lors qu'il arriva à Rome, & qu'il eust fait plusieurs ouvrages en France, il n'estoit néanmoins connu que de peu de monde; & sa maniere de peindre assez differente de celle qu'on pratquoit, & qui estoit comme à la mode, ne le faisoit pas rechercher. Il a conté luy-mesme assez de fois qu'ayant peint dans ces commencemens-là un Prophete, il n'en put avoir que la valeur de huit francs; & que cependant un jeune Peintre de sa compagnie l'ayant copié, eût quatre écus de sa copie. Le peu de cas qu'on faisoit alors de luy & de ses ouvrages ne le rebutoient pas, songeant moins à gagner de l'argent qu'à se perfectionner. Il se passoit de peu de chose pour sa nourriture & pour son entretien: il demeura mesme assez
long-

long-temps retiré, afin de mieux étudier, & LE POUSSIN.
de se remplir l'esprit des belles connoissances qui depuis l'ont rendu si celebre. Il logeoit avec cét excellent Sculpteur François du Quesnoy Flamand. Comme ils étudioient l'un & l'autre d'aprés les Antiques,
cela donna lieu au Poussin de modeler, & de
faire quelques figures de relief; & ne contribua pas peu à rendre François le Flamand
plus sçavant dans la sculpture, parce qu'ils
mesuroient ensemble toutes les Statuës antiques, & en observoient les proportions.
Il est vray que dans un Memoire que j'ay
eû du sieur Jean Dughet touchant quelques
particularitez de la vie & des ouvrages du
Poussin son beaufrere, il écrit que ce fut
avec Alexandre Algarde, que le Poussin
mesura la Statuë d'Antinoüs, & non pas
avec François le Flamand, comme l'a écrit le
sieur Bellori, ajoustant que les proportions
que l'on en a données dans l'Estampe qui est
à la fin de la vie du Poussin sont fausses, &
du dessein du sieur Errard. Et sur ce que le
mesme Bellori dit que le Poussin & François
le Flamand, considerant souvent le Tableau
du Titien qui estoit alors dans la Vigne Ludovise, & dans lequel il y a quantité de pe-

Ii

Le Poussin. tits enfans, non-seulement le Poussin les copioit avec les couleurs, mais aussi les modeloit, & en faisoit des bas-reliefs, se formant par là une maniere tendre & agréable à bien desseigner & à bien peindre de semblables sujets, ainsi qu'on peut voir en plusieurs Tableaux qu'il fit en ce temps-là. Le mesme Dughet ne veut pas que ce soit d'aprés ces enfans que le Poussin ait fait son étude, parce qu'on sçait que le Titien estoit moins bon desseignateur qu'excellent coloriste : mais il dit que le Poussin s'est perfectionné en imitant seulement la nature. Cependant je ne voy pas qu'il n'ait bien pû considerer les ouvrages de Titien, quoy-qu'il ne se soit pas attaché à les copier servilement ; & j'ay sceû du Poussin mesme combien il estimoit sa couleur, & le cas particulier qu'il faisoit de sa maniere de toucher le païsage.

Je sçay bien encore qu'il ne s'est gueres assujeti à copier aucuns Tableaux, & mesme lors qu'il voyoit quelque chose parmi les Antiques qui meritoit d'estre remarqué, il se contentoit d'en faire de legeres esquisses. Mais il consideroit attentivement ce qu'il voyoit de plus beau, & s'en imprimoit de fortes images dans l'esprit, disant souvent que c'est

ET LES OUVRAGES DES PEINTRES. 251

en obfervant les chofes qu'un Peintre devient habile, plûtoft qu'en fe fatiguant à les copier. LE POUSSIN.

Ce difcernement fi jufte & fi exquis qu'il avoit dés fes plus jeunes ans, & la forte paffion qu'il avoit pour fon art, faifoient qu'il s'y donnoit tout entier avec grand plaifir, & qu'il ne paffoit point de temps plus agréablement que lors qu'il travailloit. Tous les jours eftoient pour luy des jours d'étude, & tous les momens qu'il employoit à peindre ou à deffeigner luy tenoient lieu de divertiffement. Il étudioit en quelque lieu qu'il fuft. Lors qu'il marchoit par les ruës, il obfervoit toutes les actions des perfonnes qu'il voyoit; & s'il en découvroit quelques-unes extraordinaires, il en faifoit des notes dans un livre qu'il portoit exprés fur luy. Il évitoit autant qu'il pouvoit les compagnies, & fe déroboit à fes amis, pour fe retirer feul dans les Vignes & dans les lieux les plus écartez de Rome, où il pouvoit avec liberté confiderer quelques Statuës antiques, quelques veûës agréables, & obferver les plus beaux effets de la nature. C'eftoit dans ces retraites & ces promenades folitaires qu'il faifoit de legeres efquiffes des chofes qu'il rencontroit propres, foit pour

I i ij

LE POUSSIN. le païsage, comme des terrasses, des arbres, ou quelques beaux accidens de lumieres; soit pour des compositions d'histoires, comme quelques belles dispositions de figures, quelques accommodemens d'habits, ou d'autres ornemens particuliers, dont en suite il sçavoit faire un si beau choix, & un si bon usage.

Il ne se contentoit pas de connoistre les choses par les sens, ni d'établir ses connoissances sur les exemples des plus grands Maistres : il s'appliqua particulierement à sçavoir la raison des differentes beautez qui se trouvent dans les ouvrages de l'art, persuadé qu'il estoit qu'un ouvrier ne peut aquerir la perfection qu'il cherche, s'il ne sçait les moyens d'y arriver, & s'il ne connoist les defauts dans lesquels il peut tomber. C'est pour cela qu'outre la lecture qu'il faisoit des meilleurs livres qui pouvoient luy apprendre en quoy consiste le bon & le beau; ce qui cause les déformitez, & de quelle sorte il faut que le jugement se conduise dans le choix des sujets, & dans l'exécution de toutes les parties d'un ouvrage: il s'appliqua encore pour se rendre capable dans la pratique autant que dans la theorie de son art, à étudier la Geometrie,

ET LES OUVRAGES DES PEINTRES. 253
& particulierement l'Optique, qui dans la peinture est comme un instrument necessaire & favorable pour redresser les sens, & empescher que par foiblesse ou autrement ils ne se trompent, & ne prennent quelquefois de fausses apparences pour des veritez solides. Il se servit pour cela des écrits du Pere Matheo Zaccolini Theatin, dont je vous ay parlé. Il n'y a point eû de Peintre qui ait mieux sceû que ce Pere les régles de la perspective, & qui ait mieux compris les raisons des lumieres & des ombres. Ces écrits sont dans la Bibliotheque Barberine, & le Poussin qui en avoit fait copier une bonne partie, en faisoit son étude. Comme quelques-uns de ses amis les voyoient entre ses mains; qu'il parloit sçavamment de l'Optique, & qu'il s'en est servi avec beaucoup de bonheur, on a crû qu'il avoit composé un traité des lumieres & des ombres. Cependant il est vray qu'il n'a rien écrit sur cette matiere; il s'est contenté d'avoir montré par ses propres peintures ce qu'il avoit appris du Pere Zaccolini, & mesme des livres d'Alhazen & de Vitellion. Il avoit aussi beaucoup d'estime pour les livres d'Albert Dure, & pour le Traité de la Peinture de Leon Baptiste Albert.

Le Poussin.

LE POUSSIN. Pendant qu'il estoit à Paris il s'estoit instruit de l'anatomie; mais il l'étudia de nouveau, & avec encore plus d'application quand il fut à Rome, tant sur les écrits & les figures de Vesale, que dans les leçons qu'il prenoit d'un sçavant Chirurgien qui faisoit souvent des dissections.

C'estoit dans le temps que la pluspart des jeunes Peintres qui estoient à Rome, attirez par la grande réputation où estoit le Guide, alloient avec empressement copier son Tableau du martyre de Saint André qui est à Saint Grégoire. Le Poussin estoit presque le seul qui s'attachoit à desseigner celuy du Dominiquin, lequel est dans le mesme endroit; & il en fit si bien remarquer la beauté, que la pluspart des autres Peintres persuadez par ses paroles & par son exemple, quitterent le Guide pour étudier d'aprés le Dominiquin.

Car bien que le Poussin fist sa principale étude d'aprés les belles Antiques, & les ouvrages de Raphaël, sur lesquels il rectifioit toutes ses idées, cela n'empeschoit pas qu'il n'eust de l'estime pour d'autres Maistres. Il regardoit le Dominiquin comme le meilleur de l'école des Caraches pour la correction du dessein, & pour les fortes expressions.

Il consideroit aussi ceux qui ont eû un beau LE POUSSIN. pinceau, & l'on ne peut nier que dans ses commencemens il n'ait beaucoup observé le coloris du Titien. Mais on peut remarquer qu'à mesure qu'il se perfectionnoit, il s'est toûjours de plus en plus attaché à ce qui regarde la forme & la correction du dessein qu'il a bien connu estre la principale partie de la peinture, & pour laquelle les plus grands Peintres ont comme abandonné les autres aussitost qu'ils ont compris en quoy consiste l'excellence de leur art.

Le Cardinal Barberin estant de retour de ses Légations de France & d'Espagne, donna de l'employ au Poussin, qui d'abord fit ce beau Tableau de Germanicus que vous avez veû à Rome, & dont les nobles & sçavantes expressions vous touchoient si fort.

Il representa ensuite la prise de Jerusalem par l'Empereur Titus. Ce Tableau qui a esté long-temps dans le Cabinet de la Duchesse d'Aiguillon, est presentement dans celuy de M. de Saintot Maistre des Ceremonies. Comme le Cardinal Barberin en fit un present peu de temps aprés qu'il fut fait, le Poussin en commença un autre du mesme sujet, mais beaucoup plus rempli de figures, & traité

Le Poussin. d'une maniere encore plus sçavante. Il y representa l'Empereur victorieux, & à ses pieds la nation Juive, qui par le miserable estat où elle fut réduite devoit bien connoistre deslors l'effet des menaces qu'elle avoit si souvent entenduës des Prophetes, & de la bouche mesme de Jesus-Christ. On y voit ce Temple si celebre saccagé par les soldats, qui en le détruisant emportent le Chandelier, les Vases d'or, & les autres Ornemens sacrez qui le rendoient si riche & si considerable. Ces dépouïlles parurent si précieuses à l'Empereur, qu'on les representa dans les bas-reliefs de l'Arc-de-triomphe qu'on luy dressa ensuite de cette expedition, & qu'on voit encore aujourd'huy dans les restes de cét ancien monument comme une marque éternelle de la punition de ce peuple. Ce Tableau qui est un des beaux que le Poussin ait faits pour les fortes expressions, fut encore donné par le Cardinal Barberin au Prince d'Echemberg Ambassadeur d'Obedience pour l'Empereur vers le Pape Urbain VIII.

Le Cavalier del Pozzo que vous avez connu, estoit alors en grande consideration à la Cour de Rome, non-seulement par sa faveur auprés du Cardinal Barberin, mais encore

core par sa vertu qui le rendoit digne de la pourpre, dont on croyoit qu'il seroit revestu; par la connoissance qu'il avoit des belles lettres, par son amour pour les beaux arts, par sa générosité & son inclination à servir & à proteger toutes les personnes de merite. Le Poussin fut un de ceux qu'il considera beaucoup, cherchant mesme tous les moyens de faire connoistre les rares talens qu'il voyoit en luy. Comme il le servoit auprés du Cardinal Barberin, il luy procura un des Tableaux que l'on devoit faire dans l'Eglise de Saint Pierre.

N'est-ce pas, interrompit Pymandre, le Saint Erasme que nous avons veû ensemble, & le seul où j'ay remarqué que le Poussin a mis son nom ?

C'est celuy-là-mesme, repris-je. Il fit dans ce temps-là * un autre grand Tableau où il a representé comment la Vierge s'apparut à S. Jacques dans la ville de Saragoce en Espagne *, où depuis on bastit un Temple à son honneur, qu'on appelle *Nuestra Segnora del Pilo*. Cét ouvrage qu'il envoya en Flandre, est dans le Cabinet du Roy. Il en fit encore deux autres, l'un des amours de Flore & de Zephir, & celuy qu'on appelle la Peste. Ce dernier

*Vers l'an 1630.

*Cesar-Augusta. Durant. de Ritib. Eccles. l. 1.

LE POUSSIN. luy donna beaucoup de réputation. Vous pouvez vous souvenir que nous fusmes le voir chez un Sculpteur nommé Matheo, auquel il appartenoit alors. Le Poussin y a peint de quelle sorte Dieu affligea les Philistins d'une cruelle & honteuse maladie, pour avoir enlevé l'Arche des Israëlites, & l'avoir mise dans la ville d'Azot. Ce Tableau, dont le Poussin n'avoit eû que soixante escus, après avoir passé en plusieurs mains, fut vendu mille escus au Duc de Richelieu, de qui le Roy l'a eû. On voit dans les figures malades & mourantes qui sont sur le devant, comment le Poussin cherchoit à imiter par ses pensées & ses expressions, ce qu'on a écrit des anciens Peintres Grecs, & ce que Raphaël a fait de plus beau. Les principales figures ont environ trois palmes * de haut de mesme que celles du Germanicus.

* La Palme de Rome dont on se sert à present est de 8. pouces 3. lig.

Cette maniere de peindre de grands sujets plut extremement à tout le monde : de sorte que la réputation du Poussin s'estant répanduë par tout, on luy envoyoit de divers endroits, & particulierement de Paris, des mesures pour avoir des Tableaux de Cabinet, & d'une grandeur mediocre. Ce qui luy donna occasion de renfermer son pinceau dans des

bornes un peu étroites, mais qui luy don- *Le Poussin.*
noient cependant assez de lieu pour faire paroistre ses nobles conceptions, & pour étaler dans de petits espaces de grandes & sçavantes dispositions.

Il possedoit alors, comme je vous ay dit, l'amitié du Cavalier del Pozzo, qui avoit amassé dans son Cabinet tout ce qu'il avoit pû trouver de plus rare dans les medailles & dans toutes les choses antiques, dont le Poussin pouvoit disposer, & en faire des études: ce qui joint aux entretiens sçavans qu'il avoit avec ce généreux ami, ne luy estoit pas d'un petit secours, parce qu'il apprenoit de luy à connoistre dans les livres des meilleurs Auteurs les choses dont il avoit besoin pour bien representer les sujets qu'il entreprenoit de traiter. Ce fut par son moyen qu'il eût la communication des Ecrits de Leonard de Vinci, lesquels estoient dans la Bibliotheque Barberine. Il ne se contenta pas de les lire, il desseigna fort correctement toutes les figures qui servent pour la démonstration & pour l'intelligence du discours. Car il n'y avoit dans l'original que de foibles esquisses, comme vous pouvez vous en souvenir, puis que je vous fis voir les unes & les autres qu'on me presta à Rome, & que je fis copier.

Ne sont-ce pas, dit Pymandre, les mesmes que l'on a gravées depuis dans le Traité de Peinture que M. de Chambray a traduit ? Il me semble avoir veû une Lettre dans les Ouvrages de Bosse que le Poussin luy avoit écrite, par laquelle il paroist n'estre point content qu'on eust fait imprimer ces écrits, & où il traite de *goffes* les figures qu'on y a ajoustées.

Il est vray, repartis-je, que le Poussin ne croyoit pas qu'on deust mettre au jour ce Traité de Leonard, qui à dire vray n'est ni en bon ordre, ni assez bien digeré. Cependant le public est obligé à la peine que le Traducteur a prise, parce que les maximes qu'il contient sont excellentes, & donnent de grandes lumieres à un Peintre intelligent qui s'applique à les lire. Le sieur du Fresnoy, comme vous avez veû, s'en est heureusement servi dans son Poëme de la Peinture ; & quelque chose que le Poussin en ait pû dire, il en a tiré beaucoup de lumiere.

Pour reconnoistre les bons offices & les témoignages d'affection du Cavalier del Pozzo, il estoit toûjours prest à exécuter

ET LES OUVRAGES DES PEINTRES. 261
les choses qu'il desiroit. Il en donna des mar- LE POUSSIN.
ques par le grand nombre de Tableaux qu'il fit
pour luy preferablement à tout autre, & avec
beaucoup de soin & d'étude, particulierement
ceux des sept Sacremens. Ils n'ont que deux
palmes de long; mais ils sont exécutez dans
la plus haute idée qu'un Peintre puisse avoir
de la dignité des sujets qu'ils traitent, & dans
la plus belle intelligence de l'art. Ce sont ces
ouvrages si excellens qui firent desirer à M.
de Chantelou Maistre d'Hostel du Roy d'en
avoir de semblables. Ceux du Cavalier del
Pozzo furent achevez en differens temps. Le
Sacrement du Baptesme n'estoit encore qu'é-
bauché lors que le Poussin vint à Paris, où
il le finit.

Il me seroit malaisé de vous faire un détail de tous les ouvrages que le Poussin fit à
Rome avant qu'il en partist pour venir icy:
je vous nommeray seulement ceux dont je
pourray me souvenir.

Le Cavalier del Pozzo eût de luy, outre
les sept Sacremens, un Saint Jean qui baptise
dans le desert, & quelques autres que vous
avez veûs. Il en fit qui furent portez en Espagne, à Naples, & en divers autres lieux.
Il en envoya deux à Turin au Marquis de
Kk iij

LE POUSSIN. Voghera parent du Cavalier del Pozzo, l'un representant le Passage de la Mer Rouge, & l'autre l'Adoration du Veau d'Or, tous deux admirables pour la grande ordonnance, la beauté du dessein, & les fortes expressions. Ils sont presentement dans le Cabinet du Chevalier de Lorraine. Il avoit fait encore un pareil sujet de l'Adoration du Veau d'Or, lequel perit dans les révoltes de Naples, & dont un morceau fut apporté à Rome.

Il peignit vers le mesme temps, pour le Mareschal de Crequi alors Ambassadeur à Rome, un Bain de Femmes, que vous avez pû voir aux Galleries du Louvre chez le sieur Stella.

Il fit aussi un grand Tableau du Ravissement des Sabines, qui a esté à Madame la Duchesse d'Aiguillon, & qui est aujourd'huy dans le Cabinet de M. de la Rauoir.

Il fit pour M. de Gillier, qui estoit auprés du Mareschal de Crequi, cét excellent ouvrage où Moyse frape le Rocher, & qui aprés avoir esté dans les Cabinets de M. de l'Isle Sourdiere, du Président de Bellievre, de M. Dreux, est aujourd'huy un des plus considerables Tableaux que l'on voye parmi ceux de M. le Marquis de Seignelay.

En 1637. il travailla à un grand Ta- *Le Poussin.* bleau que vous avez veû dans la Gallerie de M. de la Vrilliere Secretaire d'Estat, où est representé comment Furius Camillus renvoye les Enfans des Faleriens, & fait fouëter leur Maistre, qui par une infame lascheté les avoit livrez aux Romains leurs ennemis.

Quelques années auparavant, le Poussin avoit traité le mesme sujet sur une toile d'une mediocre grandeur. Il y a quelque difference entre ces deux Tableaux, quoy-qu'ils representent la mesme histoire. Le plus petit est entre les mains de M. Passart Maistre des Comptes. Il fit encore dans le mesme temps deux Tableaux, l'un pour la Fleur Peintre, où il representa Pan & Syringue ; & l'autre pour le sieur Stella, où l'on voit Armide qui emporte Regnaud. Le premier est presentement dans le Cabinet du Chevalier de Lorraine, & l'autre dans celuy de M. de Boisfranc. Lors que le Poussin envoya celuy du sieur Stella, il luy écrivit le soin qu'il avoit pris à le bien faire. Je l'ay peint, dit-il, de « la maniere que vous verrez, dautant que le « sujet est de soy mol, à la difference de celuy « de M. de la Vrilliere, qui est d'une maniere «

„ plus severe, comme il est raisonnable, con-
„ siderant le sujet qui est heroïque.

 Le Poussin avoit de grands égards à traiter differemment tous les sujets qu'il representoit, non-seulement par les differentes expressions, mais encore par les diverses manieres de peindre les unes plus délicates, les autres plus fortes. C'est pourquoy il estoit bien aise qu'on connust dans ses ouvrages le soin qu'il prenoit. Aussi dans la mesme lettre, en parlant au sieur Stella du Tableau de la Mane qui est aujourd'huy dans le Cabinet
„ du Roy, & auquel il travailloit alors: J'ay
„ trouvé, dit-il, une certaine distribution pour
„ le Tableau de M. de Chantelou, & certai-
„ nes attitudes naturelles, qui font voir dans
„ le peuple Juif la misere & la faim où il estoit
„ réduit, & aussi la joye & l'allegresse où il
„ se trouve; l'admiration dont il est touché,
„ le respect & la réverence qu'il a pour son
„ Legislateur, avec un mélange de femmes,
„ d'enfans & d'hommes d'âges & de tempera-
„ mens differens; choses, comme je croy, qui
„ ne déplairont pas à ceux qui les sçauront
„ bien lire.

 Il fit encore dans le mesme temps, pour le sieur Stella, Hercule qui emporte Déjanire.

ET LES OUVRAGES DES PEINTRES. 265
Ce Tableau est dans le Cabinet de M. de LE POUSSIN.
Chantelou, auquel le Poussin envoya celuy
de la Mane au mois d'Avril 1639. lors qu'il
disposoit ses affaires pour venir en France,
aprés que les grandes chaleurs seroient passées.

Entre les Tableaux qu'il avoit déja envoyez à Paris, il y avoit quatre Baccanales pour le Cardinal de Richelieu, un Triomphe de Neptune qui paroist dans son char tiré par quatre chevaux marins, & accompagné d'une suite de Tritons & de Nereïdes. Ces sujets travaillez poëtiquement avec ce beau feu & cét art admirable qu'on peut dire si conforme à l'esprit des Poëtes, des Peintres, & des Sculpteurs anciens, & tant d'autres ouvrages de luy répandus quasi par toute l'Europe, rendoient celebre le nom du Poussin. Et comme alors M. de Noyers Secretaire d'Estat, & Surintendant des Bastimens, suivant les intentions du Roy, cherchoit à perfectionner les Arts dans le Royaume, il résolut d'attirer à Paris une personne d'un aussi grand merite qu'estoit le Poussin, & luy en fit écrire. Mais, soit que le Poussin attendist qu'on luy expliquast clairement les avantages qu'on vouloit luy faire, ou qu'ai-

Ll

mant autant qu'il faisoit le repos & la douceur qu'il goustoit dans Rome, il eût de la peine à se résoudre de venir à Paris, comme j'ay veû par une de ses lettres, où il témoigne à M. de Chantelou, qu'il ne desire point quitter Rome, mais d'y servir le Roy, M. le Cardinal & M. de Noyers en tout ce qui luy sera commandé : ce ne fut qu'aprés avoir receû la lettre de M. de Noyers & celle du Roy qu'il écrivit à M. de Chantelou qu'il se disposoit pour partir l'Automne suivant.

<small>LE POUSSIN.

Du 15. Janvier 1639.

Des 14. & 15. de Janvier 1639.</small>

Quelques charmes qui le retinssent en Italie, il luy eust esté malaisé de ne pas obéir aux ordres que le Roy daigna luy donner, & de n'estre pas satisfait des conditions honorables que M. de Noyers luy marque. Comme j'ay trouvé ce matin ces deux lettres sous ma main avec quelques autres écrits qui regardent nostre illustre Peintre, vous serez bienaise de les voir.

Alors Pymandre me les ayant demandées, commença à lire celle de M. de Noyers.

<small>Lettre de M. de Noyers à M. Poussin.</small>

Monsieur, Aussitost que le Roy m'eût fait l'honneur de me donner la charge de Surintendant de ses Bastimens, il me vint en pensée de me servir de l'autorité qu'elle me donne pour remettre en honneur les Arts & les Sciences ; & comme j'ay un amour tout particulier pour la Peinture, je fis deſſein de la careſſer comme une maiſtreſſe bien-aimée, & de luy donner les prémices de mes ſoins. Vous l'avez ſceû par vos amis qui ſont de deçà ; & comme je les priay de vous écrire de ma part, que je demandois juſtice à l'Italie, & que du moins elle nous fiſt reſtitution de ce qu'elle detenoit depuis tant d'années, attendant que pour une entiere ſatisfaction elle nous donnaſt encore quelques-uns de ſes nourriſſons. Vous entendez bien que par là je répetois M. le Pouſſin, & quelque autre excellent Peintre Italien. Et afin de faire connoiſtre aux uns & aux autres l'eſtime que le Roy faiſoit de voſtre perſonne, & des autres hommes rares & vertueux comme vous, je vous fis écrire ce que je vous confirme par celle-cy qui vous ſervira de premiere aſſeûrance de la promeſſe que l'on vous fait, juſques à ce qu'à voſtre arrivée je vous mette en main les Brevets & les Expeditions du Roy, que je vous envoyeray mille écus pour les frais de voſtre voyage ; que je vous feray donner mille écus de gages par chacun an, un logement commode dans la Maiſon du Roy, ſoit au Louvre à Paris, ou à Fon-

Le Poussin. tainebleau, à voſtre choix ; que je vous le feray meubler honneſtement pour la premiere fois; que vous y logerez, ſi vous voulez, cela eſtant à voſtre choix ; que vous ne peindrez point en plafond, ni en voûtes, & que vous ne ſerez obligé que pour cinq années, ainſi que vous le deſirez, bien que j'eſpere que lors que vous aurez reſpiré l'air de la patrie, difficilement le quitterez-vous.

Vous voyez maintenant clair dans les conditions que l'on vous propoſe, & que vous avez deſirées. Il reſte à vous en dire une ſeule, qui eſt que vous ne peindrez pour perſonne que par ma permiſſion ; car je vous fais venir pour le Roy, non pour les particuliers. Ce que je ne vous dis pas pour vous exclure de les ſervir, mais j'entens que ce ne ſoit que par mon ordre. Aprés cela venez gayement, & vous aſſeûrez que vous trouverez icy plus de contentement que vous ne vous en pouvez imaginer. DE NOYERS. A Ruel ce 14. Janvier 1639. A Monſieur Pouſſin.

La lettre du Roy eſtoit conceûë en ces termes.

CHer & bien-amé, Nous ayant eſté fait rapport par aucuns de nos plus ſpecieux ſer-

ET LES OUVRAGES DES PEINTRES. 269

Le Poussin.

viteurs de l'estime que vous vous estes aquise, & du rang que vous tenez parmi les plus fameux & les plus excellens Peintres de toute l'Italie, & desirant, à l'imitation de nos Predecesseurs, contribuer autant qu'il nous sera possible à l'ornement & décoration de nos Maisons Royales, en appellant auprés de nous ceux qui excellent dans les Arts, & dont la suffisance se fait remarquer dans les lieux où ils semblent les plus cheris, Nous vous faisons cette lettre pour vous dire que Nous vous avons choisi & retenu pour l'un de nos Peintres ordinaires, & que Nous voulons doresnavant vous employer en cette qualité. A cét effet nostre intention est que la presente receuë, vous ayez à vous disposer de venir par-deçà, où les services que vous nous rendrez seront aussi considerez, que vos œuvres & vostre merite le sont dans les lieux où vous estes, en donnant ordre au sieur de Noyers Conseiller en nostre Conseil d'Estat, Secretaire de nos Commandemens, & Surintendant de nos Bastimens, de vous faire plus particulierement entendre le cas que nous faisons de vous, & le bien & avantage que nous avons résolu de vous faire. Nous n'ajousterons rien à la presente que pour prier Dieu qu'il vous ait en sa *sainte garde. Donné à Fontainebleau le 15. Janvier 1639.*

> **Le Poussin.**

> **Le 15. Décembre 1639.**

Soit que le Poussin eust de la peine à quitter sa femme & le sejour de Rome, soit qu'il ressentist en effet quelques incommoditez qui luy fissent apprehender celles d'un long voyage ; il écrivit au mois de Septembre à M. de Chantelou, qu'il n'estoit pas en assez bonne santé pour sortir de Rome ; & trois mois aprés il manda à M. de Noyers la mesme chose, & témoigne à M. de Chantelou par une autre lettre du mesme jour qu'il voudroit bien se dégager de venir en France.

Son retardement & ses lettres faschoient d'autant plus M. de Noyers, qu'il avoit crû que le Poussin seroit à Paris dans la fin de l'année, comme il luy avoit fait esperer, & comme le Roy & M. le Cardinal s'y attendoient. Cela fit que M. de Chantelou hasta le voyage qu'il devoit faire en Italie, & qu'estant arrivé à Rome, il obligea le Poussin à partir, & l'amena avec luy en France à la fin de l'année 1640. M. de Noyers le receût avec autant de joye qu'il l'attendoit avec d'impatience, & le presenta au Cardinal de

ET LES OUVRAGES DES PEINTRES. 271
Richelieu qui l'embraſſa avec cét air agréable & engageant qu'il avoit pour toutes les perſonnes d'un merite extraordinaire. En ſuite on le conduiſit dans un logis qu'on luy avoit deſtiné dans le Jardin des Thuilleries, & qu'il trouva meublé & garni de toutes choſes. Trois jours aprés il alla à Saint Germain trouver le Roy, qui le receût avec beaucoup de bonté, & luy parla aſſez long-temps.

LE POUSSIN.

Sa Majeſté luy ordonna de faire deux grands Tableaux, l'un pour la Chapelle de Saint Germain en Laye, & l'autre pour celle de Fontainebleau; & voulant luy donner encore des marques plus particulieres de ſon eſtime, il le déclara ſon premier Peintre ordinaire, avec trois mille livres de gages, & ſon logement dans les Thuilleries, comme il eſt porté par le Brevet qui luy en fut expedié le 20. Mars 1641.

Le Pouſſin de ſon coſté bienaiſe que M. de Noyers euſt choiſi la Cene de Noſtre Seigneur pour ſujet du Tableau d'Autel de la Chapelle de Saint Germain, ſe mit auſſitoſt à y travailler, & à faire des deſſeins pour des Tapiſſeries que M. de la Planche Treſorier des Baſtimens luy propoſa de la part de M.

Le Poussin. de Noyers; & quoy-qu'outre cela on l'occupast encore à faire des desseins pour les frontispices des Livres qu'on imprimoit au Louvre, il ne laissoit pas de disposer des cartons pour la grande Gallerie du Louvre où il vouloit representer dans des bas-reliefs feints de stuc une suite des actions d'Hercule. Vous en pouvez voir plusieurs desseins de la main du Poussin tres-finis & tres-beaux, qui sont chez M. de Fromont de Veine.

 Tant de grands ouvrages que l'on preparoit au Poussin, les graces qu'il recevoit du Roy & de ses Ministres, attiroient sur luy la jalousie des autres Peintres François, particulierement de Voüet & de ses Eleves, qui en toutes rencontres ne manquoient pas de critiquer ce qu'il faisoit.

 Fouquiere excellent païsagiste avoit eû ordre de M. de Noyers de peindre des veües de toutes les principales Villes de France, pour mettre entre les fenestres de la grande Gallerie du Louvre, & en remplir les trumeaux. Il crut que cét ouvrage, qui veritablement eust esté considerable, devoit le rendre maistre de toute la conduite des ornemens de la Gallerie; & comme cela ne réüssissoit pas selon son desir, il fut un de ceux qui se plaignit

ET LES OUVRAGES DES PEINTRES. 273
plaignit le plus du Pouſſin qui en écrivit alors LE POUSSIN.
à M. de Chantelou en ces termes. Le Baron de «
Fouquieres eſt venu me parler avec ſa gran- «
deur accouſtumée. Il trouve fort étrange de «
ce qu'on a mis la main à l'œuvre de la gran- «
de Gallerie ſans luy en avoir communiqué «
aucune choſe. Il dit avoir un ordre du Roy, «
confirmé de Monſeigneur de Noyers, préten- «
dant que ſes païſages ſoient l'ornement prin- «
cipal de ce lieu, le reſte n'eſtant ſeulement «
que des incidens. «

Je me ſouviens, dit Pymandre, d'avoir veû ce Fouquieres qui portoit toûjours une longue épée.

C'eſt pourquoy, repartis-je, le Pouſſin l'appelle le Baron, car il euſt crû dégénérer à ſa nobleſſe, s'il n'euſt meſme travaillé avec une épée à ſon coſté.

S'il eſtoit, repliqua Pymandre, parent de certains Fouquieres d'Allemagne, il pouvoit comme eux avoir beaucoup de cœur; car j'en ay oüi parler comme de perſonnes puiſſantes & généreuſes.

Si quelques-uns, répondis-je, ont crû qu'il fuſt de cette famille, ils n'ont pas ſceû que leurs noms ni leurs païs n'ont aucun rapport. Fouquieres le Peintre eſtoit né en Flandre de parens mediocres. Il fut éleve de Brugle le païsagiste, qu'on appelloit par raillerie Brugle de Velours, parce qu'il estoit souvent vestu de cette étoffe, & que ses habits estoient toûjours magnifiques. Ceux dont vous voulez parler se nommoient Fouckers; ils estoient d'Ausbourg, & les plus riches & accreditez negocians de leur ville. Du temps de l'Empereur Charles V. ils avoient obtenu un Privilege, pour faire seuls passer de Venise en Allemagne toutes les Epiceries qui se distribuoient en France & dans les autres païs voisins. Comme elles ne venoient alors du Levant que par la Mer Rouge sur la Mediterranée, elles estoient rares & fort cheres. Ainsi les Fouckers firent une si grande fortune, qu'ils estoient estimez les plus opulens de toute l'Allemagne, où il y a un proverbe, qui dit d'un homme fort accommodé, qu'il est aussi riche que les Fouckers. Cette maison est encore en grand credit, plusieurs de cette famille ayant rempli des charges considerables dans les Armées & dans la Cour des Empereurs.

On rapporte de ces riches negocians comme une chose assez singuliere & curieuse à sçavoir, que l'Empereur Charles V. au retour

ET LES OUVRAGES DES PEINTRES. 275
de Thunis, passant en Italie, & delà par la ville d'Aussbourg, fut loger chez eux ; que pour luy marquer davantage leur reconnoissance & la joye de l'honneur qu'ils recevoient, un jour parmi les magnificences dont ils le régaloient, ils firent mettre sous la cheminée un fagot de canelle qui estoit une marchandise de grand prix, & luy ayant montré une promesse d'une somme tres-considerable qu'ils avoient de luy, y mirent le feu, & en allumerent le fagot, qui rendit une odeur & une clarté d'autant plus douce & plus agreable à l'Empereur, qu'il se vit quitte d'une dette que ses affaires d'alors ne luy permettoient pas de payer facilement, & de laquelle ils luy firent present de cette maniere assez galante.

Le Poussin.

Or la famille de Fouquieres Peintre n'a jamais esté en estat de faire de si grandes liberalitez. Et quant à luy, pour soustenir sa vanité sur le fait de la Noblesse que le Roy luy avoit accordée, il souffroit volontiers toutes sortes d'incommoditez, aimant mieux ne point travailler, & ne rien gagner, que de n'estre pas consideré comme un Gentilhomme d'un merite extraordinaire. Il est vray que pour ce qui regarde ses Tableaux, il en a fait

Mm ij

LE POUSSIN. de tres-excellens, & qu'il avoit une maniere bien plus vraye & meilleure que son Maistre. Ce qu'il a peint d'aprés le naturel ne peut estre plus beau & mieux traité. Il y a quantité de ses ouvrages à Paris que vous pouvez avoir veûs. Un de ses disciples nommé Rendu en a beaucoup copié. Ils sont morts tous les deux sans avoir laissé de bien.

Mais revenons au Poussin. Pendant que plusieurs cherchoient à diminuër sa réputation, en blasmant ses peintures, il ne laissoit pas de travailler assez tranquillement. Il acheva le Tableau de la Chapelle de Saint Germain en Laye au mois d'Aoust 1641. Cét ouvrage est traité d'une maniere extraordinaire, tant pour la disposition du sujet, que pour les beaux effets des lumieres qui sont distribuées avec tant de science, que par ce seul Tableau si rempli de toutes les plus nobles parties de la Peinture, les sçavans connurent bien l'excellence de son esprit, & la difference qu'il y avoit de luy aux autres Peintres.

Cela parut encore davantage quand il eût fini le Tableau du Noviciat des Jesuites, où il a representé un des Miracles de S. François Xavier au Japon. Je vous en parlay il y a

ET LES OUVRAGES DES PEINTRES. 277
quelque temps comme nous eſtions dans les appartemens des Tuilleries. Cependant bien loin que ces beaux ouvrages & tout ce qu'il faiſoit faire dans la grande Gallerie du Louvre pour l'orner agreablement, & à peu de frais, convainquiſt ſes ennemis de ſon grand merite, ou fiſt ceſſer leur envie; au contraire, cela ne ſervoit qu'à les irriter davantage. Comme il y a peu de perſonnes capables de juger de la perfection des choſes, il ne leur eſtoit pas malaiſé de faire croire aux ignorans que ſes ouvrages conſiderables par leur ſimplicité, n'eſtoient pas comparables à une infinité d'autres que le vulgaire eſtime par la quantité & la richeſſe des ornemens.

Le Mercier Architecte du Roy avoit commencé à faire travailler à la grande Gallerie du Louvre; & dans la voute avoit déja diſpoſé des compartimens pour y mettre des Tableaux avec des bordures & des ornemens à ſa maniere, c'eſt à dire, fort peſans & maſſifs. Car quoy-qu'il euſt des qualitez d'un tres-bon Architecte, il n'avoit pas néanmoins toutes celles qui ſont neceſſaires pour la beauté & l'enrichiſſement des dedans.

De-ſorte que le Pouſſin fit changer ce qui avoit eſté commencé par le Mercier, comme

Mm iij

LE POUSSIN. choses qui ne luy paroissoient nullement convenables ni au lieu ni au dessein qu'il avoit formé. Ce changement offensa le Mercier, qui s'en plaignit; & les Peintres mal contens se joignirent à luy pour décrier tout ce que le Poussin faisoit.

On voyoit alors le Tableau qu'il avoit fait au grand Autel du Noviciat des Jesuites. Il y en avoit aussi un de Voüet à un des Autels de la mesme Eglise, que ceux de son parti faisoient valoir autant qu'ils pouvoient, disant que sa maniere approchoit de celle du Guide. Cependant ils estoient assez empeschez à reprendre quelque chose dans celuy du Poussin qui est d'une beauté surprenante, & dont les expressions sont si belles & si naturelles, que les ignorans n'en sont pas moins touchez que les sçavans. Pour y marquer neanmoins quelque defaut, & ne pas souffrir qu'il passast pour un ouvrage accompli, ils publioient par tout que le Christ qui est dans la gloire avoit trop de fierté, & qu'il ressembloit à un Jupiter tonnant.

Ces discours n'auroient pas esté capables de toucher le Poussin, s'il n'eust sceû qu'ils alloient jusques à M. de Noyers qui les écoutoit, & qui peut-estre en fit paroistre quel-

que chose. Cela donna occasion au Pous- *Le Poussin.*
sin de luy écrire une grande lettre qu'il commença par luy dire : Qu'il auroit souhai- «
té de mesme que faisoit autrefois un Phi- «
losophe, qu'on pust voir ce qui se passe «
dans l'homme, parce que non-seulement «
on y découvriroit le vice & la vertu, mais «
aussi les sciences & les bonnes disciplines ; «
ce qui seroit d'un grand avantage pour les «
personnes sçavantes, desquelles on pourroit «
mieux connoistre le merite : mais comme la «
nature en a usé d'une autre sorte, il est aussi «
difficile de bien juger de la capacité des per- «
sonnes dans les sciences & dans les arts, que «
de leurs bonnes ou de leurs mauvaises incli- «
nations dans les mœurs. «

Que toute l'étude & l'industrie des gens «
sçavans ne peut obliger le reste des hommes «
à avoir une croyance entiere en ce qu'ils di- «
sent. Ce qui de tout temps a esté assez con- «
nu à l'égard des Peintres non-seulement les «
plus anciens, mais encore les modernes, com- «
me d'un Annibal Carache, & d'un Domi- «
niquin, qui ne manquerent ni d'art, ni de «
science, pour faire juger de leur merite, qui «
pourtant ne fut point connu, tant par un ef- «
fet de leur mauvaise fortune, que par les bri- «

gues de leurs envieux qui joüirent pendant
» leur vie d'une réputation & d'un honneur
» qu'ils ne meritoient point. Qu'il se peut met-
» tre au rang des Caraches & des Domini-
» quins dans leur malheur. Et s'adressant à M.
» de Noyers, il se plaint de ce qu'il preste
» l'oreille aux médisances de ses ennemis, luy
» qui devroit estre son protecteur, puis que
» c'est luy qui leur donne occasion de le ca-
» lomnier, en faisant oster leurs Tableaux des
» lieux où ils estoient, pour y placer les siens.
» Que ceux qui avoient mis la main à ce
» qui avoit esté commencé dans la grande Gal-
» lerie, & qui prétendoient y faire quelque
» gain, ceux encore qui esperoient avoir quel-
» ques Tableaux de sa main, & qui s'en voyoient
» privez par la défense qu'il luy a faite de ne
» point travailler pour les particuliers, sont au-
» tant d'ennemis qui crient sans cesse contre
» luy. Qu'encore qu'il n'ait rien à craindre
» d'eux, puis que par la grace de Dieu il s'est
» aquis des biens qui ne sont point des biens
» de fortune qu'on luy puisse oster, mais avec
» lesquels il peut aller par tout: la douleur
» néanmoins de se sentir si maltraité, luy four-
» niroit assez de matiere pour faire voir les rai-
» sons qu'il a de soustenir ses opinions plus solides.

ET LES OUVRAGES DES PEINTRES. 281
des que celles des autres, & luy faire connoiſtre l'impertinence de ſes calomniateurs. Mais que la crainte de luy eſtre ennuyeux le réduit à luy dire en peu de mots, que ceux qui le dégouſtent des ouvrages qu'il a commencez dans la grande Gallerie ſont des ignorans, ou des malicieux. Que tout le monde en peut juger de la ſorte, & que luy-meſme devroit bien s'appercevoir que ce n'a point eſté par haſard, mais avec raiſon qu'il a évité les defauts & les choſes monſtrueuſes qui paroiſſoient déja aſſez dans ce que le Mercier avoit commencé, telles que ſont la lourde & deſagreable peſanteur de l'ouvrage, l'abbaiſſement de la voûte qui ſembloit tomber en bas, l'extréme froideur de la compoſition; l'aſpect melancolique, pauvre & ſec de toutes les parties; & certaines choſes contraires & oppoſées miſes enſemble, que les ſens & la raiſon ne peuvent ſouffrir, comme ce qui eſt trop gros & ce qui eſt trop délié; les parties trop grandes & celles qui ſont trop petites; le trop fort & le trop foible, avec un accompagnement entier d'autres choſes deſagreables.

Il n'y avoit, continuë-t-il dans ſa lettre, aucune varieté; rien ne ſe pouvoit ſouſtenir;

" l'on n'y trouvoit ni liaison, ni suite. Les gran-
" deurs des quadres n'avoient aucune propor-
" tion avec leurs distances, & ne se pouvoient
" voir commodément, parce que ces quadres
" estoient placez au milieu de la voûte, & jus-
" tement sur la teste des regardans, qui se se-
" roient, s'il faut ainsi dire, aveuglez en pen-
" sant les considerer. Tout le compartiment
" estoit défectueux, l'Architecte s'estant assu-
" jeti à certaines consoles qui regnent le long
" de la corniche, lesquelles ne sont pas en pa-
" reil nombre des deux costez, puis qu'il s'en
" trouve quatre d'un costé, & cinq à l'oppo-
" site : ce qui auroit obligé à défaire tout l'ou-
" vrage, ou bien y laisser des defauts insup-
" portables.

Aprés avoir ainsi remarqué ces manquemens, & apporté les raisons qu'il avoit eûës
de tout changer, il justifie sa conduite, &
ce qu'il a fait, en faisant comprendre de quelle sorte l'on doit regarder les choses pour en
bien juger.

" Il faut sçavoir, dit-il, qu'il y a deux ma-
" nieres de voir les objets, l'une en les voyant
" simplement, & l'autre en les considerant avec
" attention. Voir simplement n'est autre cho-
" se que recevoir naturellement dans l'œil la

forme & la ressemblance de la chose veûë. « *LE POUS-SIN.*
Mais voir un objet en le considerant, c'est «
qu'outre la simple & naturelle réception de «
la forme dans l'œil, l'on cherche avec une «
application particuliere les moyens de bien «
connoistre ce mesme objet: Ainsi on peut «
dire que le simple aspect est une operation «
naturelle, & que ce que je nomme le *Pro-* «
spect est un office de raison qui dépend de «
trois choses, sçavoir de l'œil, du rayon vi- «
suel, & de la distance de l'œil à l'objet: & «
c'est de cette connoissance dont il seroit à «
souhaiter que ceux qui se meslent de donner «
leur jugement fussent bien instruits. «

M'estant un peu aresté, je regarday Pymandre, & luy dis, Ne vous lassez pas, je vous prie, du recit que je vous fais de la lettre du Poussin. Outre que vous verrez de quelle sorte il justifie sçavamment la conduite qu'il a tenuë dans ses ouvrages, vous y apprendrez à bien juger, & à ne pas vous laisser prévenir facilement par les fausses opinions de ceux qui approuvent ou qui blasment les choses trop legerement. Aprés cela je repris ainsi mon discours.

Il faut observer, continuë le Poussin, que «
le lambris de la Gallerie a vingt-un pieds de «

haut, & vingt-quatre pieds de long d'une fe-
neſtre à l'autre. La largeur de la Gallerie qui
ſert de diſtance pour conſiderer l'étenduë du
lambris a auſſi vingt-quatre pieds. Le Tableau
du milieu du lambris a douze pieds de long ſur
neuf pieds de haut, y compris la bordure:
de-ſorte que la largeur de la Gallerie eſt d'u-
ne diſtance proportionnée pour voir d'un
coup d'œil le Tableau qui doit eſtre dans le
lambris. Pourquoy donc dit-on que les Tableaux des lambris ſont trop petits, puis que
toute la Gallerie ſe doit conſiderer par parties, & chaque trumeau en particulier? Du
meſme endroit & de la meſme diſtance on
doit regarder d'un ſeul coup d'œil la moitié
du cintre de la voûte audeſſus du lambris, &
l'on doit connoiſtre que tout ce que j'ay diſpoſé dans cette voûte doit eſtre conſideré
comme y eſtant attaché & en plaque, ſans
prétendre qu'il y ait aucun corps qui rompe
ou qui ſoit au-delà & plus enfoncé que la
ſuperficie de la voûte, mais que le tout fait
également ſon cintre & ſa figure.

Que ſi j'euſſe fait ces parties qui ſont attachées ou feintes eſtre attachées à la voûte,
& les autres que l'on dit eſtre trop petites,
plus grandes qu'elles ne ſont, je ſerois tom-

ET LES OUVRAGES DES PEINTRES. 285
bé dans les mesmes defauts qu'on avoit faits, « *Le Pous-*
& j'aurois paru aussi ignorant que ceux qui « *sin.*
ont travaillé & qui travaillent encore aujour- «
d'huy à plusieurs ouvrages considerables, les- «
quels font bien voir qu'ils ne sçavent pas que «
c'est contre l'ordre & les exemples que la «
nature mesme nous fournit, de poser les cho- «
ses plus grandes & plus massives aux endroits «
les plus élevez, & de faire porter aux corps «
les plus délicats & les plus foibles ce qui est «
le plus pesant & le plus fort. C'est cette igno- «
rance grossiere qui fait que tous les édifices «
conduits avec si peu de science & de juge- «
ment, semblent patir, s'abbaisser, & tomber «
sous le faix, au lieu d'estre égayez, *sueltes*, & «
legers, & paroistre se porter facilement, com- «
me la nature & la raison enseignent à les «
faire. «

Qui est celuy qui ne comprendra pas quel- «
le confusion auroit paru si j'avois mis des «
ornemens dans tous les endroits où les criti- «
ques en demandent; & que si ceux que j'ay «
placez avoient esté plus grands qu'ils ne «
sont, ils se feroient voir sous un plus grand «
angle, & avec trop de force, & ainsi vien- «
droient à offenser l'œil, à cause principale- «
ment que la voûte reçoit une lumiere égale «

Nn iij

» & uniforme en toutes ses parties ? N'auroit-il
» pas semblé que cette partie de la voûte au-
» roit tiré en bas, & se seroit détachée du reste
» de la Gallerie, rompant la douce suite des
» autres ornemens? Si c'estoit des choses réelles,
» comme je prétens qu'elles paroissent, qui se-
» roit si mal avisé de placer les plus grandes
» & les plus pesantes dans un lieu où elles ne
» pourroient se maintenir ? Mais tous ceux qui
» se meslent d'entreprendre de grands ouvrages
» ne sçavent pas que les diminutions à l'œil
» se font d'une autre maniere, & se conduisent
» par des raisons particulieres dans les choses
» élevées perpendiculairement en hauteur, &
» dont les paralleles ont leur point de con-
» cours au centre de la terre.

Pour répondre à ceux qui ne trouvoient
pas la voûte de la Gallerie assez riche, le
» Poussin ajouste; qu'on ne luy a jamais pro-
» posé de faire le plus superbe ouvrage qu'il
» pust imaginer, & que si on eust voulu l'y
» engager, il auroit librement dit son avis, &
» n'auroit pas conseillé de faire une entreprise
» si grande & si difficile à bien exécuter : pre-
» mierement, à cause du peu d'ouvriers qui se
» trouvent à Paris capables d'y travailler ; se-
» condement, à cause du long-temps qu'il eust

ET LES OUVRAGES DES PEINTRES. 287

fallu y employer ; & en troisiéme lieu, à cau- « Le Pou‑
se de l'excessive dépense qui ne luy semble « sin.
pas bien employée dans une Gallerie d'une «
si grande étenduë, qui ne peut servir que d'un «
passage, & qui pourroit encore un jour tom- «
ber dans un aussi mauvais estat qu'il l'avoit «
trouvée, la negligence & le trop peu d'a- «
mour que ceux de nostre nation ont pour les «
belles choses estant si grande, qu'à peine sont- «
elles faites qu'on n'en tient plus de compte, «
mais au contraire on prend souvent plaisir à «
les détruire. Qu'ainsi il croyoit avoir tres- «
bien servi le Roy, en faisant un ouvrage plus «
recherché, plus agreable, plus beau, mieux «
entendu, mieux distribué, plus varié, en moins «
de temps, & avec beaucoup moins de dépen- «
se que celuy qui avoit esté commencé. Mais «
que si l'on vouloit écouter les differens avis, «
& les nouvelles propositions que ses enne- «
mis pourroient faire tous les jours, & qu'el- «
les agreassent davantage que ce qu'il tas- «
choit de faire, nonobstant les bonnes raisons «
qu'il en rendoit, il ne pouvoit s'y opposer ; «
au contraire, qu'il cederoit volontiers sa pla- «
ce à d'autres qu'on jugeroit plus capables. «
Qu'au moins il auroit cette joye d'avoir esté «
cause qu'on auroit découvert en France des «

LE POUSSIN. » gens habiles que l'on n'y connoiſſoit pas, leſ-
» quels pourroient embellir Paris d'excellens
» ouvrages qui feroient honneur à la nation.

Il parle enſuite de ſon Tableau du Novi-
» ciat des Jeſuites, & dit, Que ceux qui pré-
» tendent que le Chriſt reſſemble plûtoſt à un
» Jupiter tonnant qu'à un Dieu de miſericor-
» de, devoient eſtre perſuadez qu'il ne luy man-
» quera jamais d'induſtrie pour donner à ſes
» figures des expreſſions conformes à ce qu'el-
» les doivent repreſenter ; mais qu'il ne peut,
(ce ſont ſes propres termes dont il me
» ſouvient) qu'il ne peut, dis-je, & ne doit
» jamais s'imaginer un Chriſt en quelque action
» que ce ſoit, avec un viſage de *torticolis, ou*
» *d'un pere doüillet,* veû qu'eſtant ſur la terre
» parmi les hommes, il eſtoit meſme difficile
» de le conſiderer en face.

Il s'excuſe ſur ſa maniere de s'énoncer, &
» dit, qu'on doit luy pardonner, parce qu'il a
» vécu avec des perſonnes qui l'ont ſceû en-
» tendre par ſes ouvrages, n'eſtant pas ſon meſ-
» tier de ſçavoir bien écrire.

» Enfin il finit ſa lettre en faiſant voir, qu'il
» ſentoit bien ce qu'il eſtoit capable de faire,
» ſans s'en prévaloir, ni rechercher la faveur ;
» mais pour rendre toûjours témoignage à la
verité,

verité, & ne tomber jamais dans la flaterie qui font trop oppofées pour fe rencontrer enfemble.

« LE POUS-
« SIN.

Cependant, foit que le Pouffin fuft rebuté d'avoir toûjours à fe défendre de fes ennemis & des envieux de fa gloire, luy qui fur toutes chofes aimoit le repos, & n'avoit d'autre but que de fe perfectionner dans fon art, il demanda congé pour faire un voyage à Rome, afin de mettre ordre à fes affaires, & d'amener fa femme en France pour mieux s'appliquer enfuite aux grands travaux qu'on luy préparoit. Il partit vers la fin de Septembre 1642. & arriva à Rome le 5. Novembre de la mefme année. Il ne fut pas long-temps fans apprendre la mort du Cardinal de Richelieu qui arriva le 4. Décembre enfuivant. Cette nouvelle l'empefcha de penfer à fon retour; & comme * le Roy ne furvécut gueres plus de cinq mois fon premier Miniftre, & que M. de Noyers fe retira de la Cour, ces changemens rompirent toutes les mefures que le Pouffin euft pû prendre pour s'établir en France.

* Il mourut le 14. May 1643.

Il ne penfa donc plus qu'à travailler à Rome, & ce fut dans ce temps-là qu'il fe difpofa à faire un Tableau du raviffement de

Saint Paul que M. de Chantelou luy demanda pour accompagner un petit Tableau de Raphaël qu'il avoit acheté en passant à Boulogne, dans lequel est peint la Vision d'Ezechiel, lors que Dieu luy apparut au milieu de quatre animaux. Avant que de le commencer, il écrivit à M. de Chantelou, » Qu'il craignoit que sa main tremblante ne luy » manquast en un ouvrage qui devoit accompa- » gner celuy de Raphaël. Qu'il avoit de la peine » à se résoudre à y travailler s'il ne luy pro- » mettoit que son Tableau ne serviroit que de » couverture à celuy de Raphaël, ou du moins » qu'il ne les feroit jamais paroistre l'un auprés » de l'autre, croyant que l'affection qu'il avoit » pour luy estoit assez grande pour ne per- » mettre pas qu'il receust un affront.

Le 2. Juillet 1643.

Sur la fin de la mesme année, il luy envoya ce Tableau du ravissement de Saint Paul, & luy répete encore par sa lettre du 2. » Décembre 1643. Qu'il le supplie, tant pour » éviter la calomnie, que la honte qu'il auroit » qu'on vist son Tableau en parangon de celuy » de Raphaël, de le tenir separé & éloigné de » ce qui pourroit le ruiner, & luy faire perdre si » peu qu'il a de beauté. Mais le Cavalier del Pozzo écrivit quasi dans le mesme temps deux

ET LES OUVRAGES DES PEINTRES. 291
lettres par lesquelles il parle si avantageu- LE POUSSIN.
sement du Tableau de Saint Paul, qu'il ne
l'estime pas moins que celuy de Raphaël
qu'il avoit acheptè à Boulogne. Il dit que
c'est ce que le Poussin a fait de meilleur,
& qu'en les comparant l'un avec l'autre,
on pourra voir que la France a eû son Raphaël aussi-bien que l'Italie.

Au commencement de Janvier 1644.
le Poussin envoya encore à son ami une
copie de la Vierge de Raphaël qui est au
Palais Farnese, & qu'on appelle *La Ma-
dona della Gatta*, peinte par un nommé
Ciccio Napolitain; une autre copie d'une
Vierge aussi de Raphaël, laquelle tient le
petit Jesus, faite par le sieur Mignard; une
autre peinte d'aprés le Parmesan par No-
cret, & une autre copiée par Claude le
Rieux; les Portraits du Pape Leon X. copiez par le sieur Errard, un Dieu de Pitié
d'aprés le Carache par le Maire, & une
petite Vierge peinte par le Rieux.

Il luy fit tenir à la fin du mesme mois
huit Bustes qu'il avoit eûs du sieur Hy-
polyte Vitelesfchi, & luy écrivit qu'entre
ces Bustes il y a un Euripide & un jeune
Auguste d'une excellente maniere : mais

Oo ij

que la difficulté avoit esté de les faire sortir de Rome, où alors on estoit extrémement exact à bien garder toutes les choses antiques. Il en estoit pourtant venu à bout, car il n'y avoit rien qu'il ne fist pour servir ses amis; & s'il estoit un bon œconome de leur bourse lors qu'il faisoit quelque achat pour eux, il ne l'estoit pas moins pour le payement de ses propres ouvrages. Car comme on luy porta cent écus pour le Tableau de Saint Paul, il n'en prit que cinquante, & l'on sçait que pour tous les autres Tableaux qu'il a faits il en a usé de mesme. Aussi travailloit-il bien moins pour l'interest que pour sa gloire.

Quelque temps auparavant il avoit sceû le retour de M. de Noyers à la Cour. Et comme ensuite on le pressoit fortement d'aller en France, pour finir seulement la grande Gallerie, il fit réponse, Qu'il ne desiroit y retourner qu'aux conditions de son premier voyage, & non pour achever seulement la Gallerie, dont il pouvoit bien envoyer de Rome les desseins & les modelles. Qu'il n'iroit jamais à Paris pour y avoir l'employ d'un simple particulier quand on luy couvriroit d'or tous ses ouvrages. Aussi

ET LES OUVRAGES DES PEINTRES. 293
voyant bien que les choses n'estoient plus à   La Poussin.
la Cour au mesme estat qu'auparavant, il
ne pensoit qu'à travailler à Rome, & à demeurer en repos.

Il commença les Tableaux des sept Sacremens que nous voyons icy. Le premier qu'il fit, fut celuy de l'Extréme-Onction : il le finit au mois d'Octobre de l'année mil six cens quarante-quatre, & six mois aprés il l'envoya en France. Ce Tableau fut un de ceux qui luy plut beaucoup. Lors qu'il ne faisoit que de l'ébaucher, il écrivit qu'en vieillissant il se sentoit plus que jamais enflammé du desir de bien faire ; & comme il formoit toûjours ses pensées sur ce qu'il avoit leû des Tableaux des anciens Peintres Grecs, il manda, Que ce devoit estre un « sujet tel qu'Appelle avoit accoustumé d'en « choisir, lequel se plaisoit à representer des « personnes mourantes. «

Vers la fin de Juillet de la mesme année il acheta encore quatre testes de marbre. La premiere representoit le dernier Ptolemée frere de Cleopatre, & il l'estimoit seule cent pistoles. La deuxiéme estoit une teste de femme d'une excellente maniere. Elle regarde en haut, & appartenoit autrefois à

Oo iij

Le Poussin. Cherubin Albert fameux Peintre. Elle a les oreilles percées pour y attacher quelques ornemens. On la nommoit chez les Alberti, *La Lucrece*. La troisiéme est de Julia Augusta. La quatriéme paroist un Drusus. Mais n'ayant pas eû moins de difficulté à faire sortir de Rome ces quatre Bustes que les huit précedens, on ne les receût qu'au mois de Février 1646. avec le Sacrement de Confirmation.

Peu de temps aprés il commença pour M. le Président de Thou ce beau Tableau du Crucifiement qui est dans le Cabinet du sieur Stella; & au mois de Janvier 1647. il envoya le troisiéme Sacrement, qui est le Baptesme.

Dans des lettres qu'il écrivit quelque temps aprés à un de ses amis, il répond à ceux qui avoient trouvé trop douce la maniere de son Tableau du Baptesme, & les renvoyant au Boccalini, pour voir de quelle sorte il répond à ceux qui se plaignent à Apollon que la tarte du Guarini estoit trop sucrée, (c'est sa Comedie du Pastor Fido,)
" il dit, Que pour luy il ne chante pas toû-
" jours sur un mesme ton; qu'il sçait varier sa
" maniere selon les differens sujets, & que la

ET LES OUVRAGES DES PEINTRES. 295
médisance & la réprehension l'ont toûjours « LE POUS-
engagé à mieux faire. SIN.

Ce fut dans la mesme année 1647. qu'il
acheva encore le Sacrement de Penitence,
celuy de l'Ordre, & celuy de l'Eucharistie,
qui est la Cene; & que le sieur Pointel receût icy ce beau Tableau de Moïse sauvé des
eaux, qui est presentement dans le Cabinet
du Roy. Ce fut au sujet de ce Tableau qu'il
écrivit une grande lettre à M. de Chantelou, par laquelle il luy mande, Que si ce der- «
nier ouvrage luy a donné tant d'amour lors «
qu'il l'a veû, ce n'est pas qu'il ait esté fait «
avec plus de soin que celuy qu'il avoit re- «
ceû de luy auparavant, mais qu'il doit con- «
siderer que c'est la qualité du sujet, & la dis- «
position dans laquelle il se trouve luy-mesme, «
en le voyant, qui cause un tel effet. Que les «
sujets des Tableaux qu'il fait pour luy, doi- «
vent estre representez d'une autre maniere; «
& que c'est en cela que consiste tout l'arti- «
fice de la Peinture. Que c'est juger avec trop «
de précipitation de ses ouvrages; qu'estant «
difficile de donner son jugement si l'on n'a «
une grande pratique & la theorie jointes en- «
semble, les sens seuls ne doivent pas le fai- «
re, mais y appeller la raison. Que pour cela «

LE POUS-SIN.

» il veut bien l'avertir d'une chose importan-
» te qui luy fera connoiſtre ce qu'un Peintre
» doit obſerver dans la repreſentation des cho-
» ſes qu'il traite. C'eſt que les anciens Grecs
» inventeurs des beaux Arts, trouverent plu-
» ſieurs modes par le moyen deſquels ils pro-
» duiſirent les effets merveilleux qu'on a re-
» marquez dans leurs ouvrages. Qu'il entend
» par le mot de mode, la raiſon, la meſure,
» ou la forme dont il ſe ſert dans tout ce qu'il
» fait, & par laquelle il ſe ſent obligé à de-
» meurer dans de juſtes bornes, & à travail-
» ler avec une certaine mediocrité, modera-
» tion, & ordre déterminé qui établiſſent l'ou-
» vrage que l'on fait dans ſon eſtre veritable.
»   Que le mode des anciens eſtant une com-
» poſition de pluſieurs choſes, il arrive que de
» la varieté & difference qui ſe rencontre dans
» l'aſſemblage de ces choſes, il en naiſt autant
» de differents modes, & que de chacun ainſi
» compoſé de diverſes parties miſes enſemble
» avec proportion, il en procede une ſecrette
» puiſſance d'exciter l'ame à differentes paſ-
» ſions. Que de là les anciens attribuerent à
» chacun de ces modes une proprieté particu-
» liere, ſelon qu'ils reconnurent la nature des
» effets qu'ils eſtoient capables de cauſer : comme

ET LES OUVRAGES DES PEINTRES. 297

me au mode qu'ils nommerent Dorien, des « LE POUS-SIN.
sentimens graves & serieux ; au Phrygien, des «
passions vehementes; au Lydien, ce qu'il y a «
de doux, de plaisant & d'agreable ; à l'Ioni- «
que, ce qui convient aux Baccanales, aux «
festes, & aux danses. Que comme, à l'imita- «
tion des Peintres, des Poëtes & des Musiciens «
de l'Antiquité, il se conduit sur cette idée : «
c'est aussi ce qu'on doit observer dans ses ou- «
vrages, où, selon les differens sujets qu'il trai- «
te, il tasche non seulement de representer sur «
les visages de ses figures des passions diffe- «
rentes, & conformes à leurs actions, mais «
encore d'exciter & faire naistre ces mesmes «
passions dans l'ame de ceux qui voyent ses «
Tableaux. «

Il seroit dangereux, dit Pymandre, que la Peinture eust autant de force que la Musique pour émouvoir les passions : les excellens Peintres seroient en estat de faire bien des desordres. N'avez-vous jamais oüi parler d'un Musicien qui par son art se rendoit le maistre absolu de ceux qui l'écoutoient. Erric II. Roy *Saxo-Gram.* des Danois en ayant entendu conter des choses surprenantes, voulut le voir, & éprouver s'il produiroit des effets conformes à ce qu'il avoit oüi dire. Luy ayant commandé d'exci-

P p

ter une passion guerriere dans l'ame de ceux qui estoient presens : ce Musicien fit aussi-tost entendre un son martial, & des cadences si animées, qu'il les mit tous en colere. Chacun commença à chercher des armes ; & le Roy mesme entra dans une fureur si étrange, qu'il échapa des mains de ses gardes pour prendre son épée, qu'il passa au travers du corps de quatre personnes de sa suite.

Veritablement, luy dis-je, une musique de cette nature ne seroit pas fort divertissante, & il n'y auroit pas de plaisir, comme vous dites, d'avoir des Peintres qui causassent de si cruels effets. Aussi ceux qui ont crû que la musique estoit necessaire aux plus grands politiques, qui l'ont mise entre les disciplines illustres, & mesme qui ont dit qu'il estoit aussi honteux de ne la sçavoir pas, que d'ignorer les lettres, n'ont pas prétendu qu'on en fist un pareil usage ; & je croy aussi que ce n'estoit pas l'intention du Poussin de mettre ceux qui verroient ses Tableaux dans un si grand peril.

Cependant si l'on considere bien la pluspart des choses qu'il a faites, on trouvera qu'il observoit exactement les maximes dont je viens de vous parler, & l'on verra dans ses

Le Poussin.

Platon.
Aristote.
Tam turpe est Musicam nescire quàm litteras.
S. Isidore.

ET LES OUVRAGES DES PEINTRES. 299
ouvrages des marques de son application à Le Poussin.
les rendre conformes en toutes choses aux
sujets qu'il traitoit.

Outre le dernier des sept Sacremens qu'il
envoya au commencement de l'année 1648.
il finit pour M. du Fresne Annequin une
Vierge assise sur des degrez, qui est presentement à l'Hostel de Guise; pour le sieur
Pointel le Tableau de Rebecca; pour M. Lumague un grand païsage où Diogene rompt
son écuelle; deux pour le sieur Cerisiers,
dont l'un represente le corps de Phocion que
l'on emporte; & l'autre, comme l'on en ramasse les cendres; un païsage où est un grand
chemin, qui est dans le Cabinet du Chevalier
de Lorraine; un petit Tableau du Baptesme de Saint Jean, peint sur un fond de bois,
pour M. de Chantelou l'aisné.

En 1649. il peignit pour le sieur Pointel
un grand païsage, où est representé Polypheme; un Tableau d'une Vierge qu'on appelle
des dix figures; & un Jugement de Salomon,
qui est presentement dans le Cabinet de Monsieur de Harlay Procureur Général. Ce Tableau est admirable pour la correction du
dessein, & la beauté des expressions.

Il fit aussi pour M. Scarron un ravisse-

Pp ij

ment de Saint Paul; & pour le sieur Stella un Tableau où Moïse frape le rocher, tout different de celuy qu'il avoit fait autrefois pour M. de Gillier.

Ce fut au sujet de cét ouvrage qu'il écrivit une lettre au sieur Stella, par laquelle il
» luy témoigne, qu'il a esté bien-aise d'appren-
» dre qu'il en estoit content, & aussi d'avoir
» sceû ce qu'on en disoit. Et parce qu'on avoit trouvé à redire sur la profondeur du lit où l'eau coule, qui semble n'avoir pû estre fait en si peu de temps, ni disposé par la nature dans un lieu aussi sec & aussi aride. que le
» desert où estoient les Israëlites, il dit, Qu'on
» ne doit pas s'arrester à cette difficulté. Qu'il
» est bien-aise qu'on sçache qu'il ne travail-
» le point au hasard, & qu'il est en quelque
» maniere assez bien instruit de ce qui est per-
» mis à un Peintre dans les choses qu'il veut
» representer, lesquelles se peuvent prendre &
» considerer comme elles ont esté, comme elles
» sont encore, ou comme elles doivent estre.
» Qu'apparemment la disposition du lieu où
» ce miracle se fit devoit estre de la sorte qu'il
» l'a figurée, parce qu'autrement l'eau n'auroit
» pû estre ramassée, ni prise pour s'en servir
» dans le besoin qu'une si grande quantité de

ET LES OUVRAGES DES PEINTRES. 301

peuple en avoit, mais qu'elle se seroit répan- « LE POUS-
duë de tous costez. Que si à la création du « SIN.
monde la terre eust receû une figure uni- «
forme, & que les eaux n'eussent point trou- «
vé des lits & des profondeurs, sa superfi- «
cie auroit esté toute couverte & inutile aux «
animaux ; mais que dés le commencement «
Dieu disposa toutes choses avec ordre & ra- «
port à la fin pour laquelle il perfectionnoit «
son ouvrage. Ainsi dans des évenemens aussi «
considerables que fut celuy du frapement «
du rocher, on peut croire qu'il arrive toû- «
jours des choses merveilleuses ; de-sorte «
que n'estant pas aisé à tout le monde de bien «
juger, on doit estre fort retenu, & ne pas «
décider temerairement. «

En 1650. il fit pour un Marchand de Le sieur Rey-
Lion un Tableau, où Nostre Seigneur gue- non.
rit les aveugles au sortir de la ville de Jeri-
co. Ce Tableau est un des beaux qui soient
sortis de sa main, tant pour la belle disposition du sujet, & la force du dessein, que pour
la couleur & les belles expressions des figures. En 1667. ce Tableau servit de sujet aux
conferences de l'Academie de Peinture, &
alors on fit de sçavantes remarques sur toutes les parties de cét ouvrage, qui aprés avoir

Pp iij

LE POUSSIN. passé dans le Cabinet du Duc de Richelieu, est presentement dans celuy du Roy.

Il y avoit long-temps que les amis du Poussin souhaitoient d'avoir son portrait. Il avoit témoigné à M. de Chantelou qu'il desiroit de le contenter, mais qu'il se trouvoit à Rome peu de Peintres qui fissent bien des portraits, & qu'il ne voyoit que le seul M. Mignard qui en fust capable.

Au mois de May 1650. M. de Chantelou receût une lettre, par laquelle le Poussin luy écrivit, qu'ayant luy-mesme travaillé à faire son portrait, il se disposoit à le luy envoyer dans peu. Qu'il avoit de la peine à le finir, parce qu'il y avoit 28. ans qu'il n'en avoit fait. Un mois aprés ce Portrait arriva à Paris ; & comme il en fit deux en mesme temps, differens pourtant l'un de l'autre, il envoya le second un mois aprés au sieur Pointel. Le Poussin estoit alors âgé de 56. ans.

Dans la mesme année il fit un grand païsage, où l'on voit une femme qui se lave les pieds. Ce Tableau a esté à M. Passart Maistre des Comptes.

L'année d'aprés il peignit pour le Duc de Crequi Ambassadeur à Rome, une Vierge dans un païsage, accompagnée de plusieurs figures. Pour le sieur Raynon un Moïse trouvé LE POUSSIN. sur les eaux: la composition en est agréable: il est presentement dans le Cabinet de M. le Marquis de Seignelay. Pour le sieur Pointel deux païsages, l'un representant un orage, & l'autre un temps calme & serain: ils sont à Lion chez le sieur Bay Marchand.

Ce fut encore dans le mesme temps qu'il fit pour le mesme Pointel deux grands païsages: dans l'un il y a un homme mort & entouré d'un serpent, & un autre homme effrayé qui s'enfuit. Ce Tableau que M. du Plessis Rambouïllet acheta aprés la mort du sieur Pointel, est presentement dans le Cabinet de M. Moreau premier Valet de Garderobe du Roy, & doit estre regardé comme un des plus beaux païsages que le Poussin ait faits.

En 1653. il fit pour M. de Mauroy Intendant des Finances une Nativité de Nostre Seigneur, & les Pasteurs qui viennent l'adorer: elle est dans le Cabinet de M. de Boisfranc. Il peignit aussi pour le sieur Pointel N. S. en Jardinier, & la Magdeleine à ses pieds. Pour M. le Nostre, la Femme adultere, qui paroist aux pieds de Jesus-Christ dans une contenance abbatuë, & touchée de douleur, &

les Pharisiens confus de leur malice, qui s'en retournent pleins de dépit & de colere.

En 1654. il fit pour le sieur Stella un Moïse exposé sur les eaux. C'est un Tableau admirable pour l'excellence du païsage, & la sçavante maniere dont le sujet est traité.

En 1655. pour M. Mercier Tresorier à Lion, Saint Pierre & Saint Jean qui guerissent un boëteux: pour M. de Chantelou, une Vierge grande comme nature. Ce Tableau a 9. pieds de haut sur 5. pieds de large.

Le Poussin estoit trop sçavant dans son art pour n'en pas connoistre toutes les parties, & trop sincere pour ne pas avoüer qu'il y en avoit qu'il possedoit moins parfaitement que les autres. Quand il envoya à M. de Chantelou ce Tableau de la Vierge dont je viens de parler, il voulut luy-mesme prévenir le jugement que l'on en feroit, & témoigner qu'il sçavoit bien qu'on n'y trouveroit pas tous les charmes du coloris & du pinceau. C'est pourquoy il écrivit à M. de Chantelou, de luy en mander librement son avis. Mais qu'il le prioit de considerer que tous les talens de la peinture ne sont pas donnez à un seul homme: qu'ainsi il ne faut point chercher dans son ouvrage ceux qu'il n'a pas receûs.

ET LES OUVRAGES DES PEINTRES. 305
receûs. Qu'il fçait bien que toutes les per- «LE POUS
fonnes qui le verront ne feront pas d'un mef- « SIN.
me fentiment, parce que les goufts des ama- «
teurs de la peinture ne font pas moins diffe- «
rens que ceux des Peintres ; & cette differen- «
ce de goufts eft la caufe de la diverfité qui fe «
trouve dans les travaux des uns & dans les «
jugemens des autres. Il fait voir dans cette «
lettre les divers talens des Peintres de l'An- «
tiquité, & comment chacun d'eux ayant ex-
cellé en quelque partie, il ne s'en eft pas trouvé un feul qui les ait toutes poffedées dans la
perfection. Il remarque la mefme chofe à l'é-
gard des anciens Sculpteurs. Et enfin il dit,
Qu'on peut voir encore de pareils exemples «
de cette verité dans les Peintres qui ont eû «
de la réputation depuis trois cens cinquante «
ans, parmi lefquels il ne defavoüe pas qu'il «
croit avoir rang, fi on confidere bien tout «
ce qu'ils ont fait. «

Il fit pour un particulier un Tableau où eft la En 1656.
Vierge, Saint Jean, Sainte Elifabeth & Saint
Jofeph. Pour le Duc de Crequi, Achille reconnu par Uliffe chez le Roy Licomede. Pour 1657.
le fieur Stella, un païfage où eft reprefenté la
naiffance de Bacchus ; & pour le fieur de Ce-
rifiers, une Vierge qui fuit en Egypte. Pour 1658.

Q q

M. Paſſart Maiſtre des Comptes, un grand païſage où eſt Orion aveuglé par Diane; pour Madame de Montmort, à preſent Madame de Chantelou, une fuite en Egypte; & pour M. le Brun, un autre païſage. Pour M. de Chantelou, une Samaritaine. C'eſt le dernier Tableau de figures que le Pouſſin ait fait. Auſſi en l'envoyant, il écri-
» vit, Que c'eſt le dernier ouvrage qu'il fe-
» ra, & qu'il touche à ſa fin du bout du
» doigt. En effet, ſes infirmitez augmentant tous les jours, & deux ans aprés ayant perdu ſa femme, il devint quaſi hors d'eſtat de plus travailler. Il acheva pourtant en 1664. pour le Duc de Richelieu, quatre païſages qu'il avoit commencez dés l'année 1660. Ils repreſentent les quatre Saiſons, & dans chacun il y a un ſujet tiré de l'Ecriture Sainte.

Pour le Printemps, c'eſt Adam & Eve dans le Paradis terreſtre. Pour l'Eſté, Ruth, qui eſtant arrivée à Bethléem avec ſa belle-mere Noémi au temps de la moiſſon, ramaſſe des épics de bled dans le champ de Boos. Pour l'Automne, ce ſont deux des Iſraélites que Moïſe avoit envoyez pour reconnoiſtre la terre de Chanaam, & pour en appor-

ET LES OUVRAGES DES PEINTRES. 307
ter des fruits, lesquels reviennent chargez d'une grappe de raisin d'une grosseur extraordinaire. Et pour l'Hiver, il a peint le Deluge. Quoy-que ce dernier soit un sujet qui ne fournisse rien d'agreable, parce que ce n'est que de l'eau, & des gens qui se noyent, il l'a traité neanmoins avec tant d'art & de science, qu'il n'y a rien de mieux exprimé. Le ciel, l'air & la terre ne sont que d'une mesme couleur : les hommes & les animaux paroissent tous traversez de la pluye : la lumiere ne se fait voir qu'au-travers l'épaisseur de l'eau, qui tombe avec une telle abondance, qu'elle prive tous les objets de la clarté du jour. Il est vray que si l'on voit encore dans ces quatre Tableaux la force & la beauté du génie du Peintre, on y apperçoit aussi la foiblesse de sa main. Ils sont dans le Cabinet du Roy.

Le Poussin se trouvant dans l'impuissance d'exécuter de la maniere qu'il faisoit auparavant toutes les riches pensées que son imagination ne laissoit pas de luy fournir, ne pensoit plus qu'à la mort. Il me souvient que luy ayant écrit vers ce temps-là, il me fit réponse au mois de Janvier 1665. Voicy sa lettre. *Je n'ay pû répondre plûtost à celle que*

Qq ij

LE POUSSIN. *M. le Prieur de Saint Clementin voſtre frere me rendit quelques jours aprés ſon arrivée en cette ville, mes infirmitez ordinaires s'eſtant accruës par un tres-faſcheux rhume, qui me dure, & m'aflige beaucoup. Je vous dois maintenant remercier de voſtre ſouvenir, & tout enſemble du plaiſir que vous m'avez fait de n'avoir point réveillé le premier deſir qui eſtoit né en M. le Prince d'avoir de mes ouvrages. Il eſtoit trop tard pour eſtre bien ſervi. Je ſuis devenu trop infirme, & la paralyſie m'empeſche d'operer. Auſsi il y a quelque temps que j'ay abandonné les pinceaux, ne penſant plus qu'à me preparer à la mort. J'y touche du corps, c'eſt fait de moy.*

Nous avons N. qui écrit ſur les œuvres des Peintres modernes, & de leurs vies. Son ſtile eſt ampoulé, ſans ſel, & ſans doctrine. Il touche l'art de la Peinture comme celuy qui n'en a ni theorie, ni pratique. Pluſieurs qui ont oſé y mettre la main, ont eſté récompenſez de moquerie, comme ils ont merité, &c.

Le Pouſsin avoit alors aſſez de peine à écrire, ainſi qu'il l'avoit marqué un peu auparavant à M. de Chantelou, lors qu'il luy fit ſçavoir la mort de ſa femme, & qu'il luy recommanda ſes heritiers & ſes parens d'An-

ET LES OUVRAGES DES PEINTRES. 309

dely: car luy parlant de ses infirmitez il luy dit, Qu'il a peine à écrire une lettre en dix jours. LE POUSSIN.

Le 7. Mars 1665. il écrivit pourtant à M. de Chambray sur son livre de la Peinture: vous ne serez pas fasché de sçavoir le contenu de sa lettre, parce qu'on y voit son génie, & certaines maximes qu'il observoit.

Il faut à la fin, luy dit-il, *tascher à se réveiller aprés un si long silence. Il faut se faire entendre pendant que le poux nous bat encore un peu. J'ay eû tout loisir de lire & d'examiner vostre livre de la parfaite idée de la Peinture, qui a servi d'une douce pasture à mon ame affligée; & je me suis réjoüi de ce que vous estes le premier des François qui avez ouvert les yeux à ceux qui ne voyent que par ceux d'autruy, se laissant abuser à une fausse opinion commune. Or vous venez d'échauffer & d'amolir une matiere rigide & difficile à manier: de-sorte que desormais il se pourra trouver quelqu'un qui, en vous imitant, nous pourra donner quelque chose au benefice de la Peinture.*

Aprés avoir consideré la division que fait le Seigneur François Junius des parties de ce bel art, j'ay osé mettre icy brievement ce que j'en

Q q iij

LE POUSSIN. ay appris. Il est necessaire premierement de sçavoir ce que c'est que cette sorte d'imitation, & de la définir.

DEFINITION.

C'est une imitation faite avec lignes & couleurs en quelque superficie, de tout ce qui se voit sous le Soleil. Sa fin est la délectation.

PRINCIPES

Que tout homme capable de raison peut apprendre.

Il ne se donne point de visible sans lumiere.
Il ne se donne point de visible sans forme.
Il ne se donne point de visible sans couleur.
Il ne se donne point de visible sans distance.
Il ne se donne point de visible sans instrument.

CHOSES

Qui ne s'apprennent point, & qui sont parties essentielles à la Peinture.

PREMIEREMENT pour ce qui est de la matiere, elle doit estre noble, qui n'ait receû aucune qualité de l'ouvrier. Et pour donner lieu au Peintre de montrer son esprit & son industrie, il faut la prendre capable de recevoir la plus excellente forme. Il faut commencer par la disposition, puis par l'ornement, le décore, la

ET LES OUVRAGES DES PEINTRES. 311

beauté, la grace, la vivacité, le coſtume, la vrayſemblance, & le jugement par tout. Ces dernieres parties ſont du Peintre, & ne ſe peuvent enſeigner. C'eſt le rameau d'or de Virgile, que nul ne peut trouver ni cueillir, s'il n'eſt conduit par le Deſtin. Ces neuf parties contiennent pluſieurs choſes dignes d'eſtre écrites par de bonnes & ſçavantes mains.

Je vous prie de conſiderer ce petit échantillon, & de m'en dire voſtre ſentiment ſans aucune ceremonie. Je ſçay fort bien que non-ſeulment vous ſçavez moucher la lampe, mais encore y verſer de bonne huile. J'en dirois davantage: mais quand je m'échauffe maintenant le devant de la teſte par quelque forte attention, je m'en trouve mal. Au ſurplus, j'ay toûjours honte de me voir placé avec des hommes dont le merite & la vertu eſt audeſſus de moy plus que le l'Etoile de Saturne n'eſt audeſſus de noſtre teſte. C'eſt un effet de voſtre amitié dont je vous ſuis redevable, &c.

Lors que j'eus achevé, Pymandre me dit: Il eſt vray qu'on voit dans cette lettre un abregé des parties de la Peinture, dont il ſeroit à ſouhaiter que le Pouſſin euſt parlé avec plus d'étenduë.

Vous pouvez remarquer, repartis-je, qu'il

Le Poussin. ne dit rien des choses qui regardent la pratique, & qu'il ne s'attache qu'à la theorie, ou plûtost à ce qui dépend seulement du génie & de la force de l'esprit: ce qu'il faut particulierement considerer dans le Poussin, qui par là s'est si fort élevé audessus des autres Peintres.

Si vous voulez, nous examinerons les talens de cét excellent homme dans ses propres ouvrages, & nous verrons de quelle sorte il a exécuté luy-mesme ces choses qu'il jugeoit si necessaires dans la Peinture. Mais il faut avant cela voir la fin d'une vie si illustre, & vous representer mort & dans le tombeau celuy qui vit glorieusement dans la memoire des hommes, & dont le nom éclate avec tant de splendeur.

Depuis que le Poussin eût écrit à M. de Chambray, il ne fut plus gueres en estat de s'entretenir avec ses amis. Aussi, aprés que M. de Chantelou eût appris par une lettre du sieur Jean du Ghet, l'extrémité où il estoit, on eût bientost la nouvelle de sa mort arrivée le 19. Novembre 1665. Il estoit âgé de 71. ans 5. mois.

Du 27. Octobre 1665.

Le lendemain matin son corps ayant esté porté dans l'Eglise de Saint Laurent *in Lucina*

ET LES OUVRAGES DES PEINTRES.

cina sa Parroisse, l'on fit son Service, où se trouverent tous les Peintres de l'Académie de Saint Luc, & les amateurs des beaux Arts, lesquels témoignerent par leur douleur, la perte qu'on faisoit d'un homme si celebre.

L'on ne manqua pas de faire des Vers sur sa mort. Le sieur Bellori fit ceux-cy.

Parce piis lachrimis : vivit Pußinus in urna,
Vivere qui dederat, nescius ipse mori :
Hic tamen ipse silet ; si vis audire loquentem,
Mirum est, in tabulis vivit & eloquitur.

M. l'Abbé Nicaise Chanoine de la Sainte Chapelle de Dijon, assez connu par son merite, & les connoissances qu'il a dans les belles lettres, estant alors à Rome, & ami particulier du Poussin, donna des marques de son affliction, par ce Monument qu'il fit pour luy.

D. O. M.

NIC. PUSSINO GALLO
Pictori suæ ætatis primario,
Qui ARTEM
DUM PERTINACI STUDIO PROSEQUITUR,
Brevi assequutus, postea VICIT.
NATURAM
Dum LINEARUM *compendio contrahit,*
Seipsa MAJOREM *expressit.*
EAMDEM,
Dum novâ OPTICES *industriâ*
Ordini lucique restituit,
Seipsâ fecit ILLUSTRIOREM.
ILLAM
GRÆCIS, ITALISQUE *imitari,*
Soli PUSSINO *superare datum.*
Obiit in URBE ÆTERNA XIV. *Kal. Dec.*
M. DC. LXV. *annos natus* LXXI.
Ad Sancti Laurentii IN LUCINA *sepultus.*
CLAUDIUS NICASIUS *Divionensis*
Regii Sacelli Canonicus,
Dum AMICO *singulari parentaret,*
Veteris amicitiæ memor,
MONUMENTUM *hoc posuit ære perennius.*

Le Poussin, par son Testament fait deux mois avant sa mort, défendit de faire aucunes ceremonies à son Enterrement, & disposa des biens qu'il laissoit. De la somme de cinquante mille livres ou environ, à quoy ils pouvoient monter, il en donna cinq à six mille écus à des parens de sa femme, pour lesquels il avoit de l'amitié, & dont il avoit receû des services. Du surplus, il legua mille écus à Françoise le Tellier l'une de ses nieces, demeurant à Andeli ; & du reste, il en fit son legataire universel Jean le Tellier aussi son neveu.

On peut bien juger, dit alors Pymandre, qu'il ne travailloit pas pour aquerir du bien, car il auroit pû en amasser beaucoup davantage, voyant ses Tableaux aussi recherchez qu'ils estoient.

Je vous ay déja parlé, repartis-je, de son desinteressement. Ayant mis un prix raisonnable à son travail, il estoit si regulier à ne prendre que ce qu'il croyoit luy estre legitimement deû, que plusieurs fois il a renvoyé une partie de ce qu'on luy donnoit, sans que l'empressement qu'on avoit pour ses Tableaux & le gain que quelques particuliers y faisoient luy donnast envie d'en profiter. Aussi on peut dire de luy, qu'il n'aimoit pas tant la peinture pour le fruit & la gloire qu'elle produit, que pour elle-mesme & pour le plaisir d'une si noble étude & d'un exercice si excellent. Vous avez pû remarquer combien il eût de peine à venir en France, où il estoit appellé d'une maniere si avantageuse & si honorable: comme ce n'estoit ni la faveur des Grands, ni la récompense qu'il recherchoit, il fallut que les sollicitations des Ministres & les prieres de ses amis le forçassent à quitter le repos dont il joüissoit dans Rome. Lors qu'il en partit il ne s'engagea que pour un temps; & quand il fut arrivé à Paris, il ne songea qu'à satisfaire son Prince, & à faire paroistre dans la plus auguste Cour de l'Europe les talens qu'il avoit receûs du Ciel. Il n'envisagea point une grande fortune, & ne pensa jamais à s'élever audessus de sa condition. Il ne recherchoit pas les grands biens, parce que sa moderation ne le portoit ni à faire des dépenses superfluës, ni à enrichir sa famille. Il n'avoit rien eû de sa femme, & ne l'avoit prise que par une pure reconnoissance des charitables services qu'il en avoit receûs dans une grande maladie, pendant qu'il logeoit chez

ET LES OUVRAGES DES PEINTRES. 317

fon pere. Il n'en eût aucuns enfans, mais ils vécurent toûjours enfemble d'une maniere honnefte, fans fafte & fans éclat, n'ayant pas mefme un valet pour le fervir; tant il aimoit le repos, & craignoit l'embarras des domeftiques. M. Camille Maffimi, qui depuis a efté Cardinal, eftant allé luy rendre vifite, il arriva que le plaifir de la converfation l'arrefta jufques à la nuit. Comme il voulut s'en aller, & qu'il n'y avoit que le Pouffin qui le conduifoit avec la lumiere à la main, M. Maffimi ayant peine de le voir luy rendre cét office, luy dit qu'il le plaignoit de n'avoir pas feulement un valet pour le fervir. Et moy, repartit le Pouffin, je vous plains « bien davantage, Monfeigneur, de ce que « vous en avez plufieurs. «

Vous pouvez vous fouvenir qu'il difoit affez volontiers fes fentimens, mais c'eftoit toûjours avec une honnefte liberté, & beaucoup de grace. Il eftoit extrémement prudent dans toutes fes actions, retenu & difcret dans fes paroles, ne s'ouvrant qu'à fes amis particuliers; & lors qu'il fe trouvoit avec des perfonnes de grande qualité, il n'eftoit point embarraffé dans la converfation, au contraire, il paroiffoit par la force de fes difcours, & par la beauté de ses pensées, s'élever audessus de leur fortune.

Il me semble que je le vois encore, dit Pymandre : son corps estoit bien proportionné, & sa taille haute & droite : l'air de son visage qui avoit quelque chose de noble & de grand, répondoit à la beauté de son esprit, & à la bonté de ses mœurs. Il avoit, s'il m'en souvient, la couleur du visage tirant sur l'olivastre, & ses cheveux noirs commençoient à blanchir lors que nous estions à Rome. Ses yeux estoient vifs & bien fendus, le nez grand & bien fait, le front spacieux, & la mine résoluë.

Vous ne pouvez pas, interrompis-je, le mieux representer qu'il s'est representé luy-mesme dans ses deux portraits dont je vous ay parlé ; & s'il est vray ce que l'on dit souvent, que les Peintres se peignent dans leurs propres ouvrages, on peut encore mieux le reconnoistre dans ceux qu'il a faits.

Je vous ay dit que l'on avoit toûjours crû qu'il avoit composé un Traité des Lumieres & des Ombres. M. de Chantelou en ayant écrit au sieur Jean Dughet son beaufrere quelque temps avant la mort du Poussin, afin d'en estre mieux informé, voicy la réponse que le sieur Dughet luy envoya le 23. Janvier 1666.

V. S. Illustrißima mi scrive che M. Cerisiers gli ha detto haver veduto un libro fatto dal Signor Poußin, quale tratta di lumi & ombre, colori & misure. Tutto questo non e vero cosa alcuna; & e ben vero che mi è restato nelle mani alcuni manoscritti che trattano d'ombre e lumi, ma non sono altrimenti del sudetto Signore; ma si bene me li fece copiare da un libro originale che tiene il Cardinal Barberino nella sua libraria, & l'autore di tal opera e 'l Padre Matheo Maestro di Prospettiva del Domenichino. Molti anni sono hora, il sudetto Signor Poußin me ne fece copiare una buona parte prima che noi andaßimo in Parigi. Mi fece enco copiare alcune regole di Prospettiva di Vitellione, e da queste cose, hanno creduto molti che Monsieur Poußin l'habbia composte, & acciò V. S. Ill. sia certo di quanto gli scrivo, mi fara favore singolarißimo far sapere all' Illustrißimo Signore de Chambray che volendo vedere il sudetto libro, bastera che V. S. Illustrißima me lo comandi, che si tosto gli lo inviaro per il corriere a conditione che havendolo veduto me lo rimandi. Si tiene da tutti i Francesi che il

LE POUSSIN. *sudetto deffunto habbia lasciato qualche trattato di pittura. V. S. Illustrissima non ne creda cosa alcuna, è ben vero che io li ho inteso dire piu volte che era in deliberatione di dar principio à qualche discorso in materia di pittura, ma pero benche da me fosso spesso importunato à dar principio, sempre mi rimesse di un tempo a un altro ; ma finalmente sopragiungendoli la morte suanirano tutte quelle cose che si era proposto*, &c.

Vous voyez par cette lettre que le Poussin n'a jamais rien écrit sur la Peinture, & que les memoires qu'il a laissez sont plûtost des études & des remarques qu'il faisoit pour son usage, que des productions qu'il eust dessein de donner au public. Cependant, par la seule lettre que M. de Chambray receût de luy, & que nous venons de lire, on peut juger quelles estoient les maximes qu'il se formoit pour la composition de ses ouvrages ; & si nous les examinons, nous trouverons que c'est à la clarté de ces lumieres qu'il s'est toûjours conduit, & qu'il est parvenu à mettre au jour des Tableaux aussi rares que ceux que nous voyons de luy. Car il est vray que nul autre Peintre n'en a fait où l'on puisse remarquer comme dans les siens.

siens toutes les belles parties qui ne procedent que de la force de l'imagination, de la beauté de l'esprit, & d'un heureux discernement qu'il sçavoit faire de toutes les choses necessaires pour la perfection d'un ouvrage.

Commençons, si vous voulez, par ce qu'il dit, *Que la matiere doit estre prise noble; qu'elle n'ait receû aucune qualité de l'ouvrier; & que pour donner lieu au Peintre de montrer son esprit & son industrie, il faut la prendre capable de recevoir la plus excellente forme.*

Il n'est pas necessaire de vous marquer qu'il parle d'abord du choix des sujets. Il veut qu'ils soient nobles, c'est à dire, qu'ils ne traitent que de choses grandes, & non pas de simples representations de personnes, ou d'actions ordinaires & basses. Car bien que l'art de peindre s'étende à imiter tout ce qui est visible, comme il le dit luy-mesme; il fait néanmoins consister l'excellence de cét art, & le grand sçavoir d'un Peintre dans le beau choix des actions héroïques & extraordinaires. Il veut que lors qu'il vient à mettre la main à l'œuvre, il le fasse d'une maniere qui n'ait point encore esté execu-

Le Poussin. tée par un autre, afin que son ouvrage paroisse comme une chose unique & nouvelle; & que si l'on connoist la grandeur de ses idées, & la beauté de son genie dans la forme extraordinaire qu'il luy donnera, on remarque aussi la netteté & la force de son jugement dans le sujet qu'il aura choisi. C'est par cette haute idée que le Poussin avoit des choses grandes & relevées, qu'il ne pouvoit souffrir les sujets bas, & les peintures qui ne representent que des actions communes; & qu'il avoit mesme du mépris pour ceux qui ne sçavent que copier simplement la nature telle qu'ils la voyent.

Si vous rappellez dans vostre memoire tous les Tableaux que vous avez veûs du Poussin, vous connoistrez la fecondité de son esprit, & combien il a esté exact & judicieux dans le choix des sujets, n'en ayant jamais pris que de nobles, & capables d'instruire & de satisfaire l'esprit en divertissant agréablement la veûe.

En quelque endroit qu'il ait puisé sa matiere, soit dans l'Histoire Sainte, soit dans l'Histoire profane, soit dans la Fable, il n'a rien emprunté des autres Peintres. Il a donné à cette matiere une nouvelle beauté, &

ET LES OUVRAGES DES PEINTRES. 323

l'a fait paroiftre fous une forme fi excellen- — LE POUSSIN. te, que par la force de fon art & la nouveauté de fes penfées il en a toûjours relevé le mérite beaucoup audeffus de tout ce qui en a efté écrit ou peint avant luy.

De quelle fçavante maniere a-t-il reprefenté dans un Tableau le petit Moïfe qui foule aux pieds la couronne de Pharaon; & dans un autre la verge de Moïfe qui changée en ferpent, devore en prefence du Roy les verges que les Mages d'Egypte avoient auffi fait transformer en ferpens? Ces deux grands fujets qu'il fit pour le Cardinal Maffimi, font prefentement à Paris.

Peut-on concevoir une idée plus belle & plus noble de la mort d'un grand Prince, que l'idée qu'il doit avoir eûë de la mort de Germanicus lors qu'il l'a reprefenté dans fon lit environné de fa femme affligée, de fes enfans éplorez, & de fes amis dans une profonde trifteffe?

Quand il a peint le jeune Pyrrhus que l'on fauve chez les Megariens, avec quelle force de deffein a-t-il exprimé cette action que nous voyons dans un de fes Tableaux parmi ceux du Cabinet du Roy?

S f ij

LE POUSSIN.　Les Maulossiens s'estant révoltez contre Æacides, & l'ayant chassé de son Royaume, cherchoient par tout son fils Pyrrhus, qui n'estoit encore qu'un enfant à la mammelle. Quelques-uns des plus fidelles amis d'Æacides ayant enlevé le jeune Prince, prirent la fuite, suivis de quelques serviteurs & de quelques femmes qu'il avoit auprés de luy. Mais comme ils ne pouvoient pas faire une grande diligence, & que leurs ennemis qui les poursuivoient ne furent pas long-temps sans les atteindre, ils mirent l'enfant entre les mains de trois jeunes hommes les plus forts & les plus dispos qui fussent parmi eux, ausquels ils se confioient beaucoup, afin qu'ils prissent les devans vers la ville de Megare, pendant qu'ils s'opposeroient à ceux qui venoient les attaquer. En effet, ils firent si bien, & en se défendant contre eux, & quelquefois en les priant, qu'ils les arrestérent long-temps, & les obligerent enfin à se retirer; aprés quoy ils coururent aprés ceux qui portoient Pyrrhus, & les joignirent proche Megare sur la fin du jour. Mais lors qu'ils croyoient estre en seûreté, ils trouverent un obstacle à leur dessein; car la riviere, qui est auprés de la ville, estoit si grosse & si rapide, à cause des pluyes, qu'il leur fut impossible de passer plus avant. Outre cela le bruit impetueux de l'eau empeschant que les personnes qui estoient de l'autre costé pussent les entendre, ils ne sçavoient de quelle maniere faire connoistre le danger où estoit Pyrrhus, lors qu'enfin quelqu'un d'entre eux s'estant avisé de prendre de l'écorce d'un chesne, ils marquerent par écrit l'estat où ils estoient, & ayant jetté ces écorces au-delà de l'eau, en les roulant l'une autour d'une pierre, & l'autre attachée à un javelot, ceux qui les receûrent, apprirent le peril où estoit le jeune Prince, & aussitost luy donnerent du secours.

C'est cette action si notable dans le commencement de la vie de Pyrrhus, que le Poussin a representée dans ce Tableau. Ce jeune enfant est entre les bras d'un des principaux de sa suite, auquel il semble qu'un de ceux qui l'avoient enlevé l'ait remis, pendant qu'il demande l'assistance des Megariens qui paroissent de l'autre costé de l'eau, & que ses deux autres camarades leur lancent une pierre & un javelot.

Les femmes qui avoient soin de Pyrrhus attendent aussi sur le bord de la riviere le secours qu'elles demandent; & le Peintre, pour mieux exprimer toute l'histoire, & embellir l'ordonnance de son Tableau, a fait paroistre dans un endroit éloigné quelques-uns des gens de Pyrrhus, lesquels combatent, & arrestent les ennemis qui le poursuivent.

On voit dans toutes ces personnes beaucoup de trouble & d'empressement. Les femmes sont en desordre & effrayées. Mais s'il y a quelques figures qu'on doive particulierement considerer, ce sont ces jeunes hommes qui jettent une pierre & un javelot. L'effort qui paroist dans leurs attitudes & dans toutes les parties de leurs corps par l'extension & le renflement des nerfs & des muscles, est conforme à leurs actions. On y peut encore remarquer combien le Peintre a doctement observé l'équilibre & la ponderation qui met le corps dans une position ferme, & qui contribuë au mouvement & à la force de l'action qu'ils font. Aussi toutes ces belles parties, la noble disposition des figures, la situation du lieu, les bastimens, la lumiere du Soleil couchant, & la belle union de tout ce Tableau l'ont toûjours beaucoup fait estimer.

Si nous voulons passer à d'autres sujets.

moins serieux, combien d'esprit ne voit-on pas dans ses Tableaux des Metamorphoses? Celuy où il a representé dans un lieu délicieux Narcisse, Clitie, Ajax, Adonis, Iacinthe, & Flore qui repand des fleurs en dansant avec de petits Amours, n'inspire-t-il pas de la joye? Le Triomphe de Flore qu'il fit pour le Cardinal Omodei; ce qu'il a peint pour representer la teinture de la rose & celle du corail, & plusieurs autres sujets semblables, font voir la fecondité & la beauté de son génie dans la nouveauté & la diversité de ses pensées. Les Baccanales, les Triomphes Marins, & tant d'autres sujets poëtiques que l'on voit de luy, ne reçoivent-ils pas encore de son pinceau des beautez differentes de celles qu'ils tiennent de la plume & de l'esprit des Poëtes?

Voulez-vous sçavoir comment il a traité des pensées morales & des sujets allegoriques? Je vous en diray seulement trois. Le premier est une Image de la vie humaine, representée par un bal de quatre femmes qui ont quelque rapport aux quatre saisons, ou aux quatre âges de l'homme. Le Temps, sous la figure d'un vieillard, est assis, & joüe de la lire, au son de laquelle ces femmes, qui

LE POUSSIN. sont la Pauvreté, le Travail, la Richesse & le Plaisir dansent en rond, & semblent se donner les mains alternativement l'une à l'autre, & marquer par là le changement continuel qui arrive dans la vie & dans la fortune des hommes. L'on connoist facilement ce que ces femmes representent. La Richesse & le Plaisir paroissent les premieres, l'une couronnée d'or & de perles, & l'autre parée de fleurs, & ayant une guirlande de rose sur la teste. Aprés eux est la Pauvreté vestuë d'un miserable habit tout délabré, & la teste environnée de rameaux dont les feüilles sont seches, comme le symbole de la perte des biens. Elle est suivie du Travail qui a les épaules découvertes, les bras décharnez & sans couleur. Cette femme regarde la Pauvreté, & semble luy montrer qu'elle a le corps las, & tout abbatu de misere. Proche le Temps & à ses pieds, sont deux jeunes Enfans. L'un tient une horloge de sable, & la considerant avec attention, paroist compter tous les momens de la vie qui s'écoulent. L'autre, en se joüant, soufle au travers d'un roseau, d'où sortent des boules d'eau & d'air qui se dissipent aussitost ; ce qui marque la vanité & la brieveté de la vie.

Dans

Dans le mesme Tableau est un terme qui represente Janus. Le Soleil assis dans son char paroist dans le ciel au milieu du Zodiaque. L'Aurore marche devant le char du Soleil, & répand des fleurs sur la terre : les Heures qui la suivent semblent danser en volant.

Le second sujet est la Verité renversée par terre. Le Temps sous la figure d'un venerable vieillard, soustenu en l'air par les aisles qu'il a au dos, d'une main prend la Verité par le bras pour la relever ; & de l'autre main chasse l'Envie, qui en fuyant se mord le bras, & secoüë les serpens qui environnent sa teste : pendant que la Médisance, qui ne la quitte jamais, & qui est assise derriere la Verité, paroist enflammée de colere, & comme lançant deux flambeaux allumez qu'elle tient.

Le troisiéme Tableau represente le souvenir de la mort au milieu des prosperitez de la vie. Le Poussin a peint un Berger qui a un genou à terre, & montre du doigt ces mots gravez sur un tombeau, *Et in Arcadia ego.* L'Arcadie est une contrée dont les Poëtes ont parlé comme d'un païs délicieux : mais par cette inscription on a voulu marquer que celuy qui est dans ce

Le Poussin. tombeau a vécu en Arcadie, & que la mort se rencontre parmi les plus grandes felicitez. Derriere le Berger il y a un jeune homme la teste couverte d'une guirlande de fleurs, lequel s'appuye contre le tombeau, & tout pensif le considere avec application. Un autre Berger est auprés de luy; il se baisse, & montre les paroles écrites à une jeune fille agréablement parée, qui posant une main sur l'épaule du jeune homme, le regarde, & semble luy faire lire cette inscription. On voit que la pensée de la mort retient & suspend la joye de son visage.

Ces exemples ne suffisent que trop pour faire comprendre avec quelle intelligence, quelle netteté d'esprit, & quelle noblesse d'expressions nostre illustre Peintre sçavoit traiter toutes sortes de matieres, sans embarras, sans obscurité, & sans se servir de ces pensées creuses, & de ces circonstances fades, basses, & desagreables, dont plusieurs qui ont voulu employer les allegories, ont rempli leurs ouvrages faute de connoissance & de doctrine.

Mais entrons encore, si vous voulez, plus avant dans l'examen des ouvrages du Poussin, puis que nous ne pouvons en choisir de plus utiles & de plus agréables ; & aprés LE POUSSIN. avoir reconnu combien il estoit judicieux dans le choix de sa matiere, & habile à en bien relever le prix, voyons comment il a disposé ses sujets, puis que selon ses propres maximes, c'est par où le Peintre doit commencer son travail.

Je ne feindray point de vous dire ce que je pense sur cela du Poussin. Je croy qu'il n'y a jamais eû de Peintre qui ait eû plus de lumieres naturelles, & qui ait plus travaillé que luy pour aquerir toutes les belles connoissances qui peuvent servir à perfectionner un Peintre. Aussi sçavoit-il toutes les parties qui doivent entrer necessairement dans la composition & dans l'ordonnance d'un Tableau ; celles qui sont inutiles, & qui peuvent causer de la confusion : de quelle sorte il faut faire paroistre avantageusement les principales figures ; ne rien donner aux autres qui les rendent trop considerables, soit par la majesté ou par la noblesse des actions, soit par la richesse des habits & des accommodemens ; & faire en sorte que dans la representation d'une histoire, il n'y ait ni trop, ni trop peu de figures ; qu'elles soient agreablement placées, sans que les unes nuisent aux autres, & que toutes expriment parfaitement l'action qu'elles doivent faire. C'est ce que l'on voit dans ces beaux Tableaux du frapement de roche, & dans les sept Sacremens, où toutes les parties concourent à la perfection de l'ordonnance & à la belle disposition des figures, comme les membres bien proportionnez servent à rendre un corps parfaitement beau.

Nous n'aurions pas de peine à en prendre quelqu'un pour exemple, puis qu'ils sont tous également bien disposez, & conduits chacun en particulier conformément aux differens modes qu'il se prescrivoit.

Quelle *beauté*, quel *décore*, quelle *grace* dans le Tableau de Rébecca ? L'on ne peut pas dire du Poussin ce qu'Apelle disoit à un de ses disciples, que n'ayant pû peindre Helene belle, il l'avoit representée riche. Car dans ce Tableau du Poussin la beauté éclate bien plus que tous les ornemens, qui sont simples & convenables au sujet. Il a parfaitement observé ce qu'il appelle décore ou bienseance, & sur tout la grace, cette qualité si précieuse & si rare dans les ouvrages de l'art aussi-bien que dans ceux de la nature.

Par la *vivacité* dont il parle, il entend

ET LES OUVRAGES DES PEINTRES. 313

cette vie & cette forte expreſſion qu'il a ſi LE POUSSIN.
bien ſceû donner à ſes figures, quand il a
voulu repreſenter les divers mouvemens du
corps, & les differentes paſſions de l'ame. Il
faudroit trop de temps pour parcourir ſeulement les principaux ouvrages où il a fait
voir ſon grand ſçavoir dans cette partie.
Trouve-t-on ailleurs des expreſſions de douleur, de triſteſſe, de joye & d'admiration
plus belles, plus fortes & plus naturelles que
celles qui ſe voyent dans ce merveilleux Tableau de Saint François Xavier qui eſt au
Noviciat des Jeſuites? Il n'y a point de figure qui ne ſemble parler, ou faire connoiſtre ce qu'elle penſe, ou ce qu'elle ſent. Dans
les deux Tableaux du frapement de roche
combien de differentes actions noblement repreſentées! On peut encore dans ces meſmes
tableaux remarquer ce qu'il dit du *coſtume*,
c'eſt à dire, ce qui regarde la convenance
dans toutes les choſes qui doivent accompagner une hiſtoire. C'eſt en quoy l'on peut
dire qu'il a ſurpaſſé tous les autres Peintres,
& qu'il s'eſt diſtingué d'une maniere qui eſt
d'autant plus conſiderable, que dans le temps
qu'elle fait voir la ſcience de l'ouvrier, elle
divertit par la nouveauté, & enſeigne une

Tt iij

infinité de choses qui satisfont l'esprit, & plaisent à la veûë.

Il sçavoit bien que le merveilleux n'est pas moins propre à la peinture qu'à la poësie: mais il n'ignoroit pas aussi qu'il faut que la vraysemblance paroisse en toutes choses, comme je vous ay dit qu'il l'écrivit luy-mesme au sieur Stella, en répondant à ceux qui avoient trouvé à redire à son Tableau du frapement du rocher, & qui n'approuvoient pas qu'il y eust marqué une profondeur pour l'écoulement des eaux.

A l'égard de ce qu'il veut que le jugement du Peintre paroisse dans tout l'ouvrage, c'est en effet la partie qui domine sur toutes les autres, qui les doit conduire, & qui perfectionne davantage la composition d'un tableau. Vous ne verrez pas qu'il y ait jamais manqué, soit pour ce qui regarde la naturelle situation des lieux, soit dans la fabrique des édifices qu'il a toûjours faits conformes aux differens païs, soit dans les armes & les habits propres à chaque nation, au temps & aux conditions ; soit dans les expressions des mouvemens du corps & de l'esprit; qu'il n'a ni outrez, ni rendus desagreables. Enfin il n'est point tombé dans les defauts & les ignorances groffieres de ces LE POUSSIN. Peintres qui repréfentent dans de beaux & verdoyans païfages, des actions qui fe font paffées dans des païs deferts & arides ; qui confondent l'Hiftoire Sainte avec la Fable ; qui donnent des veftemens modernes aux anciens Grecs & Romains ; & qui croyent faire paroiftre beaucoup de vie & d'action à leurs figures, quand ils leur font faire des poftures ridicules, & des expreffions qui font peur, ou ne fignifient rien.

Voilà ce qu'il faut confiderer dans le Pouffin plus que dans les autres Peintres. Pour ce qui eft des parties qui regardent la pratique de la peinture, comme font le deffein, la couleur, & les autres chofes qui en dépendent, il n'eft pas malaifé de faire voir que bien loin de les avoir ignorées, il les a fçavamment mifes en exécution.

C'eft fur cela, interrompit Pymandre, que je feray bienaife de voir comment on peut répondre à ceux qui demeurent d'accord de ce que vous venez de dire à l'égard de la theorie, mais qui ne conviennent pas qu'il ait efté auffi habile pour ce qui eft du travail & du maniment du pinceau ; qui fouftiennent qu'il n'a point fuivi la Nature, mais

Le Poussin. seulement copié l'Antique, & fait toutes ses figures d'aprés les statuës & les bas reliefs, imitant d'une maniere dure & seche jusques aux draperies & aux plis serrez des marbres qu'il a copiez trop exactement.

Qu'il n'a point sceû l'art de bien peindre les corps, & faire paroistre par l'épanchement des lumieres & la distribution des ombres, la beauté des carnations, & l'amitié des couleurs. Que c'est la raison pour laquelle il n'a jamais osé entreprendre de grands ouvrages, & qu'il s'est toûjours réduit à ne faire des Tableaux que d'une moyenne grandeur.

Si ceux-là, repartis-je, qui trouvent qu'il a trop preferé l'Antique à la Nature, avoüënt
» eux-mesmes, qu'on ne peut pas s'attacher
» à des proportions plus belles & plus élegan-
» tes que celles des statuës antiques. Que les
» anciens Sculpteurs se sont attachez à fraper la
» veûë par la majesté des attitudes, par la gran-
» de correction, la délicatesse & la simplicité
» des membres, évitant toutes les minuties,
» qui sans le secours de la couleur ne peuvent
» qu'interrompre la beauté des parties : ne
» sont-ce pas-là d'assez belles choses qu'un
» Peintre doit étudier? Et peut-on rendre les

Antiques

Antiques si recommandables, sans donner en- Le Poussin.
vie de les imiter? Il faut, dit-on, en sçavoir
oster la dureté & la secheresse. Qui doute
de cela, & qu'il ne faille mesme prendre
garde aux effets des lumieres qui se répandent sur les marbres & sur les choses dures,
d'une maniere bien differente que sur les
corps naturels, & sur de veritables étoffes?
Mais, où voit-on que le Poussin ait fait des
hommes & des femmes de bronze ou de
marbre, au lieu de les representer de chair?
Il a connu que pour former les corps les
plus parfaits, il ne pouvoit trouver de plus
beaux modelles que les statuës & les bas reliefs, qui sont les chef-d'œuvres des plus excellens hommes de l'Antiquité; que ce qui
nous en reste doit estre consideré comme le
fruit des travaux de tant d'années que les
plus sçavans ouvriers de la Grece & de l'I-
talie ont employées à perfectionner un art
qu'ils ont mis à un si haut degré, que depuis
eux tout ce qu'on a pu faire a esté de tascher à les suivre.

Le Poussin n'estoit pas si présomptueux
de croire que sur ses seules idées il pust former des figures aussi accomplies que celles
de la Venus de Medicis, du Gladiateur, de

V u

Le Poussin. l'Hercule, de l'Apollon, de l'Antinoüs, des Luiteurs, & de plusieurs autres statuës que l'on admire tous les jours à Rome. Il sçavoit d'ailleurs, que quelque recherche qu'il pust faire pour trouver des corps d'hommes & de femmes bien faits, il n'en rencontreroit point de si accomplis que ceux que l'art a formez par la main de ces grands Maistres, à qui les mœurs & les coustumes de leur temps avoient donné des moyens favorables & commodes pour en faire un beau choix : ainsi, qu'au-lieu de suivre ce que les Anciens ont fait de plus grand & de plus beau, il tomberoit aisément dans plusieurs defauts ausquels infailliblement il s'accoustumeroit en ne voyant que la seule nature de mesme qu'ont fait la pluspart des autres Peintres, qui prennent pour modelles toutes sortes de personnes, sans penser à éviter ce qu'il y a de défectueux.

Mais il est aisé de faire voir que le Poussin s'est servi des belles & élégantes proportions des Antiques, de la majesté de leurs attitudes, de la grande correction, & de la simplicité de leurs membres, & mesme de leurs accommodemens de draperies, sans rien faire qui ait de la dureté & de la secheresse.

ET LES OUVRAGES DES PEINTRES. 339

Il a sceû en faire le choix pour representer des Divinitez ou des hommes; estant de luy-mesme entré dans l'esprit des anciens Sculpteurs qui ont si doctement fait paroistre de la difference entre leurs Dieux, les heros & les hommes; representant les uns comme des corps impassibles, & les autres comme des substances mortelles & perissables. Il a mesme sceû distinguer les personnes de qualité & d'un temperament plus délicat d'avec celles qui sont plus fortes & plus robustes selon les differentes conditions.

A cela il a joint la beauté du pinceau & la verité des carnations, en conservant dans les contours la correction du dessein que les plus grands Peintres ont toûjours preferée à toute autre chose; & il a répandu sur tous les corps des lumieres fortes ou foibles, avec des reflets conformes au lieu & aux actions qu'il a figurées, sans s'éloigner de la nature, mais en la perfectionnant, & en évitant les defauts qui s'y rencontrent.

L'on conviendra de toutes ces veritez, si l'on n'est point préoccupé de gousts particuliers; si l'on a une forte idée de la perfection de la peinture, & que sans prévention on

Vu ij

Le Poussin. veuille bien entrer dans les raisons que le Poussin a eûës d'exécuter ses Tableaux tels qu'on les voit. Mais il faut outre la docilité de l'esprit & la droiture de la volonté, avoir aussi les connoissances necessaires pour faire ces discernemens, & pour bien juger de son intention.

Pourquoy les sçavans trouvent-ils des beautez dans les statuës antiques & dans les peintures de Raphaël que les esprits mediocres n'y voyent point? C'est qu'ils ne s'arrestent pas à la superficie des choses; qu'ils ont des lumieres plus penetrantes que ceux qui n'ont que des regards ordinaires pour voir simplement les objets, & qui ne sont point capables de déveloper les secrets de l'art.

Les gens qui ne connoissent quasi que le nom de la peinture, & qui sont seulement dans la curiosité des tableaux, sont ordinairement paroistre plus d'estime pour une partie de cét art que pour les autres, selon qu'ils sont conseillez par des Peintres, ou par d'autres personnes qui ont ces differens gousts. Les curieux qui ne s'attachent qu'à des choses particulieres, ne considerent jamais dans les ouvrages qu'on leur montre, que ce qui est conforme à leur connoissance ou à leur inclination, & méprisent tout le reste. C'est pourquoy nous en voyons qui préferent la couleur des Peintres Venitiens à tout ce que Raphaël & ceux de son école ont fait de plus correct. D'autres choisiront les ouvrages du Caravage & du Valentin plûtost que ceux du Dominiquin ou du Guide. D'autres encore qui rampant, s'il faut ainsi dire, parmi les choses les plus basses, & n'élevant point leur esprit audessus des sujets ordinaires, préferent des Peintures fort mediocres & des actions simples, & quelquefois mesme ridicules, à ce que les habiles hommes ont jamais fait de plus serieux & de plus parfait.

Pour ceux qui n'ont point d'inclinations particulieres, ni de prévention pour aucune maniere; qui ont une idée de la beauté & de la perfection, non sur des exemples de choses modernes que le temps n'a point encore approuvez, mais sur ce que la force de l'esprit peut imaginer, ce que la raison en juge, & ce que le consentement des grands hommes en a prescrit: ceux-là, dis-je, considerent les Tableaux d'une autre sorte. Ils examinent l'intention de l'auteur, la fin pour laquelle il a travaillé, le choix de son sujet,

LE POUSSIN. les moyens dont il s'est servi, les raisons qu'il a eûës de se conduire d'une maniere plûtost que d'une autre ; & enfin ils jugent par l'exécution de son ouvrage, s'il est parvenu à l'imitation parfaite de ce qu'il s'est proposé suivant la plus belle idée qu'il en pouvoit concevoir.

Par exemple, quand le Poussin fit son Tableau de Rébecca, quel fut, je vous prie, son dessein ? J'estois encore à Rome lors que la pensée luy en vint. L'Abbé Gavot avoit envoyé au Cardinal Mazarin un Tableau du Guide, où la Vierge est assise au milieu de plusieurs jeunes filles qui s'occupent à differens ouvrages de couture. Ce Tableau est considerable par la diversité des airs de testes nobles & gracieux, & par des vestemens agréables, peints de cette belle maniere que le Guide possedoit. Le sieur Pointel l'ayant veû, écrivit au Poussin, & luy témoigna qu'il l'obligeroit s'il vouloit luy faire un Tableau rempli comme celuy-là de plusieurs filles, dans lesquelles on pust remarquer differentes beautez.

Le Poussin, pour satisfaire son ami, choisit cét endroit de l'Ecriture Sainte, où il est rapporté comment le serviteur d'Abraham

ET LES OUVRAGES DES PEINTRES. 343
rencontra Rébecca qui tiroit de l'eau pour abbreuver les troupeaux de son pere, & de quelle sorte, aprés l'avoir receû avec beaucoup d'honnesteté, & donné à boire à ses chameaux, il luy fit present des bracelets & des pendans d'oreilles dont son maistre l'avoit chargé.

Voilà quel est le sujet que le Poussin choisit pour faire ce qu'on desiroit de luy. Voyons de quelle maniere il s'est conduit pour parvenir à sa fin, qui estoit de faire un Tableau agréable.

Il y réüssit sans doute, dit Pymandre. Il me souvient qu'à peine ce Tableau fut arrivé à Paris, que vous & moy allasmes le voir avec une Dame de nostre connoissance, qui en fut si charmée, qu'elle offrit au sieur Pointel de luy en donner tout ce qu'il voudroit: mais il avoit tant de passion pour les ouvrages de son ami, que bien loin de les vendre, il n'auroit pas voulu s'en priver seulement pour un jour.

Plusieurs autres personnes, repris-je, s'efforcerent inutilement de l'avoir pendant qu'il vécut. Je ne sçay si vous en avez conservé une parfaite idée. Pour vous en rafraischir la memoire, je vais en faire une brieve description. Mais afin que vous puissiez mieux remarquer tout ce qui contribuë à la perfection de cét ouvrage, souffrez, je vous prie, que j'en examine toutes les parties, pour mieux comprendre l'ordonnance; & si je vous marque jusques aux differentes couleurs des habits, c'est pour vous donner moyen d'observer la conduite du Peintre dans ce qui regarde l'union & la douceur des teintes differentes qu'il a choisies pour la beauté & l'ornement de son sujet.

Le Poussin.

Ce Tableau a prés de sept pieds de long sur plus de trois pieds & demi de haut. Le fond est un païsage & plusieurs bastimens d'un ordre simple, mais régulier, & où ce qu'il y a de rustique ne laisse pas d'avoir de la beauté & de la grace. Les bastimens sont élevez sur deux colines entre lesquelles la veûë se perd dans un éloignement; & les colines dont le terrain est d'une couleur un peu brune servent de fond aux figures. La principale de toutes est Rébecca, que l'on connoist entre les autres, non-seulement par cét homme qui l'aborde proche d'un puits, & qui luy presente des bracelets & des pendans d'oreilles, mais par son maintien gracieux, par une sagesse & une douceur qui

Tableau de Rébecca.

ET LES OUVRAGES DES PEINTRES. 345

LE POUSSIN.

qui paroift fur fon vifage, & enfin par une modeftie que l'on voit dans fes regards & dans fa contenance. Sa robbe eft d'un bleu celefte, ornée par le bas d'une broderie d'or. D'une main elle la releve négligemment, & de l'autre elle fait une action par laquelle il femble qu'elle foit dans l'incertitude fi elle doit prendre les prefens qu'on luy offre. Sous cette robbe ceinte d'un ruban tiffu d'or, il y a une maniere de juppe peinte de laque, rehauffée d'un peu de jaune fur les clairs. Une écharpe de gaze luy couvre les épaules & la gorge; & un petit voile blanc qui luy fert de coiffure, tombe en arriere, & laiffe voir fes cheveux qui font d'un chaftain clair. Celuy qui luy fait des prefens a fur fa tefte un bonnet en forme de turban; il eft habillé d'une vefte jaune ombrée de laque. Sa fouf-vefte eft d'un violet tirant fur le gris-de-lin; & fes chauffes & fes fouliers font femblables à ceux que portent les Levantins. Une écharpe jaune & verte luy fert de ceinture; & à fon cofté luy pend un cimeterre & un carquois rempli de fleches. De la main droite il tient des pendans d'oreilles, & de la gauche des bracelets.

Auprés de Rébecca eft une grande fille

appuyée sur un vase posé sur le bord du puits. Son visage paroist mélancolique. Ses cheveux sont bruns. Elle est vestuë d'un habit vert avec une espece de camisolle ou demi-tunique, qui ne la couvre que depuis les épaules jusques sur les hanches, & dont la couleur est de laque & d'un bleu fort pasle.

Une autre jeune fille est proche celle dont je viens de parler: elle tient un vase. Ses cheveux sont blonds, & dans son visage il y a quelque chose de masle & d'animé. Sa robbe de dessous est d'un rouge de vermillon; & le vestement de dessus d'une étoffe fort legere, & de couleurs changeantes de jaune & de gris-de-lin. Ce vestement est ceint & retroussé d'une maniere particuliere & agréable. De sa main droite elle s'appuye sur l'épaule d'une autre fille dont l'habit est bleu. Elle a un voile blanc qui luy sert de coiffure, & qui luy couvre aussi la gorge.

De l'autre costé, & proche la figure de l'homme dont j'ay parlé, est une fille vestuë de blanc, qui descend une corde dans le puits. Elle est diminuée dans la force du dessein & des couleurs, parce qu'elle est un peu plus éloignée que les autres. Il y en a une autre qui verse de l'eau de sa cruche dans celle

ET LES OUVRAGES DES PEINTRES. 347

d'une de ses compagnes. Sa robbe est ver- *Le Poussin.*
te, son manteau rouge, & pour coëffure,
elle a un voile blanc qui renferme ses cheveux.

Celle qui reçoit l'eau est courbée & a un
genou à terre. Sa robbe est d'un gris-de-lin,
ayant pardessus un autre vestement sans manche, qui est d'un jaune ombré de laque.

Tout proche, & sur la mesme ligne, est
une autre fille qui porte un vase sur sa teste,
& qui se baisse pour en prendre encore un
qui est à terre. Sa robbe de dessous est d'un
gris-de-lin rompu de vert & de laque dans
les ombres, & celle de dessus est rouge avec
des manches qui paroissent de toile de lin.
Sa coëffure est un voile blanc un peu ver-
dastre qui tombe sur ses épaules.

Derriere la jeune fille qui verse de l'eau
à sa compagne, il y en a trois autres, dont
la plus éloignée tient des deux mains un
vase sur sa teste. Son habit est d'une étoffe
fort legere, & de couleurs changeantes de
blanc & de jaune, rompu de vert, & d'une
laque claire. Le voile qui couvre ses cheveux
en partie semble en tombant sur ses épaules
voltiger au gré du vent. Des deux autres il
y en a une qui ne montre que le dos, mais

Xx ij

qui en tournant la teſte laiſſe voir ſon viſage de profil. Elle tient une cruche. Sa robbe eſt peinte d'une laque fort vive, dont les clairs ſont rehauſſez d'une couleur plus claire, meſlée d'un bleû paſle.

La fille qui eſt auprés d'elle, & qui s'appuye ſur ſon épaule, a un habit de bleu celeſte : elle a un air enjoûé, & paroiſt plus jeune que les autres. Ces deux dernieres filles ſemblent en regarder deux autres qui ſont aſſiſes, dont l'une appuyée ſur un vaſe eſt veſtuë d'un habit vert rehauſſé de jaune, & l'autre a un veſtement jaune ombré de laque. Elles ont toutes les pieds nuds ; & comme le Pouſſin a voulu traiter ce ſujet avec beaucoup de modeſtie & de bienſéance, il n'a repreſenté de nud que les bras, & un peu des jambes, faiſant voir cependant dans ces parties ce qui peut ſe rencontrer de plus beau dans des filles bien faites.

Si je vous fais une deſcription un peu longue, c'eſt pour vous donner moyen de mieux juger du Tableau lors que vous le verrez : car vous connoiſtrez que le Pouſſin a exactement ſuivi ſes propres maximes, en choiſiſſant une matiere capable de recevoir de l'ouvrier une forme nouvelle & digne de ſon

ET LES OUVRAGES DES PEINTRES. 349

sujet. Ne vous souvenez-vous point com- LE POUSSIN. ment Paul Veronese a traité une pareille histoire qui est dans le Cabinet du Roy, de quelle sorte Raphaël l'a peinte dans les Loges du Vatican, & comment plusieurs autres Peintres l'ont representée? Je ne parle que pour la composition & l'ordonnance. Songez-bien, je vous prie, si vous avez veû quelque chose de semblable au Tableau dont nous parlons, & si le Poussin a pris pour exemple aucun Maistre qui l'ait précedé.

Comme une des premieres obligations du Peintre est de bien representer l'action qu'il veut figurer; que cette action doit estre unique, & les principales figures plus considerables que celles qui les doivent accompagner, afin qu'on connoisse d'abord le sujet qu'il traite: le Poussin a observé que les deux figures qui dominent dans son Tableau sont si bien disposées, & s'expriment par des actions si intelligibles, que l'on comprend tout d'un coup l'histoire qu'il a voulu peindre. Car de la maniere que cét étranger presente à Rébecca les joyaux qu'il avoit apportez, on connoist qu'il ne doute pas que ce ne soit celle qu'il est venu chercher pour estre la femme d'Isaac; & dans la fille on remarque une pudeur, une modestie, & comme une irrésolution de prendre ou de refuser le present qu'il luy fait, ne croyant point que le service qu'elle luy a rendu, en donnant à boire à ses chameaux, mérite aucune récompense.

L'autre maxime du Poussin admirablement observée dans cét ouvrage, consiste dans la belle disposition des groupes qui le composent. Il faudroit que vous le vissiez pour mieux comprendre ce que je ne puis assez vous exprimer par des paroles. Je vous diray seulement que la raison qui oblige les Peintres à traiter les grands sujets de cette maniere, & à disposer leurs figures par groupes, est tirée de ce que nous voyons tous les jours devant nos yeux, & de ce qui se passe quand plusieurs personnes se trouvent ensemble. Car on peut remarquer, comme a fait Leonard de Vinci, que d'abord elles s'attroupent separément selon la conformité des âges, des conditions & des inclinations naturelles qu'elles ont les unes pour les autres, & qu'ainsi une grande compagnie se divise en plusieurs autres; ce que les Peintres appellent groupes. De-sorte que la nature en cela comme en toute autre chose, est leur maistresse qui

ET LES OUVRAGES DES PEINTRES. 351
leur enseigne à suivre cette methode dans les grandes ordonnances, afin d'éviter l'embarras & la confusion. C'est un effet de l'habileté du Peintre de bien disposer ces groupes, de les varier tant par les attitudes & les actions des figures, que par les effets des lumieres & des ombres; mais d'une maniere où le jugement agisse toûjours, pour ne pas outrer les actions, ni rendre son sujet desagréable par des ombres trop fortes & de grands éclats de lumieres donnez mal-à-propos.

 La partie qui paroît une des plus essentielles, & des plus considerables dans un ouvrage, est l'expression: elle est traitée dans celuy-cy d'une maniere non moins ingenieuse que naturelle. Cette fille appuyée contre le puits (car je vous ay fait souvenir de toutes celles qui composent le Tableau, & je suppose que presentement vous l'avez comme devant les yeux,) cette fille, dis-je, est dans une attention si bien exprimée, qu'elle semble trouver à redire de ce que Rébecca reçoit les presens d'un Etranger; ou qu'elle est jalouse de ce qu'il la récompense si liberalement du service qu'elle luy a rendu. Si l'on considere la beauté & la noblesse de

LE POUSSIN. cette figure, soit dans la proportion de toutes ses parties, soit mesme dans ses vestemens, on verra qu'elle est conforme aux plus belles statuës antiques : mais on verra en mesme temps que le Peintre a pensé à varier son sujet autant par les differens mouvemens de l'ame que par les actions du corps & les attitudes differentes des personnes qu'il a figurées. Voulant faire paroistre celle-cy jalouse de sa compagne, il l'a representée plus âgée, & d'un teint moins vif, parce qu'il est naturel que les filles déja plus avancées en âge ayent du chagrin, lors qu'on leur en prefere de plus jeunes. Son teint un peu passe est la marque d'un temperament mélancolique & d'une inclination à la jalousie. Aussi paroist-elle pensive & sans action, négligemment appuyée contre le puits.

Les deux autres, qui font un groupe avec elle, ne sont pas de mesme humeur, & ne semblent pas si touchées. L'on apperçoit pourtant sur leur visage un certain trouble, & une espece d'émotion causée par un secret ressentiment de voir Rébecca preferée à toutes les autres.

On peut particulierement considerer avec quel esprit le Poussin a representé cette fille qui

ET LES OUVRAGES DES PEINTRES. 353
qui verſe de l'eau à ſa compagne, & qui en Le Poussin.
meſme temps obſerve avec attention ce qui
ſe paſſe entre Rébecca, & le ſerviteur d'A-
braham. Celle qui reçoit l'eau ſemble l'a-
vertir que ſa cruche eſt trop pleine, & luy
demander à quoy elle penſe de ne pas regarder à ce qu'elle fait.

Cette action eſt ſi naturelle & ſi heureuſement trouvée, qu'il ne ſe pouvoit rien
imaginer de plus convenable en une pareille occaſion, ni qui ſoit exprimée avec plus
d'élegance. Car ſi dans les autres filles dont
je viens de parler on voit de l'envie, il ne
paroiſt quaſi dans celles-cy que de l'indiffe-
rence.

Dans les quatre qui ſont plus éloignées,
on remarque plus de curioſité. Celle qui
tient ſa cruche ſemble écouter ce que l'E-
tranger dit à Rébecca. Il n'y a rien de
mieux deſſeigné que cette jeune fille veſtuë de rouge, qui ſe tourne vers ſa compagne. Celle qui s'appuye ſur ſon épaule ne
ſemble-t-elle pas parler à une autre qui
porte un vaſe ſur ſa teſte, & qui ſe cour-
be pour en prendre encore un qui eſt à terre? Toutes leurs actions ſont ſi vrayes, &
ſi noblement diverſifiées, qu'il y paroiſt du

Y y

LE POUSSIN. mouvement & de la vie. Et pour augmenter davantage la beauté du sujet par une plus grande diversité, le Peintre a représenté encore d'autres filles dont les cruches sont pleines, & qui semblent s'en retourner chez elles.

Il y en a deux qui, pour s'entretenir confidemment, se sont éloignées des autres jusques à ce que leur rang soit venu pour tirer de l'eau. Elles sont assises, & si appliquées à parler ensemble, qu'elles n'ont nulle attention à ce qui se passe auprés du puits. Pour ce qui regarde la proportion des corps, elle est judicieusement observée dans toutes ces filles selon leur âge; & c'est dans leurs differens airs de teste qu'on voit differentes beautez, qui toutes ont des graces particulieres.

Quant à la distribution des couleurs, elle fait dans ce Tableau une grande partie de ce qui charme la veüë. De l'union du païsage avec les figures il en naist un doux accord, & une harmonie admirable qui se répand dans tout l'ouvrage. Il est vray aussi, qu'outre la belle entente qui se voit dans l'arrangement des couleurs, on peut dire que les ombres & les lumieres y sont traitées avec un artifice qui ne contribuë pas peu à

ET LES OUVRAGES DES PEINTRES. 355
fa perfection, par les differens effets qu'elles font dans la campagne, contre les baftimens, & enfin fur tous les corps qui entrent dans la compofition de ce Tableau. LE POUSSIN.

Le Pouffin voulant qu'il n'y euft rien que de beau & d'agréable, a choifi, comme je vous ay fait voir, une fituation de lieu conforme à fon intention. Le païfage n'a rien de folitaire: on y voit les beautez de la campagne, & la commodité d'une ville qui reprefente bien la fimplicité, & la douceur de la vie des premiers hommes. Et quoy-que pour fe conformer à l'hiftoire, il ait pris l'heure que le Soleil commence à defcendre fous l'horifon, l'air néanmoins n'eft point chargé de ces vapeurs que nous voyons qui s'élevent de la terre lors que la nuit approche, parce qu'il n'ignoroit pas que dans les païs chauds & fecs le Soleil n'attire pas durant le jour comme en d'autres endroits, des vapeurs & des exhalaifons fi épaiffes. Il a reprefenté une de ces belles foirées où l'air eft pur & ferain, & où les objets éclairez des rayons du Soleil qui baiffe, fe font voir avec plus de douceur & de tendreffe.

Mais en quoy on peut admirer fa doctrine & fon jugement, c'eft dans les carna-

Y y ij

LE POUSSIN. tions & les couleurs de toutes les figures. Il fait reconnoiſtre dans cét ouvrage qu'il ſçavoit bien diſtinguer de quelle maniere on doit peindre les corps qui ſont en pleine campagne & ceux qui ſont renfermez, & la difference qu'il faut mettre entre une figure veûë de loin, & une qui eſt proche. Ce qui a donné du credit à quelques Peintres qui ont repreſenté des carnations fraiſches & vives, c'eſt qu'ils n'ont pas eû ces égards. Ils ont peint leurs figures comme veûës de prés, & leur donnant une beauté de couleurs plus ſenſibles, & moins éteintes qu'elles ne peuvent avoir dans une diſtance un peu éloignée : ils ont mieux aimé ſatisfaire les yeux que la raiſon. C'eſt en cela que les gouſts ſont differens. Le Pouſſin n'a pas cru devoir garder cette conduite. Il a ſuivi la nature dans les choſes eſſentielles beaucoup mieux que tous les autres Peintres, & n'a jamais voulu s'en écarter que dans ce qu'elle a de défectueux ; mais il l'a toûjours exactement imitée lors qu'il l'a trouvée belle & parfaite. Et quand il a repreſenté des perſonnes en campagne & en plein air, il les a peintes telles qu'elles doivent paroiſtre du lieu où on les voit. Il a obſervé la diminution des teintes de mesme que celles de la forme & des grandeurs, & a esté aussi excellent observateur de la perspective aërienne que de la perspective linéale. Comme il connoissoit que c'est une perfection de la peinture, & un des plus difficiles secrets de l'art, de bien marquer la quantité d'air qui s'interpose entre l'œil & les objets, il avoit tellement étudié cette partie, & l'a si bien mise en pratique, qu'on peut dire avec verité que c'est en cela qu'il a excellé. C'est aussi par ce moyen qu'il a rendu ses compositions si charmantes, qu'il semble qu'on chemine dans tous les païs qu'il represente; que ses figures se détachent de telle sorte les unes des autres, qu'il n'y a ni confusion, ni embarras; que les couleurs mesme les plus vives demeurent dans leur place sans trop avancer, ou trop reculer, ni se nuire les unes aux autres; que les lumieres, de quelque nature qu'elles soient, ne sont jamais ni trop fortes, ni trop foibles; que les reflets font les effets qu'ils doivent; & que de quelque sorte qu'il traite un sujet, & qu'il l'éclaire, il fait toûjours un effet admirable, parce qu'avec la gradation des couleurs il sçavoit en faire le choix selon l'amitié qu'elles ont entre elles, & répandre ses jours & ses ombres à propos.

Que si le Poussin n'a pas toûjours suivi les maximes des Peintres Venitiens dans l'épanchement des ombres & des lumieres par de grandes masses, ni suivi entierement leur conduite dans la maniere de coucher ses couleurs, pour aider à donner plus de relief aux corps: il a travaillé sur un autre principe; il a pris Raphaël pour son guide, & fondé sur les observations qu'il faisoit continuellement sur le naturel, il a fort bien sceû détacher, comme je viens de vous dire, toutes les figures par la diminution des teintes, & par cette merveilleuse entente qu'il avoit de la perspective de l'air. Cette maniere & cette conduite fait dans ses Tableaux un effet conforme à ce que l'on voit d'ordinaire dans la nature. Car sans l'artifice des grandes ombres & des grands clairs, on y voit les objets tels qu'on les découvre ordinairement dans le grand air & en pleine campagne, où l'on ne voit point ces fortes parties de jours & d'obscuritez. Aussi plusieurs ne s'en servent que comme d'un secours pour suppléer à leur impuissance, & les affectent mesme souvent avec aussi peu de raison & de jugement, que ces contras- LE POUSSIN. tes d'actions extraordinaires, & ces mouvemens mal entendus, cachant dans ces grandes ombres les defauts du dessein, & trompant les ignorans par des mouvemens forcez & ridicules qu'ils leur font regarder comme de merveilleux effets de l'art.

Dans le Tableau dont je viens de parler, les habits de toutes les filles sont de couleurs vives & douces, mais rompuës & éteintes en quelques endroits. Il ne les a point chargées de riches parures, pour les faire paroistre davantage, parce qu'il sçavoit leur donner une beauté qui efface toute sorte de richesse. Leurs accommodemens sont conformes à leur âge & à leur sexe. Enfin si l'on considere bien ce Tableau, on verra que toutes les beautez en sont pures, & si j'ose dire toutes nuës. Elles sont naturelles, sans ajustemens & sans fard: le Peintre n'a relevé d'aucunes fleurs cét excellent ouvrage; il l'a dépoüillé de tout ornement, comme un beau visage que l'on découvre, & à qui l'on oste le voile.

M'estant un peu arresté ; Ce que vous venez de remarquer, dit Pymandre, suffiroit pour apprendre à faire un Tableau accompli : car il ne faudroit, à mon avis, que bien imiter cét ouvrage, pour faire un second chef-d'œuvre.

Il n'est pas aisé, luy repartis-je, de se servir des belles choses sans choquer les regles de l'art, & manquer dans les maximes de nostre illustre Peintre. Vous avez veû, comme il dit luy-mesme, qu'il ne chante pas toûjours sur un mesme ton. S'il s'est conduit de la maniere que je vous ay marquée pour un sujet qui se passe à la campagne, il prend d'autres mesures pour ceux qu'il represente dans des lieux enfermez. Le Tableau où il a peint Moïse qui foule aux pieds la couronne de Pharaon, est bien opposé à celuy de Rébecca. Les carnations sont de couleurs plus sensibles, les ombres & les lumieres plus fortes, les reflets plus marquez, & toutes les parties plus ressenties & plus distinctes, parce qu'il suppose que le sujet est renfermé, & proche de celuy qui le regarde. Combien les expressions en sont-elles differentes ? Le Roy y paroist étonné, voyant que le petit Moïse jette sa couronne, au lieu de répondre à ses caresses. On y remarque la colere des Prestres Egyptiens, qui prennent cette action pour un présage si funeste,

ET LES OUVRAGES DES PEINTRES. 361
neste, qu'ils veulent à l'heure mesme se dé- LE POUSSIN
faire de cét enfant. La crainte que la Princesse
en a, luy fait tendre les bras pour le sauver.

Le Tableau de l'Extréme-Onction qui fait
un des sept Sacremens de M. de Chantelou,
est encore traité de la mesme sorte à l'égard
du lieu & de la distance, mais different par
les ombres & les jours causez par des lumieres particulieres, & encore par les expressions de tristesse & de douleur diversement répanduës sur les visages de toutes les
personnes qui sont autour du malade.

Le Prestre qui luy donne les saintes huiles, est un homme grave & venerable par
son âge & par sa dignité. Il n'est pas vestu
d'un habit particulier : car dans les premiers temps de l'Eglise les Prestres n'estoient point distinguez par leurs vestemens.
On connoist par les sentimens de douleur
que témoignent les assistans, ceux qui prennent plus de part à la conservation du malade. On discerne la femme, la mere & les
enfans, d'avec les autres personnes qui ne luy
sont pas si proches. Pour ce qui est du mourant, on croit voir en luy comme dans le
Tableau de cét ancien Sculpteur, combien Ctesilas.
il luy reste de temps à vivre.

Zz

LE POUSSIN. Je ne sçay pas comment ceux qui disent que le Poussin n'a pas bien fait les draperies, ont regardé ses Tableaux : car dans celuy dont je parle, de mesme que dans les autres, on ne peut pas souhaiter des vestemens mieux mis, des plis mieux formez & mieux entendus. Ce ne sont point de ces grands morceaux d'étoffe qui n'ont nulle figure, & qui ne representent que des pieces de drap déployées, & jettées au hasard : mais on voit que tous les habits sont de veritables vestemens, qui en couvrant le nud, marquent la forme du corps, & le cachent avec une honnesteté & une modestie conforme aux sexes, aux âges & aux conditions. Les étoffes paroissent ce qu'elles doivent estre, c'est à dire, ou legeres, ou plus pesantes, selon leur usage, avec un agencement si commode & si aisé, si noble & si agreable, qu'il n'y a rien qui embarasse, qui choque la veûë, ni qui fasse un mauvais effet. Ce n'est point la quantité d'ornemens qui en fait la beauté : la simplicité y donne tout l'agrément ; & les couleurs sont si bien ménagées, que la vivacité des unes ne détruit point les autres. Si quelquefois dans les figures les plus éloignées il employe une couleur qui ait beau-

ET LES OUVRAGES DES PEINTRES. 363

coup d'éclat, elle est mise avec une discretion & une entente si admirable, que celles qui sont les plus proches ne perdent rien de leur force & de leur beauté.

Le Poussin.

Je souhaiterois pouvoir vous faire presentement remarquer cette merveilleuse gradation de couleurs dans le Tableau de Saint François Xavier qui est aux Jesuites : vous admireriez sans doute dans cét ouvrage la science du Poussin. C'est un des plus considerables qu'il ait faits, tant pour les excellentes parties du dessein & du coloris, que pour les expressions nobles & naturelles, qui paroissent d'autant plus que les figures sont grandes comme nature.

J'ay beaucoup d'impatience, dit Pymandre, de voir cét ouvrage dont vous relevez si souvent le merite, à cause aussi que j'avois toûjours oüi dire que le Poussin n'avoit jamais fait de grandes figures.

Ce Tableau seul, repartis-je, peut faire juger du contraire. Mais il faut que je vous dise, pour vous desabuser, que quand le Poussin se fut mis en réputation pour les Tableaux de moyenne grandeur, il se vit si accablé de ces sortes d'ouvrages, qu'il ne songea pas à en entreprendre d'autres : outre

Zz ij

LE POUSSIN. qu'il n'estoit point de ceux qui recherchent avec empressement les grands atteliers plûtost pour s'enrichir que pour aquerir de l'honneur ; & qu'il demeuroit dans un païs où d'ordinaire ceux de la nation sont toûjours preferez aux étrangers quand il y a quelque entreprise glorieuse ou utile à faire. C'est ce que j'ay veû à Rome. Lors qu'on voulut faire un Tableau à Saint Charles des Catinares, on demanda des desseins à nos meilleurs Peintres François : mais quand se vint à l'execution, les Italiens s'interesserent tous à ne pas souffrir qu'on leur preferast un étranger. Ainsi le Poussin de mesme que nos plus habiles Peintres François qui ont demeuré à Rome, n'ont gueres esté appellez pour faire de grands ouvrages. Le Poussin s'en soucioit moins qu'un autre, parce qu'il se contentoit de son travail ordinaire, & trouvoit dans des Tableaux d'une mediocre grandeur un champ assez vaste pour faire paroistre son sçavoir : aussi n'en a-t-il point fait où l'on ne puisse remarquer une infinité de differentes beautez. Mais ne pouvant pas entrer dans le détail de tous ses ouvrages pour vous en faire connoistre les divers caracteres, & ce que les sçavans y admirent, je veux seu-

ET LES OUVRAGES DES PEINTRES. 365
lement vous parler encore du Tableau de la Mane, qui est dans le Cabinet du Roy. Comme cét ouvrage passe pour un des plus beaux de ce Peintre, je vous rapporteray les remarques que l'on y fit en 1667. dans l'Académie Royale de Peinture, où estoient alors tous les Peintres & les Sculpteurs qui la composent, & plusieurs personnes sçavantes: le jugement de tant d'habiles hommes pourra servir à autoriser tout ce que je vous ay dit du Poussin. Je n'auray pas de peine à vous parler de cét ouvrage, car je me souviens assez de ce que j'en ay déja écrit.

Ce Tableau, qui represente les Israélites dans le desert lors que Dieu leur envoya la Mane, a six pieds de long sur quatre pieds de haut. Le païsage est composé de montagnes, de bois, & de rochers. Sur le devant paroist d'un costé une femme assise qui donne la mammelle à une vieille femme, & qui semble flater un jeune enfant qui est auprés d'elle. La femme qui donne à teter est vestuë d'une robbe bleuë & d'un manteau de pourpre rehaussé de jaune; & l'autre est habillée de jaune. Tout proche est un homme debout couvert d'une draperie rouge; & un peu plus derriere, il y a un malade à terre, qui se levant à demi, s'appuye sur un baston.

Un vieillard est assis auprés de ces deux femmes dont je viens de parler: il a le dos nud, & le reste du corps couvert d'une chemise, & d'un manteau d'une couleur rouge & jaune. Un jeune homme le tient par le bras, & aide à le lever.

Sur la mesme ligne, & de l'autre costé à la gauche du Tableau, on voit une femme qui tourne le dos, & qui porte entre ses bras un petit enfant. Elle a un genou à terre; sa robbe est jaune & son manteau bleu. Elle fait signe de la main à un jeune garçon qui tient une corbeille pleine de Mane, d'en porter au vieillard dont je viens de parler.

Prés de cette femme, il y a deux jeunes garçons: le plus grand repousse l'autre, afin d'amasser luy seul la Mane qu'il voit répanduë à terre. Un peu plus loin sont quatre figures: les deux plus proches representent un homme & une femme qui recueillent de la Mane; & des deux autres, l'une est un homme qui porte quelque chose à sa bouche, & l'autre une fille vestuë d'une robbe meslée de bleu & de jaune. Elle regar-

ET LES OUVRAGES DES PEINTRES. 367
de en haut, & tient le devant de sa robbe pour recevoir ce qui tombe du Ciel. LE POUSSIN.

Proche le jeune garçon qui porte une corbeille est un homme à genou qui joint les mains, & leve les yeux au Ciel.

Les deux parties de ce Tableau qui sont à droit & à gauche, forment deux groupes de figures qui laissent le milieu ouvert, & libre à la veuë, pour mieux découvrir Moïse & Aaron qui sont plus éloignez. La robbe du premier est d'une étoffe bleuë, & son manteau est rouge. Pour le dernier, il est vestu de blanc. Ils sont accompagnez des Anciens du peuple disposez en plusieurs attitudes differentes.

Sur les montagnes & sur les colines qui sont dans le lointain, paroissent des tentes, des feux allumez, & une infinité de gens épars de costé & d'autre; ce qui represente bien un campement.

Le Ciel est couvert de nuages fort épais en quelques endroits; & la lumiere qui se répand sur les figures paroist une lumiere du matin qui n'est pas fort claire, parce que l'air est rempli de vapeurs; & mesme d'un costé il est plus obscur par la chute de la Mane.

LE POUSSIN. Ce Tableau ayant esté exposé dans l'Académie non-seulement pour estre veû de toute l'Assemblée, mais pour estre examiné dans toutes ses parties, on considera d'abord la disposition du lieu, qui represente parfaitement un desert sterile, & une terre inculte.

Car quoy-que le païsage soit composé d'une maniere tres-sçavante & agréable, ce ne sont pourtant que de grands rochers qui servent de fond aux figures. Les arbres n'ont nulle fraischeur: la terre ne porte ni plantes, ni herbes; & l'on n'apperçoit ni chemins, ni sentiers qui fassent juger que ce païs soit frequenté.

Le Peintre ayant à representer le Peuple Juif dans un endroit dépourveû de toutes choses, & dans une extréme necessité, ne pouvoit imaginer une situation qui convint mieux à son sujet. On y voit quantité de personnes qui paroissent dans une lassitude, une faim, & une langueur extréme.

Cette multitude de monde répanduë en divers endroits, partage agréablement la veûë, & ne l'empesche point de se promener dans toute l'étenduë de ce desert. Cependant, afin que les yeux ne soient pas toûjours

jours errans, & emportez dans un si grand espace de païs, ils se trouvent arrestez par les groupes de figures qui ne séparent point le sujet principal, mais servent à le lier, & à le faire mieux comprendre. On y trouve un contraste judicieux dans les differentes dispositions des figures dont la position & les attitudes conformes à l'histoire engendrent l'unité d'action, & la belle harmonie que l'on voit dans ce Tableau.

Quant à la lumiere, on remarqua de quelle sorte elle se répand sur tous les objets. Que le Peintre, pour montrer que cette action se passe de grand matin, a fait paroistre quelques vapeurs qui s'élevent au pied des montagnes & sur la surface de la terre; ce qui fait que les objets éloignez ne sont pas si apparens.

Cela sert mesme à détacher davantage les figures les plus proches, sur lesquelles frapent certains éclats de lumieres qui sortent par des ouvertures de nuées que le Peintre a faites exprés pour autoriser les jours particuliers qu'il distribuë en divers endroits de son ouvrage. L'on connoist bien qu'il a cru devoir tenir l'air plus sombre du costé où tombe la Mane, & faire que les figures y soient plus éclairées que de l'autre cofté où le Ciel eft ferain, afin de les varier toutes auffi-bien dans les effets de la lumiere que dans leurs actions, & donner une agréable diverfité de jours & d'ombres à fon Tableau.

Aprés avoir fait ces remarques fur la difpofition de tout l'ouvrage, on examina ce qui regarde le deffein. Pour montrer que le Pouffin a efté fçavant & exact dans cette partie, on fit voir combien les contours de la figure du vieillard qui eft debout, font grands & bien deffeignez, & toutes les extrémitez correctes, & prononcées avec une précifion qui ne laiffe rien à defirer.

Mais ce que l'on obferva d'excellent dans cette rare peinture, eft la proportion de toutes les figures, laquelle eft prife fur les plus belles ftatuës antiques, & parfaitement accommodée au fujet.

On fit voir que le vieillard qui eft debout, a les proportions du Laocoon, qui eft d'une taille bien faite, & dont toutes les parties du corps conviennent à un homme qui n'eft ni extrémement fort, ni trop délicat. Que le Pouffin s'eft fervi des mefmes mefures pour reprefenter cét homme malade, dont les membres, bien que maigres & décharnez, ne laiſ- ſent pas d'avoir entre eux un rapport tres-juſte, & capable de former un beau corps.

Quant à la femme qui donne la mamelle à ſa mere, on jugea qu'elle tient de la figure de Niobe; que toutes les parties en ſont deſſeignées agréablement, & tres-correctes; & qu'il y a, comme dans la ſtatuë de cette Reine, une beauté maſle & délicate tout enſemble, qui marque une bonne naiſſance, & qui convient à une femme de moyen âge.

La mere eſt ſur la meſme proportion, mais on y voit plus de maigreur & de ſechereſſe, parce que la chaleur naturelle venant à s'éteindre dans les vieilles gens, il arrive que les muſcles ne ſont plus ſouſtenus avec autant de vigueur qu'auparavant, & qu'ainſi ils paroiſſent plus relâchez; & meſme que les nerfs cauſent certaines apparences que le Peintre ne doit pas omettre pour bien imiter le naturel.

On trouva que cét homme couché derriere ces femmes, tire ſa reſſemblance de la ſtatuë de Seneque qui eſt à Rome dans la Vigne Borgheſe. Le Pouſſin a choiſi l'image de ce Philoſophe comme la plus convenable pour repréſenter un vieillard qui paroist un homme d'esprit. On y voit une belle proportion dans les membres ; mais une apparence de veines & de nerfs, & une secheresse sur la peau, qui ne vient que d'une grande vieillesse, & des fatigues qu'il a souffertes.

Le jeune homme qui luy parle tient beaucoup de l'Antinoüs qui est à Belvedere : on croit voir dans toutes les parties de son corps comme une chair solide qui marque la force & la vigueur de la jeunesse.

Les deux autres qui se batent sont de proportions differentes. Le plus jeune peut avoir esté pris sur le modelle des enfans de Laocoon ; & pour mieux figurer un âge encore tendre & peu avancé, le Peintre a fait que toutes les parties en sont délicates & peu formées. Mais l'autre qui semble plus âgé & plus vigoureux tient de cette forte composition de membres qu'on voit dans un des Luteurs qui est au Palais de Medicis.

La jeune femme qui tourne le dos, a quelque ressemblance à la Diane d'Ephese qui est au Louvre ; & bien que cette femme soit plus couverte d'habits que la Diane, on ne laisse pas de connoistre la beauté & l'élegance de tous ses membres, dont les contours délicats & gracieux forment cette taille si agréa- LE POUSSIN. ble & si aisée, que les Italiens nomment *Suelte.*

Le Peintre a eû dessein de faire voir dans ce dernier groupe des proportions differentes de celles du premier dont j'ay parlé, afin qu'il y eust une espece d'opposition, & qu'il parust de la diversité dans les figures aussibien par leurs âges, par leur forme & leur délicatesse, que par leurs actions. Car dans le jeune homme qui porte une corbeille, il y a une beauté délicate, qui ne peut avoir pour modelle que cette admirable figure de l'Apollon antique, les contours de ses membres ayant quelque chose encore de plus gracieux que ceux du jeune homme qui parle à ce vieillard.

La fille qui tend sa robbe, a la taille & la proportion de la Venus de Medicis; & l'homme qui est à genou semble avoir esté imité sur l'Hercule Commode.

Aprés que chacun eût dit son avis sur ces differentes proportions, bien loin de blasmer le Peintre d'avoir en cela imité les Antiques, il fut loûé de les avoir si bien suivies. On admira les expressions de ses figures toutes propres à son sujet: car il n'y en a pas une

LE POUSSIN. dont l'action n'ait rapport à l'estat où estoit alors le Peuple Juif, qui se trouvant dans une extrême necessité, & dans un abbatement inconcevable, se vit dans ce moment soulagé par le secours du Ciel. Aussi l'on voit que les uns semblent souffrir sans connoistre encore l'assistance qui leur est envoyée, & que les autres qui en ressentent les effets sont dans des dispositions differentes.

Pour entrer dans le particulier de ces figures, & apprendre de leurs actions mesmes non-seulement ce qu'elles font, mais ce qu'elles pensent, on examina tous leurs differens mouvemens. Les uns, pour penetrer l'intention du Peintre, & déclarer sur cela leurs propres pensées, disoient que ce n'est pas sans dessein que le Poussin a representé un homme déja âgé pour regarder cette femme qui donne à teter à sa mere, parce qu'une action de charité si extraordinaire devoit estre consideree par une personne grave, afin de la relever davantage, d'en connoistre le merite, & donner sujet de la faire aussi remarquer plus particulierement à ceux qui verront le Tableau. Qu'il n'a pas voulu que ce fust un homme grossier & rustique, parce que ces sortes de gens ne font pas de réflexion sur les choses qui meritent d'estre observées.

Les autres s'empressoient à faire voir comment ce mesme vieillard, pour representer une personne étonnée & surprise, a les bras retirez & posez contre le corps, disans que dans les actions imprévëuës les membres se retirent d'ordinaire les uns auprés des autres, lors principalement que l'objet qui nous surprend imprime dans nostre esprit une image qui nous fait admirer ce qui se passe, & que l'action ne nous cause aucune crainte ni aucune frayeur qui puisse troubler nos sens, & leur donner sujet de chercher du secours, ou de se défendre contre ce qui les menace. Aussi on voit que ne concevant que de l'admiration pour une chose si digne d'estre remarquée, il ouvre les yeux autant qu'il le peut; & comme si en regardant plus fortement il comprenoit davantage la grandeur de cette action, il employe toutes les puissances qui servent aux sens de la veûë pour mieux voir ce qu'il ne peut trop estimer.

Il n'en est pas de mesme des autres parties de son corps: les esprits qui les abandonnent, font qu'elles demeurent sans mouve-

LE POUSSIN. ment. Sa bouche est fermée comme s'il craignoit qu'il luy échapast quelque chose de ce qu'il a conceû, & aussi parce qu'il ne trouve pas de paroles pour exprimer la beauté de cette action. Et comme dans ce moment le passage de la respiration se trouve fermé, l'estomac est plus élevé qu'à l'ordinaire, ce qui paroist dans quelques muscles de cette partie du corps qui n'est pas couverte.

Cét homme semble mesme se retirer un peu en arriere pour marquer sa surprise, & en mesme temps le respect qu'il a pour la vertu de cette femme qui donne sa mamelle.

Considerant pourquoy elle ne regarde pas sa mere, en luy rendant ce charitable secours, mais qu'elle se panche du costé de son enfant; on attribua cela au desir qu'elle avoit de pouvoir les secourir tous deux en mesme temps, lequel luy fait faire une action de double mere. Car d'un costé elle voit dans une extréme defaillance celle qui luy a donné la vie; & de l'autre celuy qu'elle a mis au jour luy demande une nourriture qui luy appartient, & qu'elle luy dérobe en la donnant à une autre : ainsi le devoir & la pieté la touchent également. C'est pourquoy dans le moment qu'elle oste le lait à son enfant elle luy donne

donne des larmes, & tafche de l'appaifer par fes paroles & par fes careffes. Comme cét enfant a de la crainte pour fa mere, & qu'il n'eſt pas émeû de jaloufie comme fi c'eſtoit un autre enfant de fon âge qu'on luy préferaſt, il fe contente de témoigner fa douleur par des plaintes, & il ne paroiſt pas qu'il s'emporte avec excés pour avoir ce qu'on luy oſte.

L'action de cette vieille qui embraſſe fa fille, & qui luy met la main fur l'épaule, eſt bien une action de vieilles gens qui craignent toûjours que ce qu'ils tiennent ne leur échape, & qui marque auſſi fon amour & fa reconnoiſſance envers fa fille.

Le malade qui fe leve à demi pour les regarder, fert encore à les faire confiderer. Il eſt fi furpris de la charité de la fille, qu'il oublie fon mal, & fait un effort pour les mieux voir.

Le Peintre a voulu figurer deux mouvemens d'efprit tres-differens dans le vieillard qui eſt couché derriere les deux femmes, & dans le jeune homme qui luy montre le lieu où tombe la Mane. Car ce jeune homme rempli de joye regarde cette nourriture extraordinaire fans y faire aucune réflexion, ni penser d'où elle vient. Mais cét homme plus judicieux, sans que la curiosité la luy fasse considerer avec attention, & en amasser avec empressement, leve les mains & les yeux au Ciel, & adore la divine providence qui la répand sur terre.

Comme l'auteur de cette peinture est admirable dans la diversité des mouvemens & dans la force de l'expression, il a fait que toutes les actions de ses figures ont des causes particulieres qui se rapportent à son principal sujet. C'est ce que tout le monde n'avoit pas de peine à remarquer dans ces jeunes garçons qui se poussent pour avoir la Mane qui est à terre. Car par là on voit l'extréme misere où ce peuple estoit réduit, & dont personne n'estoit exempt. Aussi ces jeunes gens ne se batent pas comme s'ils se vouloient du mal, mais seulement l'un empesche l'autre d'amasser ce qu'ils voyent tous deux leur estre si necessaire.

On connoist un effet de bonté dans cette femme vestuë de jaune, en ce qu'elle invite le jeune homme qui tient une corbeille pleine de Mane à en porter au vieillard qui est derriere elle, croyant qu'il a besoin d'estre secouru.

ET LES OUVRAGES DES PEINTRES. 379

Quelqu'un confiderant combien le Pein- LE POUSSIN. tre a exprimé de beauté & de délicateffe dans la jeune fille qui regarde en haut, & qui tient le devant de fa robbe pour recevoir ce qu'elle voit tomber, attribua cette action à l'humeur dédaigneufe de ce fexe, qui croit que toutes chofes luy doivent arriver fans peine, ne voulant pas fe baiffer comme les autres pour recueillir la Mane, mais la reçoit du Ciel comme s'il ne la répandoit que pour elle.

Le Pouffin, pour varier toutes les actions de fes figures, a reprefenté un homme qui porte de la Mane à fa bouche : on voit qu'il ne fait que commencer à y tafter, & qu'il cherche quel gouft elle a.

Par les deux figures fi empreffées à amaffer cette nourriture extraordinaire, on peut juger qu'on a voulu reprefenter les perfonnes qui par une prévoyance inutile tafchoient d'en faire une trop grande provifion.

Ceux qui paroiffent devant Moïfe & Aaron, les uns à genoux & les autres dans une pofture encore plus humiliée, ont auprés d'eux des vafes remplis de Mane, & femblent remercier le Prophete du bien qu'ils viennent de recevoir. Moïfe, en levant les bras

BBb ij

& les yeux en haut, leur montre que c'est du Ciel qu'ils reçoivent un secours si favorable; & Aaron qui joint les mains, leur sert d'exemple pour rendre graces à Dieu, comme font les anciens & les plus sages des Israëlites qui sont plus derriere, dont la posture & les actions font connoistre la reconnoissance particuliere qu'ils ont des miracles que Dieu opere pour eux.

Entre les personnes qui sont les plus proches de Moïse, il y a une femme, qui par son action fait remarquer sa curiosité. Car comme si elle entendoit dire que c'est du Ciel que cette nourriture leur est envoyée, elle regarde en haut; & pour se défendre d'une trop forte lumiere qui l'ébloüit, elle met sa main au devant, comme si de ses yeux elle vouloit penetrer jusques dans la source d'où sortent ces biens.

Outre toutes ces belles expressions on considera encore la belle maniere dont le Poussin a vestu ses figures, chacun avoüant qu'il a toûjours excellé en cela. Car les habits qu'il leur donne sont des habits qui les couvrent agréablement, ne faisant pas comme d'autres Peintres, qui, comme je vous ay déja dit, ne cachent le corps qu'avec des pieces d'étoffes qui n'ont aucune forme de vef- tement. Dans les Tableaux de ce grand maiſtre, il n'en eſt pas de meſme: comme il n'y a point de figure qui n'ait un corps ſous ſes habits, il n'y a point auſſi d'habit qui ne ſoit propre à ce corps, & qui ne le couvre bien. Mais il y a encore cela de plus; qu'il ne fait pas ſeulement des habits pour cacher la nudité, & n'en prend pas de toutes ſortes de modes, & de tout païs. Il a trop ſoin de la bienſéance, & de cette partie du *coſtume* non moins neceſſaire dans les Tableaux d'hiſtoires que dans les Poëmes: c'eſt pourquoy l'on voit qu'il ne manque jamais à cela, & qu'il ſe ſert de veſtemens conformes aux païs & à la qualité des perſonnes qu'il repreſente.

Ainſi comme parmi ce peuple il y en avoit de toutes conditions, & qui avoient plus fatigué les uns que les autres, les figures ne ſont pas régulierement veſtuës d'une ſemblable maniere. On en voit qui ſont à demi-nuës, comme celle du vieillard qui conſidere cette charitable fille qui allaite ſa mere.

On obſerva qu'encore que les plis de ſon manteau ſoient grands & libres, & qu'il paroisse d'une grosse étoffe; on ne laisse pas néanmoins de voir le nud de la figure. Cette espece de caleçon que les Anciens appelloient *Bracca*, qui luy couvre les cuisses & les jambes, n'est pas d'une étoffe pareille à celle du manteau ; elle souffre des plis plus petits & plus pressez : cependant les jambes ne paroissent point serrées, & l'on voit toute la beauté de leurs contours.

La condition des personnes est particulierement distinguée par leurs vestemens, dont quelques-uns sont enrichis de broderies, & les autres plus grands & plus amples donnent davantage de majesté à celles qui en sont vestuës.

Pour ce qui regarde la Perspective du plan de ce Tableau, elle y est parfaitement observée. Le Poussin ayant representé un lieu dont la situation est tout-à-fait inégale, il s'est servi des terrasses les plus élevées pour y mettre les principaux personnages, ce qui donne plus de jeu & de varieté à la disposition entiere de tout cét Ouvrage. Et mesme cela luy a servi à placer une plus grande quantité de personnes dans un petit espace, & à poser avantageusement les figures de Moïse

& d'Aaron qui font comme les deux Heros de fon fujet. Le Poussin

Quant à l'épanchement de la lumiere, ayant repreſenté un air épais & chargé des vapeurs du matin, il a comme précipité les diminutions de ſes figures éloignées, & les a affoiblies autant par la qualité que par la force des couleurs, pour faire avancer celles de devant, & les faire éclater avec plus de vivacité par la grande lumiere qu'elles reçoivent au travers de quelques ouvertures de nuées qu'il ſuppoſe eſtre audeſſus d'elles; ce qu'il autoriſe aſſez par les autres nuages entr'ouverts qui ſont dans le Tableau.

On conſidera meſme dans les effets du jour trois parties dignes d'eſtre remarquées. La premiere, une lumiere ſouveraine, qui eſt celle qui frape davantage; la ſeconde, une lumiere gliſſante ſur les objets; & la troiſiéme, une lumiere perduë, & qui ſe confond par l'épaiſſeur de l'air.

C'eſt de la lumiere ſouveraine qu'eſt éclairée l'épaule de cét homme qui eſt debout, & qui paroiſt ſurpris, la teſte de la femme qui donne ſa mamelle, ſa mere qui tete, & le dos de cette autre qui ſe tourne & qui eſt veſtuë de jaune: il n'y a que le haut de

LE POUSSIN. ces figures qui soit éclairé de cette forte lumiere; car le bas ne reçoit qu'un jour glissant, semblable à celuy de la figure du malade, du vieillard couché, & du jeune homme qui aide à le relever, & encore de ces deux garçons qui se batent, & des autres qui sont autour de la femme qui tourne le dos.

Pour Moïse, & ceux qui l'environnent, ils ne sont éclairez que d'une lumiere éteinte par l'interposition de l'air qui se trouve dans la distance qu'il y a entre eux & les autres figures qui sont sur le devant du Tableau, & qui reçoivent encore du jour, selon qu'elles sont plus ou moins éloignées.

Le jaune & le bleu estant les couleurs qui participent le plus de la lumiere & de l'air, le Poussin a vestu ses principales figures d'étoffes jaunes & bleuës; & dans toutes les autres draperies il a toûjours meslé quelque chose de ces deux couleurs principales, faisant en sorte que le jaune y domine davantage, afin qu'elles tiennent de la lumiere qui est répanduë dans tout le Tableau.

A toutes ces remarques si sçavantes & si judicieuses, on en ajousta plusieurs autres, non seulement necessaires pour connoistre la beauté

ET LES OUVRAGES DES PEINTRES. 385
beauté de cét ouvrage, mais encore tres- LE POUSSIN.
utiles à ceux qui cherchent à s'inftruire &
à fe perfectionner dans la peinture. Mais
comme je vous ay fait un détail affez ample de ce qui fut dit alors, je pourrois vous
devenir ennuyeux par un plus long recit.

Ayant ceffé de parler, Pymandre me dit:
Eft-il poffible que dans une fi grande compagnie il n'y euft perfonne qui trouvaft quelque chofe à reprendre dans un fi grand ouvrage?

Vous me faites fouvenir, repartis-je,
qu'un de l'Academie aprés en avoir fait l'é-
loge pour captiver les auditeurs, dît qu'il
luy fembloit que le Pouffin ayant efté fi exact
à ne vouloir rien obmettre des circonftances neceffaires dans la compofition d'une
hiftoire, il n'avoit pas néanmoins fait une
image affez reffemblante à ce qui fe paffa au defert lors que Dieu y fit tomber la
Mane, puis qu'il l'a reprefentée comme de
la nege qui tombe de jour, & à la veüë des
Ifraélites; ce qui eft contre le texte de l'E- *Exode ch. 26.*
criture, qui porte qu'ils la trouvoient le
matin aux environs du camp répanduë ainfi
qu'une rofée qu'ils alloient amaffer. De plus,
que cette grande neceffité, & cette extréme

CCc

LE POUSSIN. misere qu'il a marquée ne convient pas au temps de l'action qu'il figure: car lors que le peuple receût la Mane, il avoit déja esté secouru par les cailles, qui avoient esté suffisantes pour appaiser sa plus grande faim; ainsi il n'estoit pas necessaire de peindre des gens dans une si grande langueur, & moins encore faire tomber cette viande miraculeuse de la sorte que tombe la nege.

A cela on repartit qu'il n'en est pas de la Peinture comme de l'Histoire: qu'un Historien se fait entendre par un arangement de paroles, & une suite de discours qui forme une image des choses, & represente successivement telle action qu'il luy plaist; mais le Peintre n'ayant qu'un instant dans lequel il doit prendre la chose qu'il veut figurer sur une toile, il est quelquefois necessaire qu'il joigne ensemble beaucoup d'incidens qui ayent précedé, afin de faire comprendre le sujet qu'il expose, sans quoy ceux qui verroient son ouvrage ne seroient pas mieux instruits de l'action qu'il represente que si un Historien, au lieu de rapporter tout le sujet de son histoire, se contentoit d'en dire seulement la fin.

Que c'est par cette raison que le Poussin

ET LES OUVRAGES DES PEINTRES. 387
voulant montrer comment la Mane fut en- LE POUSSIN.
voyée aux Israélites, a cru qu'il ne suffisoit pas
d'en répandre par terre, & de representer des
hommes & des femmes qui la recueïllent;
mais qu'il falloit, pour marquer la grandeur de
ce miracle, faire voir en mesme temps l'estat
où ils estoient alors. Que pour cela il les a representez dans un lieu desert ; les uns dans
une langueur, les autres empressez à amasser
cette nourriture, & d'autres encore à remercier Dieu de ses bienfaits : ces differens estats
& ces diverses actions luy tenant lieu de discours & de paroles pour faire entendre sa
pensée. Et puis que le Peinture n'a point d'autre langage ni d'autres caracteres que ces
sortes d'impressions, c'est ce qui l'a obligé
de faire voir cette Mane tombant du Ciel,
parce qu'il ne peut autrement faire connoistre
d'où elle vient. Car si on ne la voyoit pas
choir d'enhaut, & que ces hommes & ces
femmes la prissent à terre, on pourroit aussi-
tost croire que ce seroit une graine, ou quelque fruit.

Qu'il est vray que le peuple avoit déja
receû de la nourriture par les cailles qui estoient tombées dans le camp : mais comme
il ne s'estoit passé qu'une nuit, on peut dire

CCc ij

LE POUSSIN. qu'elles n'avoient pu donner si promptement de la vigueur aux plus abbatus. Qu'encore que dés le jour précedent Dieu eust promis au peuple par son Prophete de luy donner de la viande ce soir-là, & du pain tous les matins: comme ce peuple néanmoins estoit en grand nombre, & répandu dans une ample étenduë de païs, il n'est pas hors d'apparence qu'il n'y en eust plusieurs qui n'eussent point encore sceû la promesse qui leur avoit esté faite, ou mesme la sçachant n'ajoustassent pas foy aux paroles de Moïse, puis qu'ils estoient naturellement incredules.

Quelque autre personne ajousta à toutes ces raisons, que si par les regles du theatre, il est permis aux Poëtes de joindre ensemble plusieurs évenemens arrivez en divers temps pour en faire une seule action, pourveû qu'il n'y ait rien qui se contrarie, & que la vray-semblance y soit exactement observée; il est encore bien plus juste que les Peintres prennent cette licence, puis que sans cela leurs ouvrages demeureroient privez de ce qui en rend la composition plus admirable, & fait connoistre davantage la beauté du génie de leur auteur. Que dans cette rencontre l'on ne pouvoit pas accuser le Poussin d'a-

ET LES OUVRAGES DES PEINTRES. 389
voir mis dans son Tableau aucune chose qui LE POUSSIN.
empesche l'unité d'action, & qui ne soit vray-
semblable, n'y ayant rien qui ne concourre à
un mesme sujet. Quoy-qu'il n'ait pas entierement suivi le texte de l'Ecriture Sainte, on
ne peut pas dire qu'il se soit éloigné de la verité de l'histoire. Car s'il a voulu suivre celle
de Josephe, cét auteur rapporte que les Juifs
ayant receû les cailles, Moïse pria Dieu qu'il
leur donnast encore une autre nourriture; &
que levant les mains en haut, il tomba comme des gouttes de rosées qui grossissoient à
veüë d'œil, & que le peuple pensoit estre de
la nege : mais en ayant tous gousté, ils connurent que c'estoit une veritable nourriture
qui leur estoit envoyée du Ciel; de-sorte
que les matins ils alloient dans la campagne
en prendre leur provision pour la journée seulement.

Pour ce qui est d'avoir representé des personnes, dont les unes sont dans la misere &
d'autres qui semblent avoir receû du soulagement, c'est en quoy ce sçavant homme
montre qu'il n'estoit pas ignorant de l'art
poëtique, ayant composé son ouvrage dans
les regles qu'on doit observer aux pieces de
theatre. Car pour peindre parfaitement l'his-

CCc iij

toire qu'il traite, il avoit besoin des parties necessaires à un poëme, afin de passer de l'infortune au bonheur. L'on voit que ces groupes de differentes personnes qui font diverses actions, sont comme autant d'épisodes qui servent à ce que l'on nomme *peripeties*, ou de moyens pour faire connoistre le changement arrivé aux Israélites qui sortent d'une extréme misere, & rentrent dans un estat plus heureux : ainsi leur infortune est marquée par ces personnes languissantes & abbatuës. Le changement qui s'en fait, est figuré par la chûte de la Mane, & leur bonheur se connoist dans la possession d'une nourriture qu'on leur voit amasser avec une joye extréme. De-sorte que bien loin de trouver quelque chose à redire dans ce Tableau, on doit plûtost admirer de quelle maniere le Poussin s'est conduit dans un sujet si grand & si difficile, & où il n'a rien fait qui ne soit autorisé par de bons exemples, & digne d'estre imité par tous les Peintres qui viendront aprés luy.

Ce sentiment fut celuy non-seulement de tous ceux de l'Académie qui estoient en grand nombre, mais encore de plusieurs personnes doctes dans les sciences, & intelli-

ET LES OUVRAGES DES PEINTRES. 391
gentes dans les beaux arts, lesquelles se trou- Le Poussin.
verent à cette conference dont j'ay voulu
vous faire le détail, parce qu'il me semble
qu'elle sert d'une approbation aussi forte qu'on
en peut desirer, pour convaincre ceux qui
osent blasmer ce que le Poussin a fait. Car
que peut-on dire de plus avantageux que ce
que je viens de rapporter au sujet du Tableau de la Mane ? Et quel autre ouvrage
pourroit-on faire voir où il y eust un aussi
grand nombre de belles parties à considerer ?
On a examiné ce qui regarde l'invention, la
disposition, le dessein, les proportions, les
expressions, ce qui appartient à la beauté du
coloris; & l'on n'a rien trouvé qui ne merite de l'admiration. Ainsi jugez, je vous prie,
de quelle autorité peuvent estre les sentimens
de ceux qui disent, que si le Poussin a sceû
la theorie de cét art, il n'a pas esté capable
de le pratiquer comme ont fait beaucoup
d'autres; luy, dont vous voyez au jugement
des sçavans, des choses exécutées avec une
science si profonde, des connoissances si particulieres, une beauté de pinceau si agréable, & un raisonnement si solide.

Je pourrois vous donner encore pour
exemple plusieurs de ses Tableaux, pour

LE POUSSIN. vous faire voir de quelle sorte il a heureusement réüssi dans l'exécution des differens modes qu'il s'est toûjours propofez dans fes ouvrages ; & vous dire qu'on peut bien le confiderer comme un génie extraordinaire, puis qu'ayant trouvé l'art de mettre en pratique toutes les differentes manieres des plus fçavans maiftres de l'Antiquité, il s'en eft fait des régles fi certaines, qu'il a donné à fes figures la force d'exprimer tels fentimens qu'il a voulu, & de faire qu'elles infpirent de pareils mouvemens dans l'ame de ceux qui voyent fes Tableaux.

Je l'ay déja dit, que ce fçavant homme a mefme furpaffé en quelque forte les plus fameux Peintres & Sculpteurs de l'Antiquité qu'il s'eft propofé d'imiter, en ce que dans fes ouvrages on y voit toutes les belles expreffions qui ne fe rencontroient que dans differens maiftres. Car Timomachus qui reprefenta Ajax en colere, ne fut recommandable que pour avoir bien peint les paffions les plus vehementes. Le talent particulier de Zeuxis, eftoit de peindre des affections plus douces & plus tranquilles, comme il fit dans cette belle figure de Penelope, fur le vifage de laquelle on reconnoiffoit de

la

la pudeur & de la sagesse. Le Sculpteur Cte- LE POUSSIN.
silas fut principalement consideré pour les
expressions de douleur.

Mais, comme je viens de dire, si ces sçavans ouvriers excelloient dans quelques parties, le Poussin les possedoit toutes. C'est dans son Tableau du petit Moïse, qui foule aux pieds la couronne de Pharaon, qu'on peut voir des effets de colere. Combien de sujets saints & dévots, dont la comparaison ne se peut faire avec les tableaux de Zeuxis, portent-ils les marques d'une sainte pudeur, & d'une sagesse toute divine?

Ce mourant auquel on donne l'Extréme-Onction, & dont je vous ay parlé, ne doit-il pas nous persuader que ce qu'on a écrit de la statuë de Ctesilas n'est point une exageration? Quels effets de respect & de crainte peut-on voir plus touchans que ceux du Tableau où Esther paroist devant Assuérus? Je vous ay entretenu des sujets où il a si bien representé la tristesse, la joye, & les autres passions.

Y a-t-il rien de plus plaisant, & de plus gracieux que les Baccanales qu'il a peintes? Dans celle qu'il fit pour M. du Fresne, l'on voit une femme enjoüée, qui semble chanter

D D d

& danser en joüant des castagnettes, pendant qu'un jeune homme joüe de la fluste. C'est un des Tableaux où il a pris plus de soin, & où il a suivi des proportions tirées des statuës & des plus beaux bas-reliefs antiques. Ceux qui en ont une parfaite connoissance n'ont pas de peine à découvrir de quelle sorte il a observé ce qu'on y remarque de plus élegant; & comment il a souvent imité avec beaucoup d'adresse & de bonheur ce qu'il y a de plus agréable dans le bas-relief des danseuses, dans les vases de Medicis & de Borghese, dans celuy que l'on voit encore dans une Eglise de Gaïete au Royaume de Naples, dont il faisoit une estime particuliere. Ces restes antiques sont des chefs-d'œuvres de l'art, qui luy ont paru bien plus dignes d'estre pris pour modelles que des hommes malfaits, & des femmes telles qu'on les trouve, dont plusieurs Peintres moins habiles se sont contentez.

S'il a mis quelquefois dans ses Tableaux des figures entieres & telles qu'elles sont dans les restes antiques, il n'a fait en cela qu'imiter les plus sçavans Peintres qui l'ont précedé, & Raphaël le premier, lesquels pourtant ne s'en sont point servis plus heu-

ET LES OUVRAGES DES PEINTRES. 395
reufement que le Pouſſin. Car on peut dire, Le Poussin.
ſans vouloir le trop loüer, à leur deſavantage, qu'ils n'ont point, comme luy, entendu
à diſpoſer leurs figures dans les régles de la
perſpective lineale, & de celle de l'air, ni en-
richi leurs Tableaux de païſages & d'évenemens qui ſervent non ſeulement pour l'ornement du ſujet, mais inſtruiſent de quelques
particularitez neceſſaires à l'Hiſtoire, & re-
mettent devant les yeux les ceremonies & les
couſtumes anciennes; ce qui ſatisfait les ſçavans, & donne du plaiſir à tout le monde.

Ainſi ayant repreſenté dans un païſage le
corps de Phocion, que l'on emporte hors du
païs d'Athénés, comme il avoit eſté ordon-
né par le peuple, on apperçoit dans le lointain, & proche la ville, une longue proceſſion qui ſert d'embelliſſement au Tableau, &
d'inſtruction à ceux qui voyent cét ouvrage,
parce que cela marque le jour de la mort
de ce grand Capitaine qui fut le dix-neuviéme de Mars, jour auquel les Chevaliers
avoient accouſtumé de faire une proceſſion
à l'honneur de Jupiter.

Dans le Tableau que le Pouſſin fit pour
M. de Chantelou, où la Vierge eſt en Egypte, on y voit une autre ſorte de proceſ-

DDd ij

LE POUSSIN. sion de Prestres Egyptiens, qui ont la teste rase, sont couronnez de verdure, & vestus selon l'usage du païs. Les uns ont des tymbales, des flustes, des trompettes: d'autres portent des éperviers sur des bastons: il y en a qui sont sous un porche, & qui semblent aller vers le Temple de leur Dieu Serapis, portant le coffre dans lequel estoient enfermez ses os.

Derriere une femme vestuë de jaune est une sorte de fabrique faite pour la retraite de l'oiseau Ibis que l'on y voit, & une espece de tour dont le toit est concave, avec un grand vase pour recueillir la rosée. Cependant le Peintre ne faisoit point ces embellissemens par un pur caprice, & pour les avoir imaginez, ainsi qu'il l'écrivit alors. Il s'appuyoit sur l'Histoire, ou sur des exemples antiques, comme dans cette ceremonie Egy-
» ptienne, qu'il dit avoir tirée du Temple de
» la Fortune de Palestrine, dont le pavé de
» Mosaïque representoit l'Histoire naturelle &
» morale des Egyptiens; & dont il s'est ser-
» vi dans le fond de son Tableau, pour plai-
» re, & faire connoistre que la Vierge estoit
» alors en Egypte. C'est ainsi qu'il en a usé en d'autres rencontres, quand, pour faire

ET LES OUVRAGES DES PEINTRES. 397
mieux connoiſtre les lieux où les choſes ſe LE POUSSIN.
font paſſées, il en a donné quelques marques
particulieres, ſoit par la magnificence des
baſtimens, ſoit par les divinitez des eaux
qu'il a repreſentées ſous differentes figures;
ſoit par les animaux particuliers à chaque
païs, ainſi que faiſoit le Peintre Néacles, qui
pour marquer le fleuve du Nil, mettoit ordinairement un crocodile tout proche. Dans
le Tableau où le Pouſſin a repreſenté le petit Moïſe trouvé ſur les eaux, & qui eſt dans
le Cabinet du Roy, on voit une ville remplie de palais magnifiques & de hautes py-
ramides, qui font connoiſtre aſſez que c'eſt
Memphis la capitale d'Egypte.

Outre que les païſages qu'il a faits quinze
ou ſeize ans avant ſa mort, ſont agréables par
leurs differentes diſpoſitions, il y a mis des
ſujets tirez de l'Hiſtoire ou de la Fable, ou
quelques actions extraordinaires qui ſatisfont
l'eſprit & divertiſſent les yeux.

Cette ſolitude qui eſt chez M. le Marquis
de Hauterive, où l'on voit des Moines aſſis
contre terre, & appliquez à la lecture, ne cau-
ſe-t-elle pas un certain repos à l'ame, qui fait
naiſtre un deſir de pouvoir joüir d'une tranquillité pareille à celle où l'on croit voir des

D D d iij

Le Poussin. Religieux dans un desert si paisible & si charmant?

Le païsage qui est dans le Cabinet de M. Moreau fait un effet contraire. La situation du lieu en est merveilleuse, mais il y a sur le devant des figures qui expriment l'horreur & la crainte. Ce corps mort, & étendu au bord d'une fontaine, & entouré d'un serpent; cét homme qui fuit avec la frayeur sur le visage; cette femme assise, & étonnée de le voir courir & si épouvanté, sont des passions que peu d'autres Peintres ont sceû figurer aussi dignement que luy.

On voit que cét homme court veritablement, tant l'équilibre de son corps est bien disposé pour representer une personne qui fuit de toute sa force; & cependant il semble qu'il ne court pas aussi viste qu'il voudroit. Ce n'est point, comme disoit il y a quelque temps un de nos amis, de la seule grimace qu'il s'enfuit; ses jambes & tout son corps marquent du mouvement. Je pourrois vous parler de plusieurs autres païsages que ce sçavant homme a faits, où l'on trouve toûjours de quoy admirer, & se divertir; mais il faut que vous les voyez aussi-bien que ses autres Tableaux qui sont à Paris.

ET LES OUVRAGES DES PEINTRES. 399

Le Roy en a deux que le Pouſſin fit en 1641. pour le Cardinal de Richelieu. Dans l'un eſt repreſenté le Temps qui découvre la Verité ; & dans l'autre eſt peint comme Dieu s'apparut à Moïſe dans le buiſſon ardent. Le Pouſſin.

Vous verrez chez le ſieur *Stella* aux Galleries du Louvre, Apollon qui pourſuit Daphné ; une Danaé couchée ſur un lit ; & Venus qui donne les armes à Enée. Ce dernier fut peint en 1639.

Dans le Cabinet de M. le Marquis de Hauterive, eſt un Coriolan.

Dans celuy de M. le Noſtre, un Saint Jean qui baptiſe le peuple aux bords du Jourdain.

Un petit Moïſe trouvé ſur les eaux, peint en 1638.

Un autre Tableau de la premiere maniere, repreſentant Narciſſe, qui ſe regarde dans une fontaine.

Il y a chez M. Fromont de Veines, un Tableau de la mort de Saphira ; & une Vierge dans un païſage accompagnée de cinq figures.

Dans le Cabinet de M. Gamard des Chaſſes, on y voit Apollon & Daphné de la premiere maniere.

M. Blondel Maiſtre des Mathematiques de Monſeigneur le Dauphin a eû de M. de Richaumont un Sacrifice de Noé, & un Hercule entre le Vice & la Vertu, des premieres manieres du Poussin.

Il y a encore plusieurs Tableaux de ce sçavant homme, desquels je ne me souviens pas presentement qui se trouvent en divers Cabinets de Paris, & que l'on déplace souvent, ou par la mort des curieux, ou par les échanges & les ventes qui s'en font.

Je ne demande pas, dit Pymandre, que vous fassiez un effort de memoire pour vous en souvenir; vous en avez nommé un assez grand nombre. Mais poursuivez, si vous le trouvez bon, d'examiner encore les excellentes qualitez de ce grand Peintre. Car bien que je crusse avoir une entiere connoissance de luy, par ce que j'en ay veû, & par tout ce que j'en ay oüi dire, j'avoüe que je ne m'estois point imaginé qu'il eust un rang si considerable parmi les Peintres les plus célebres; & je suis ravi que la France ait produit un homme si rare, que les Italiens mesmes, comme vous disiez tantost, l'ayent reconnu pour le Raphaël des François.

Il est vray, luy repartis-je, que la France & l'Italie n'ont point eû de Peintres plus sçavans. Ils avoient beaucoup de ressemblance dans

dans la grandeur de leurs conceptions, dans LE POUSSIN. le choix des sujets nobles & relevez, dans le bon goust du dessein, dans la belle & naturelle disposition des figures, dans la forte & vive expression de toutes les affections de l'ame. Tous les deux se sont plus attachez à la forme qu'à la couleur, & ont préferé ce qui touche & satisfait l'esprit & la raison, à ce qui ne contente que la veûë. Aussi, plus on considere leurs ouvrages, & plus on les aime & on les admire.

Ne vous imaginez pas, s'il vous plaist, que la comparaison que je fais de ces hommes illustres soit un moyen dont je me serve pour loüer davantage le Poussin; je ne prétends point établir son merite par rapport à ce qu'ont fait les plus grands Peintres, soit de ceux qui ont esté avant luy, soit de ceux de son temps, soit encore de ceux qui ont travaillé depuis en quelque païs que ce puisse estre. Chacun d'eux a eû ses talens particuliers; & si quelques-uns en ont possedé de très-considerables, je ne croy pas qu'on puisse pour cela rien diminuer de l'estime qu'on doit faire de luy. Je vous ay autrefois parlé des differentes qualitez qui ont donné de la réputation au Titien & au Co-

LE POUSSIN. rege : l'excellence & la beauté singuliere de leur travail n'a pas empesché que Raphaël n'ait esté regardé comme le Maistre de tous, parce qu'il possedoit des qualitez si grandes, qu'elles l'ont rendu sans égal.

Mais si l'on vouloit marquer quelque difference entre Raphael & le Poussin, on pourroit dire que Raphael avoit receû du Ciel son sçavoir & les graces de son pinceau, & que le Poussin tenoit de la force de son génie & de ses grandes études ses belles connoissances, & tout ce qu'il possedoit de merveilleux dans son Art.

Pour bien juger de nostre premier Peintre François, il faut le considerer seul sans le comparer à d'autres, & regardant les talens particuliers qu'il a eûs, on aura de la peine à en trouver parmi ceux dont je vous ay parlé qui luy soient comparables.

Il me semble que je vous ay assez fait connoistre quelle estoit la force de son génie à bien inventer, & la beauté de son jugement à ne choisir qu'une matiere grande & illustre. Les Tableaux dont je vous ay fait des descriptions vous doivent avoir persuadé de son sçavoir dans ce qui regarde la composition & l'ordonnance. Vous y avez pu remarquer sa science dans l'art de bien dessei- LE POUSSIN, gner les figures, & donner des proportions convenables aux personnes, aux sexes, aux âges, & aux differentes conditions. C'est luy qui a fait paroistre le premier cét art admirable de bien traiter les sujets dans toutes les circonstances les plus nobles; & qui comme un flambeau a servi de lumiere pour voir ce que les autres n'ont fait qu'avec desordre & confusion.

Il étudioit sans cesse tout ce qui estoit necessaire à sa profession, & ne commençoit jamais un Tableau sans avoir bien medité sur les attitudes de ses figures qu'il desseignoit toutes en particulier & avec soin. Aussi on pouvoit sur ses premieres pensées & sur les simples esquisses qu'il en faisoit, connoistre que son ouvrage seroit conforme à ce qu'on attendoit de luy. Il disposoit sur une table de petits modelles qu'il couvroit de vestemens pour juger de l'effet & de la disposition de tous les corps ensemble, & cherchoit si fort à imiter toûjours la nature, que je l'ay veû considerer jusques à des pierres, à des mottes de terre, & à des morceaux de bois, pour mieux imiter des rochers, des terrasses, & des troncs d'arbres. Il peignoit avec une propreté, & d'une maniere toute particuliere: il arrangeoit sur sa palette toutes ses teintes si justes, qu'il ne donnoit pas un coup de pinceau inutilement, & jamais ne tourmentoit ses couleurs. Il est vray que le tremblement de sa main ne luy eust pas permis de travailler avec la mesme facilité que font d'autres Peintres, mais la force de son génie & son grand jugement réparoient en luy la foiblesse de sa main.

Quelque ouvrage qu'il fist, il ne s'agitoit point avec trop de violence: il se conduisoit avec moderation, sans paroistre plus foible à la fin de son travail qu'au commencement; parce que le beau feu qui échaufoit son imagination avoit toûjours une force pareille. La lumiere qui éclairoit ses pensées estoit uniforme, pure, & sans fumée. Soit qu'il fallust faire voir dans ses compositions de la vehemence, & quelquefois de la colere & de l'indignation, soit qu'il fust obligé de representer les mouvemens d'une juste douleur, il ne se transportoit jamais trop, mais se conduisoit avec une égale prudence, & une mesme sagesse. S'il traitoit quelques sujets poëtiques, c'estoit d'une maniere fleurie & elegante; & si dans les Baccanales il a tasché de

plaire, & de divertir par les actions & les ma- Le Poussin.
nieres enjoüées qu'on y voit, il a cependant
toûjours conservé plus de gravité & de modestie que beaucoup d'autres Peintres qui
ont pris de trop grandes libertez.

 Il est vray qu'on peut regarder en luy
comme une adresse toute particuliere le soin
qu'il a eû de peindre avec beaucoup d'a-
mour & d'agrémens ces sortes de sujets;
de les avoir remplis de plus d'embellissemens
que les actions historiques qu'il a traitées,
dans lesquelles on trouve la verité belle &
bien ornée, mais sans fard, & où souvent
mesme il a affecté de retrancher certaines
richesses que le sujet auroit pû recevoir, mais
qui se trouvent bien récompensées par la
grande beauté de ses figures.

 On voit pourtant dans la composition des
uns & des autres, qu'à l'exemple des sçavans
Orateurs, son intention a esté d'en serrer toutes les parties qu'il divise en certains membres, ausquels il ne donne d'étenduë que ce
qui est necessaire pour exprimer sa pensée,
sans qu'il y ait dans son ouvrage ni embarras, ni confusion, ni rien de superflu.

 L'on n'y voit jamais de mouvemens qui
ne soient conformes à ce que les personna-

ges doivent faire. Ces racourcissemens desagréables, ces contrastes d'attitudes & d'actions contraintes, & souvent ridicules, que certains Peintres recherchent, & affectent si fort, pour donner, disent-ils, plus de vie & d'agitation à leurs figures, ne se rencontrent point dans les Tableaux du Poussin: tout y paroist naturel, facile, commode, & agréable; chaque personne fait ce qu'elle doit faire, avec grace & bienséance.

Ce n'est pas avec un moindre succés qu'il a réüssi dans l'expression de toutes les passions de l'ame. Je vous ay fait observer que quelque fortes qu'elles soient, il ne les outre jamais, qu'il connoist jusques à quel degré il faut les marquer; & ce qui est encore considerable, il sçait faire un parfait discernement des personnes capables des plus fortes passions, & de quelle maniere il faut les en rendre touchez.

On ne voit rien de trop recherché, ni de trop negligé dans ses Tableaux. Les bastimens, les habits, & généralement tous les accommodemens sont toûjours conformes à son sujet. Les lumieres & les ombres sont répanduës de la mesme sorte que la nature les fait paroistre: il n'affecte point d'en representer

ET LES OUVRAGES DES PEINTRES. 407
de plus grandes, ni de donner plus de force, LE POUSSIN.
ou de foibleſſe à ſes corps; il ſçait l'art de
les faire fuir ou avancer par des moyens naturels & agréables. Il entend parfaitement
l'amitié que les couleurs ont les unes avec les
autres; & quoy-qu'il ſe ſerve également dans
le prés & dans le loin de couleurs claires &
vives, il les rompt, les affoiblit, & les diſ-
poſe de-ſorte qu'elles ne ſe nuiſent point les
unes aux autres, & font toûjours un bel effet. Je vous ay parlé tant de fois de ſon intelligence à bien faire toutes ſortes de païſages, & à les rendre ſi plaiſans & ſi naturels,
qu'on peut dire que hors le Titien, on ne
voit pas de Peintre qui en ait fait de comparables aux ſiens. Il touchoit parfaitement
toutes ſortes d'arbres, & en exprimoit les
differences & l'agitation; diſpoſoit les ter-
raſſes d'une maniere naturelle, mais bien choi-
ſie; donnoit de la fraiſcheur aux eaux, qu'il
embelliſſoit des reflets des objets voiſins; ornoit les campagnes & les colines de villes ou
de fabriques bien entenduës, diminuant les
choſes les plus éloignées avec une entente
merveilleuſe; & pour donner ce précieux
que l'on voit dans ſes ouvrages, faiſoit naiſtre des accidens de jours & d'ombres par

LE POUSSIN. des rencontres de nuages & par des vapeurs ou des exhalaisons élevées en l'air dont il sçavoit parfaitement faire les differences de celles du matin & de celles du soir.

Dans quelques-uns de ses Tableaux il a representé des temps calmes, & serains ; dans d'autres des pluyes, des vents, & des orages, comme ceux que vous avez veûs autrefois chez le sieur Pointel. Le Poussin les fit en 1651. & dans le mesme temps il écrivit
" au sieur Stella, Qu'il avoit fait pour le Cava-
" lier del Pozzo, un grand païsage, dans lequel,
" luy dit-il, j'ay essayé de representer une tem-
" peste sur terre, imitant le mieux que j'ay pû
" l'effet d'un vent impetueux, d'un air rempli
" d'obscurité, de pluye, d'éclairs & de foudres
" qui tombent en plusieurs endroits, non sans
" y faire du desordre. Toutes les figures qu'on
" y voit joüent leur personnage selon le temps
" qu'il fait : les unes fuyent au travers de la
" poussiere, & suivent le vent qui les empor-
" te ; d'autres au contraire vont contre le vent,
" & marchent avec peine, mettant leurs mains
" devant leurs yeux. D'un costé un Berger
" court, & abandonne son troupeau, voyant
" un lion, qui, aprés avoir mis par terre cer-
" tains Bouviers en attaque d'autres, dont les

uns

ET LES OUVRAGES DES PEINTRES. 409

« LE POUS-
SIN

uns se défendent, & les autres piquent leurs bœufs, & taschent de se sauver. Dans ce desordre la poussiere s'éleve par gros tourbillons. Un chien assez éloigné, aboye, & se herisse le poil, sans oser approcher. Sur le devant du Tableau l'on voit Pirame mort & étendu par terre, & auprés de luy Tysbé qui s'abandonne à la douleur.

Voilà de quelle maniere il sçavoit peindre parfaitement toutes sortes de sujets, & mesme les effets les plus extraordinaires de la nature, quelque difficiles qu'ils soient à representer; accompagnant ses païsages d'histoires, ou d'actions convenables, comme dans celuy-cy, qui est un temps fascheux, il a trouvé un sujet triste & lugubre.

Toutes les choses que je viens de vous rapporter, ne doivent-elles pas faire prononcer en faveur du Poussin, sans estre mesme obligé d'attendre le jugement de quelque sçavant qui les autorise?

En effet, dit Pymandre, je tiens que ce que la multitude approuve, doit aussi estre approuvé des doctes: la grande estime que tout le monde fait des Tableaux du Poussin est une espece de jugement populaire, où je

FFf

LE POUSSIN. voy que les ignorans & les habiles ne font point de differens avis.

Enfin, repris-je, nous avons parlé de plufieurs fçavans hommes qui ont travaillé longtemps, & qui par le fecours de l'étude & une longue pratique ont tafché de fe rendre capables d'exprimer noblement leurs penfées. Mais aprés avoir bien confideré tout ce qu'ils ont fait de plus beau, & mefme avoir examiné les ouvrages des Anciens dans le peu de chofes à frefque que l'on a tirez de la Vigne Adriane, & particulierement ce mariage qui eft dans la Vigne Aldobrandine, dont la fimplicité & la nobleffe qu'on y remarque ont fait concevoir au Pouffin quel pouvoit eftre le génie de ces grands hommes: il faut avoûër que ce Peintre, fans s'attacher à aucune maniere, s'eft fait le maiftre de foy-mefme, & l'auteur de toutes les belles inventions qui rempliffent fes Tableaux; Qu'il n'a rien appris des Peintres de fon temps, finon à éviter les defauts dans lefquels ils font tombez; Que nous luy fommes redevables de la connoiffance que nous pouvons avoir de la plus grande perfection de cét art. Et l'on peut dire qu'il a rendu un fignalé fervice à fa patrie, en y ré-

ET LES OUVRAGES DES PEINTRES. 411

pandant les sçavantes productions de son esprit, lesquelles relevent considerablement l'honneur & la gloire des Peintres François, & serviront à l'avenir d'exemples & de modelles à ceux qui voudront exceller dans leur profession.

Le Poussin

Pymandre vouloit me parler, lors que nous fusmes interrompus par l'arrivée de quelques personnes : ce qui nous obligea de finir nostre conversation, & de remettre à une autre fois ce que nous avions encore à dire.

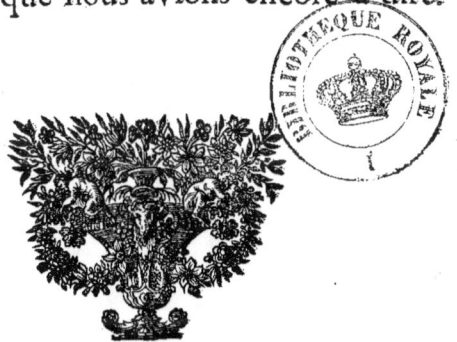

FFf ij

TABLE.

A

Adam-Van-Noort. page 93
Adoration du Veau d'or peint par le Poussin. 262
Albane. 219
Alphonse Parigi. 514. 5
Araxamene puni pour une méchante raillerie. 218
S. André. 8
Antoine Tempeste. 10
Antiveduto. 80
Antonio Barbalonga. 187
Asselin, dit Petit-Jean. 149
Armide & Regnault peints par le Poussin. 263
Aveugles guèris par Nostre Seigneur, peints par le Poussin. 301
Augustin Tasse. 9
Augustin Metelli. 227

B

Baccanales du Poussin. 265. 393
Bamboche. 148
Baptesme de S. Jean, du Poussin. 299
Barbalonga. 187
Barthelemi Briemberg. 149
Bellange. 88
J. Bely. 87
Benedette. 215
Le Blanc. 75
J. Blanchart. 74
Bobrun. 8
Bollery. 75
Bots. 92
Boulanger. 229
Braw. 92
B rugle. 148

G

Callot. 41
D. Calvart. 160. 190. 219
Canta Gallina. 47
Cavedone. 227
Charles Lorrain. 214
Le Clerc. 73
Colignon. 70
Colonna. 228
Corneille Polembourg. 149
Corneille Wrom. 9
Cotelle. 8
L. Cousin, dit Gentil. 157
G. Craers. 149

D

G. Daw. 158
Delarts, dit Bamboche. 148
Delestain. 87
Denis Calvart. 160. 190. 219
Deruet. 68

FFf iij

TABLE

Discours de M. Poussin à M. de Noyers, sur la grande Gallerie du Louvre. 279
Doffin. 87
Dominiquin. 159

E

Egmont. 88
F. Elle. 8
Ertveest. 149

F

Ferdinand Elle. 6
Fouckers d'Allemagne. 274
Fouquieres. 272
S François Xavier peint par le Poussin. 276. 278. 315. 363
Furius Camillus qui renvoye les Enfans des Faleriens. 263

G

Galleries de l'Hostel de Bullion peintes par Blanchart, & par Vouët. 76. 84
Gallerie de Luxembourg peinte par Rubens. 99
Gaspard Craërs. 149
Gentil. 157
Gerard Daw. 158
Gerard Zegres. 148
F. Grimaldi. 228
Le Guerchin. 229
Le Guide. 188
Guyot. 7

H

J. Henriet. 68
Hercule qui enleve Déjanire, peint par le Poussin. 264

Histoire des sept Infans de Lare. 13
Horace le Blanc. 71

I

S. Jerosme, du Dominiquin. 171
Fr. Joseph Feuillant. 87
Israël Henriet. 68
Israël Sylvestre. 71
Juste d'Egmont. 88

L

Labelle. 71
L'Albane. 219
Lamare. 216
Lanfranc. 209
H. Lerambert. 7
Lestain. 87
Lettre du Roy à M. Poussin. 268
Lettre de M. de Noyers au mesme. 266
Lettres de M. Poussin. 307. 309
Lettre du sieur Jean Dughet. 319
L'Orechione d'Agostino. 142

M

Le Manchole. 229
La Mane, Tableau du Poussin. 365
Le Martyre des Innocens, du Guide. 198
Le P. Matheo Zaccolino. 10
Ch. Meslin. 214
Metelli. 227
Le Mercier. 277
S. Michel, du Guide. 201
Mola. 227

TABLE.

Mompre. 9
Montagne de Venise. 216
Moyse. 148
Moyse qui frape le Rocher. 262. 300
Moyse exposé sur les eaux, peint par le Poussin. 304
Le mesme sauvé. 303
Le mesme qui foule aux pieds la Couronne de Pharaon. 360

N

NAISSANCE de Bacchus peinte par le Poussin. 305
Ninet. 87
Noefs. 91

O

OCTAVE VAN-VEEN. 13
Orage peint par le Poussin. 408
Origine des armes des Ubaldini. 12
Otion, tableau du Poussin. 306

P

PAN & Syringue, peints par le Poussin.
Païsages du mesme. 299. 303
Parigi. 51. 54
Passage de la mer Rouge, tableau du Poussin. 262
Perelle. 87
Ch. Person. ibid.
Pietre Noefs. 91
Pietre Teste. 216
Portraits difficiles à bien faire. 141

Le Poussin. 240
Pyrrhus, Tableau du Poussin. 323

R

RAMBOUTS. 148
Ravissement des Sabines, du Poussin. 262
Ravissement de Saint Paul du mesme, 290. 300
Rébecca, Tableau du Poussin. 342. 344
S. Renard. 8
Rimbrans. 150
Romanelle. 228
Rothamer. 74
Rubens. 92

S

LEs sept Sacremens peints par le Poussin. 293
Les quatre Saisons, du mesme. 306
Salimbeni. 9. 51
La Samaritaine, du Poussin. 306
Scalberge. 88
Sneidre. 150
Staben. 91
Stenuix. 92
Sujets allegoriques peints par le Poussin. 327. 329
Sylvestre. 92

T

TABLEAUX du Cabinet de M. le Duc de Richelieu. 120
Tableau de la Chapelle de Saint Germain en Laye, du Poussin. 271

TABLE.

Tableaux de la Vierge, du mesme. 293. 299. 305. 306		Ubaldini.	12
		Venius.	13
A. Tasse.	9	Ventura Salimbeni.	9. 51
Tempeste.	10	Ulisse chez le Roy Licomede, Tableau du Poussin.	305
P. Teste.	216		
Thomassin.	49	Volfar.	90
Triomphe de Neptune, du Poussin.	265	S. Voüet.	78
		A. Voüet.	86
V		Cl. Voüet.	ibid.
		Vrains.	8
Van-Veen.	13	Wibert.	87
Vanboucle.	88	Wildens.	28
Vanbale.	99	C. Wrom.	9
Vandeick.	128		
Vandrisse.	88	**Z**	
Vanude.	216		
Varin.	74	Zaccolino.	10
Vauvremens.	157	Zegres.	148

Extrait du Privilege du Roy.

PAr Lettres Patentes du Roy données à Paris le 9. Octobre 1663. signées HERVE´, & scellées du grand Sceau de cire jaune, il est permis à ANDRÉ FELIBIEN, sieur des Avaux, de faire imprimer par tel Imprimeur qu'il voudra, *un Traité de l'origine de la Peinture, & des plus excellens Peintres Anciens & Modernes*, &c. & ce durant l'espace de vingt années. Avec défenses, &c.

Cette quatrième Partie a esté achevée d'imprimer le dernier Octobre 1684.

PAGE 109. lig. 18. on peint, *lis.* on a peint. Pag. 277. lig. 21. des qualitez., *lis.* les qualitez.

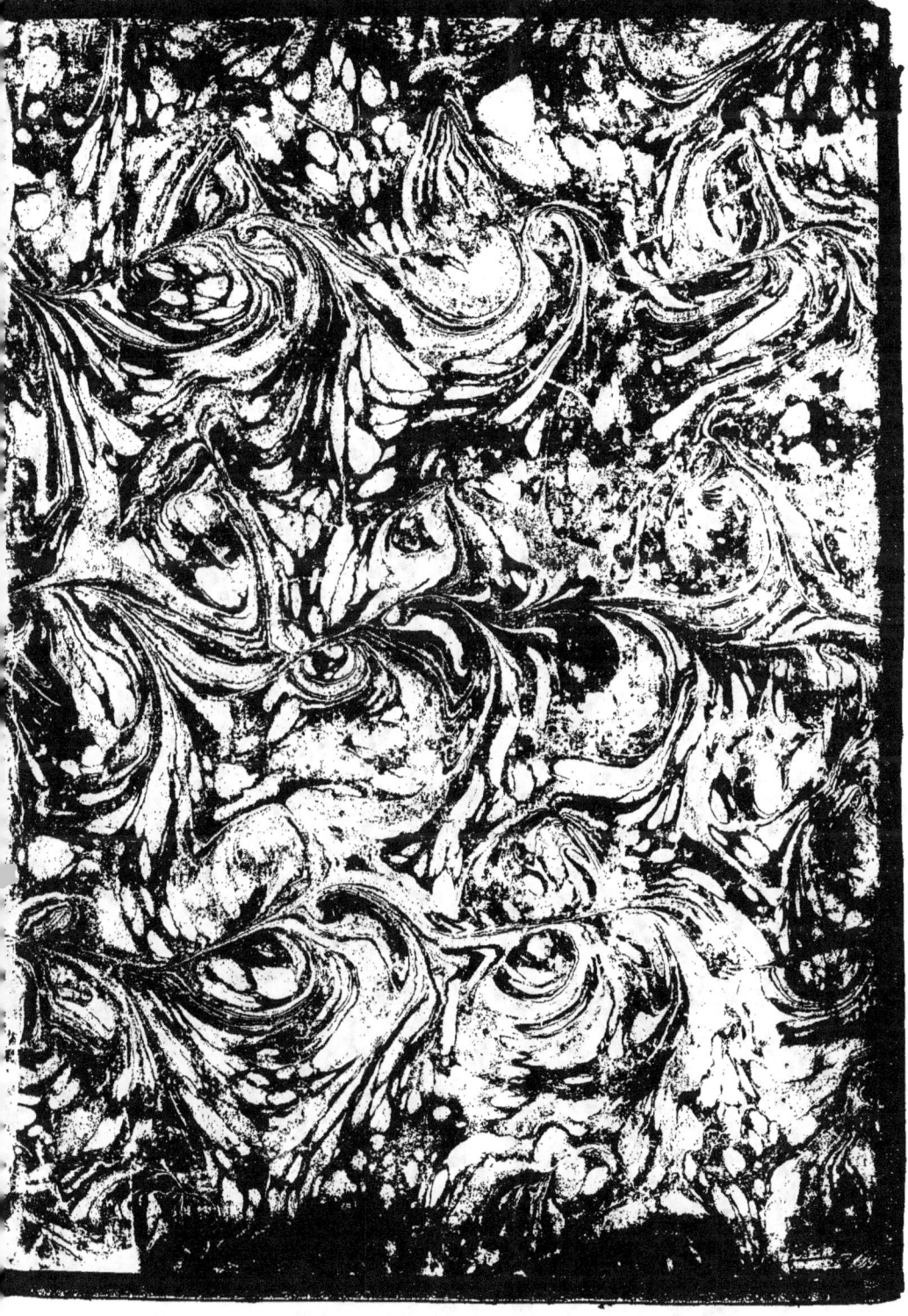

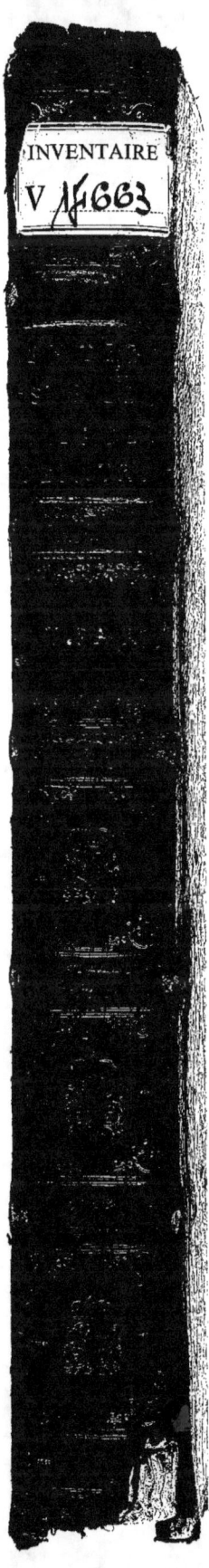